MÉMOIRES SECRETS
POUR SERVIR A L'HISTOIRE
DE LA
RÉPUBLIQUE DES LETTRES EN FRANCE,
DEPUIS MDCCLXII JUSQU'A NOS JOURS;
OU
JOURNAL D'UN OBSERVATEUR,

CONTENANT les *Analyses des Pieces de Théâtre* qui ont paru durant cet intervalle; les *Relations des Assemblées littéraires*; les *Notices des Livres nouveaux, clandestins, prohibés*; les *Pieces fugitives, rares ou manuscrites, en prose ou en vers*; les *Vaudevilles sur la Cour*; les *Anecdotes & Bons Mots*; les *Eloges des Savans, des Artistes, des Hommes de Lettres morts*, &c. &c. &c.

TOME TRENTE-DEUXIEME.

. . . . *huc propiùs me,*
. . . . *vos ordine adite.*
HOR. L. II. Sat. 3. vs. 81 & 82.

A LONDRES,
CHEZ JOHN ADAMSON.
MDCCLXXXVIII.

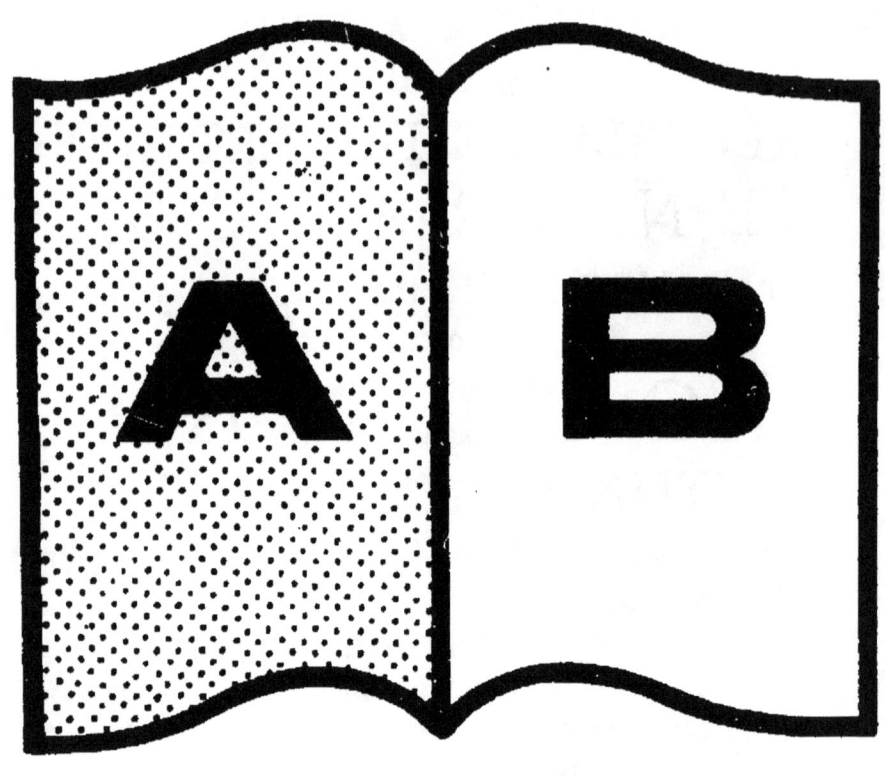

Contraste insuffisant
NF Z 43-120-14

MÉMOIRES SECRETS

Pour servir à l'Histoire de la République des Lettres en France, depuis MDCCLXII, jusqu'a nos jours.

ANNÉE MDCCLXXXVI.

Le 28 *Avril* 1786. Le Mémoire de *Catherine Eſtinès*, par Me. *de la Croix*, eſt beaucoup mieux fait que celui de Rouen & moins long. La marche en eſt méthodique, claire, précife & ne laiſſe rien à deſirer pour l'inſtruction du Lecteur.

Dans le récit des faits on trouve un Me. *la Tour*, curé de Cazeaux, patrie de *Catherine Eſtinès*; monſtre d'impudicité & de cruauté, qui ſe rend le premier artiſan de l'accuſation intentée contre cette malheureuſe fille, parce qu'elle n'a pas voulu ſe prêter à ſes infâmes déſirs. Lié avec la belle-mere de l'accuſée, ſa véritable marâtre, ils ourdiſſent entre eux le plan de leur vengeance & ſcellent leur horrible complot dans des embraſſemens dignes de furies. Un des juges, ami du curé, concourt à les ſervir. De-là une procédure monſtrueuſe, qui conduiſoit l'innocence à l'échaffaud.

En effet, l'innocence de *Catherine Eſtinès*, eſt démontrée juſques à l'évidence dans le *factum* de Me. *la Croix*: il établit,

1°. Qu'il n'existe aucune preuve du prétendu empoisonnement du pere de cette fille; ainsi point de corps de délit.

2°. Que conséquemment la procédure doit être cassée, tant par ce moyen principal, que par les autres moyens, dont l'accusée est redevable à la justice & à l'humanité de la Cour.

3°. Que *Catherine Estinès* doit être relaxée avec cinquante mille livres de dommages; sauf au Procureur général à prendre telles conclusions qu'il avisera contre les officiers de la justice royale de Riviere, leurs fauteurs & complices, & contre certains témoins de la procédure instruite par ces officiers.

Une preuve très forte en faveur de l'accusée, c'est que sa marâtre s'est fait justice en s'expatriant avec les juges prévaricateurs. Quant à l'abominable curé, il a eu l'art de ne point se compromettre; cependant *Catherine Estinès* croit avoir le droit de le dénoncer à la Cour, comme un monstre de barbarie & d'impudicité, & certifie que si l'on ordonnoit une inquisition sur toutes ses manœuvres, sur ses mœurs dissolues, sur les désordres de sa vie, bientôt effrayé, bourrelé de remords, il ne tarderoit pas à aller rejoindre sa complice.

Catherine Estinès termine par former des vœux, pour que le Parlement de Toulouse, mieux instruit qu'un autre des prévarications des justices subalternes, par l'inspection qu'il a prise des brigandages des officiers royaux &

particuliers du Vivarais, trouve dans sa sagesse des moyens de remédier à des abus aussi crians, d'empêcher que désormais l'ignorance, l'inadvertance, la mauvaise foi, la passion n'égorge l'innocence.

28 *Avril* 1786. Dès le second jour de leur rentrée, les comédiens Italiens ont fait preuve de zele; ils ont donné la premiere représentation de *l'habitant de la Guadeloupe*, comédie ou plutôt drame en trois actes & en prose, de M. *Mercier*. Cet ouvrage imprimé depuis longtems, très médiocre à la lecture, a eu beaucoup de succès sur la scène: avant d'en rendre compte, il faut éprouver s'il se soutiendra.

29 *Avril*. L'Opéra vient de faire une grande perte en la personne du Sieur *Larrivée*. Il étoit depuis trente-un ans à ce spectacle, ayant débuté en Mars 1755 par le rôle de Grand-Prêtre dans l'Opéra de *Castor & Pollux*: dès 1779 il avoit déjà obtenu sa retraite & la pension; mais M. *de Vismes*, qui avoit alors la direction de la machine lyrique, lui fit des sollicitations si pressantes, qu'il le détermina de rester.

C'étoit l'époque où le Chevalier *Gluck* commençoit la révolution arrivée dans notre musique: ce grand compositeur avoit été enchanté de trouver le Sieur *Larrivée* très docile aux innovations qu'il désiroit, & s'y prêtant, y concourant, redevenant écolier de la meilleure grace du monde, il sentoit la nécessité de le conserver pour l'exemple & pour servir de modèle & il engagea le Directeur à ne rien épargner, afin de retenir un sujet aussi précieux & aussi essentiel.

Bien différent de quantité d'autres, le Sieur *Larrivée* s'en va faisant encore les délices du public & il emporte sa gloire toute entière.

29 *Avril* 1786. Depuis les innovations salutaires que M. *Turget* avoit voulu faire concernant les corvées & les réclamations du Parlement à ce sujet, le régime a éprouvé beaucoup de variations & après avoir essayé de toutes les manieres de le modifier, on en revient au plan du Ministre si bafoué dans le tems.

Au commencement de ce mois tous les Intendans qui se trouvent dans la capitale, se sont assemblés à l'hôtel du Contrôle général, & après une ample discussion de la matiere, ils ont décidé de supprimer les corvées en nature & de leur substituer les travaux à prix d'argent. Ce plan surtout mis en œuvre par M. *de la Galaisiere* & depuis essayé avec succès dans plusieurs Provinces, n'est cependant adopté que provisionnellement & pendant deux ans. Les dépenses se préleveront sur les fonds taillables au marc la livre, cinq sols par livre tournois.

29 *Avril* 1786. Il n'est pas jusques aux Directeurs de l'hôpital des enfans-trouvés, qui proposent un Prix de 400 livres pour le meilleur traité sur la nature, les causes & la gué-

rison de l'*Aphte*, maladie à laquelle un si grand nombre d'enfans sont sujets & qui en moissonne une quantité considérable.

Cette somme, au surplus, n'est qu'une addition à celle déjà proposée par la Société Royale de Médecine sur le même sujet.

29 *Avril* 1786. Tandis qu'on assure que M. *Manuel* gémit dans une dure & honteuse prison pour différens ouvrages trouvés parmi ses manuscrits, on en met en lumiere un qui n'a pas peu contribué à sa punition & qui se publie imprimé avec son nom en tête: il est intitulé *Coup-d'œil philosophique sur le regne de Saint-Louis*. On ne sait pas où le savant dissertateur a trouvé ce qu'il en raconte; mais certainement il n'a pas puisé dans les mêmes sources que cette foule d'orateurs qui depuis un siécle font le panégyrique du Saint Roi : il semble, au contraire, avoir pris à tâche de rassembler tout ce qui pouvoit le rendre odieux, méprisable ou ridicule.

30 *Avril*. Bien des gens ont été mécontens du Mémoire de Rouen, si intéressant au fond, si indigeste, si barbare dans la forme & le style. Comme l'affaire est actuellement pendante au Parlement de Paris, un Avocat en cette Cour a cru devoir en composer un nouveau, sous le titre de *Consultation pour une jeune fille condamnée à être brûlée*, &c. Cette Consultation, datée du 7 Avril, a plus de 80 pages & est de Me. *Fournel*, qui commence à

acquérir de la réputation au barreau : profitant des matériaux de son prédécesseur, il les a classé dans un meilleur ordre, il a mieux déduit & enchaîné ses preuves & ses raisonnemens; ensorte qu'il en résulte un ensemble beaucoup plus satisfaisant. Toutefois il rend justice à Me. *le Cauchois*, qu'il qualifie d'*homme à grand caractere*; il convient que sans son humanité, son intelligence, sa fermeté, sa persévérance, son activité, l'innocence succomboit.

Voici la division de la Consultation de Me. *Fournel*, & les quatre propositions sur lesquelles elle porte.

1°. La fille *Salmon* est parfaitement innocente du crime d'empoisonnement & des autres accusations subséquentes.

2°. La procédure instruite à Caen porte tous les caracteres de la vexation, & est d'ailleurs infectée de vices & de nullités d'un bout à l'autre.

3°. Elle a droit de demander des réparations & des dommages intérêts contre les instigateurs de l'accusation & notamment contre sa maîtresse, qui a voulu faire retomber sur cette servante les suites funestes de sa négligence.

4°. Enfin elle peut demander à prendre à partie les premiers juges de Caen & notamment le Procureur du Roi & le Rapporteur du procès.

Ces quatre propositions semblent parfaitement

ment bien établies & ne laisser aucun doute dans l'esprit du lecteur.

30 *Avril* 1786. M. le Dauphin, depuis son inoculation qu'on se rappelle avoir été pénible, longue & inquiétante, n'a pas porté santé. Ceux qui attribuent son état de langueur à cette dépuration accidentelle du sang qu'on a voulu lui procurer, & qui à portée de suivre le traitement, en ont observé toutes les circonstances, rapportent avoir vu ce jeune Prince couvert d'une petite vérole confluente & le lendemain parfaitement net, en ce qu'on avoit jugé à propos de faire passer l'humeur par les selles: procédé nouveau & dangereux dans cette maladie. Quoiqu'il en soit, il est malingre, sans gaieté, triste, ne prenant goût à rien: symptômes très fâcheux à son âge & l'on en est inquiet.

30 *Avril.* La Cour pour amuser les enfans de la famille Royale, a fait construire dans le manege des petites écuries, un amphithéâtre, des loges, des tribunes, & tous les accessoires nécessaires aux exercices du Sr. *Astley*, qui est venu mardi 25 les exécuter devant ces illustres rejettons. Le Roi, la Reine & toute la Cour & leur Suite y ont assisté; ce qui formoit une assemblée de six cens spectateurs: la petite fille de 40 mois qui touche du forté piano, a surtout enchanté. On ne trouve point au reste que l'Anglois ait été traité fort magnifiquement. Il n'a reçu que cent

louis. Ce sont les Menus qui ont présidé à la construction de ce spectacle.

30 *Avril* 1786. *Le coup-d'œil philosophique sur le regne de Saint Louis* est traité dans le genre de l'histoire universelle de Voltaire. Il est divisé en chapitres courts & rapides; il est hardi, satyrique, plaisant; les anecdotes y sont accumulées & présentées sous le jour le plus piquant.

Dans le premier chapitre M. *Manuel*, après avoir rendu justice à Saint Louis, influant sur son siécle par les armes, par les loix & par ses vertus, annonce qu'il va faire le tableau d'un regne, sous lequel se sont réunis les crimes, les folies & tous les malheurs du monde.

Dans le second il parle des Croisades & il est difficile de peindre d'une façon plus burlesque & plus révoltante, ces pieuses émigrations, à la fois le délire de la raison humaine, le comble du fanatisme & de la barbarie, la honte de la religion.

M. *Manuel* parle ensuite du clergé d'alors, de la justice, de la féodalité, de l'influence de l'anarchie sur la religion; & tous ces chapitres font rire & frémir tour à tour.

Celui des usages est plein de recherches curieuses, peu connues, ou du moins plus intéressantes qu'elles ne le paroissent dans les autres historiens; les notes originales sur *Damiette* & tout ce qui y a rapport, ne sont pas moins bonnes: l'érudition n'y gâte rien.

Un Précis des annales du tems tiré du Sire de Joinville, les annales du regne de Saint-Louis par Guillaume de Nangis, font des morceaux qui, extraits avec foin & briéveté, font autant de coups de pinceau, ajoutant merveilleufement au tableau de l'hiftorien; ils contraftent d'ailleurs par leur ftyle naïf & jettent plus de variété.

Le chapitre des Miracles de St. Louis eft manié, finon avec intention de convaincre, au moins avec le but de fe faire lire, & l'hiftorien réuffit.

L'ouvrage eft terminé par un fragment de la vie de Saint Louis, qui fait regretter que M. *Manuel* ne l'ait pas écrite toute entiere du même ton. Il n'eft point de roman qui eût autant attaché, amufé, touché le cœur & réveillé l'efprit.

30 *Avril* 1786. On ne finiroit pas de rapporter tous les coqs-à-l'ane que les partifans du Cardinal font courir fur le compte de Madame *de la Motte*, pour la rendre odieufe & faire tomber fur elle feule toute l'iniquité de l'affaire.

Ils difent que ne fachant comment fe tirer des confrontations, & affrontations, où elle eft confondue par la vérité qui fort de toutes parts, elle a imaginé de faire la folle, de refter nûe dans fa chambre, de vouloir fe rendre dans cet état à la falle du confeil; ils difent que dans fa rage effrénée elle a fauté à la face du Cardinal & l'a égratignée; qu'elle en eût fait autant à *Cagliostro*, s'il ne se fût retiré, mais qu'elle lui a donné des coups de poing dans l'estomac: ils disent qu'elle a mordu au sang son porte-clef; ils disent qu'elle a voulu séduire le Gouverneur de la Bastille & le faire coucher avec elle; ils disent que la femme de chambre de Madame *de la Motte* citée par la Dlle. *d'Oliva*, si essentielle au procès, bourrelée de remords s'est fait justice elle-même & s'est noyée.

D'un autre côté, ils peignent le Cardinal comme doué d'un courage, d'une patience, d'une tranquillité à toute épreuve; ils reconnoissent dans ses propos, dans sa conduite, dans sa douceur, tous les caracteres de l'innocence & de la vertu persécutée. Non-seulement il supporte sa détention & toutes les privations, tous les ennuis qui l'accompagnent, avec une résignation héroïque; mais il déclare qu'il resteroit encore plusieurs années volontiers en cet état, s'il étoit sûr qu'on pût avoir le mari de Madame *de la Motte* & les divers personnages nécessaires, pour qu'il ne reste aucun nuage dans ce mystere d'infamies incroyables.

1er. Mai 1786. Le *Mémoire pour le révérend Pere Moisset, Supérieur général de la Congrégation de l'Oratoire, contre le Sieur Brun, ci-devant Prêtre de la même Congrégation*, paroît enfin. On ne sait si c'est le plaidoyer même de Me. *Courtin*, ou s'il l'a changé à l'impreſſion.

Après un exorde très adroit, l'orateur réduit le procès à ſon véritable point de vue, qu'il établit ſous deux queſtions: *Le Sieur le Brun eſt-il en état de prouver qu'il ait été volé? L'a-t-il été réellement?* & il le prétend dans la diſette abſolue de toute eſpece de preuves à ce double égard. C'eſt la premiere partie de ſon Mémoire, qui eſt plus ſpécialement dirigée contre l'Avocat plaidant, Me. *de Seize*.

Dans la ſeconde, Me. *Courtin* examine ſi la conduite tenue par le Pere *Moiſſet*, en la rapprochant des motifs qui y ont donné lieu, a pu ſervir de fondement à une plainte criminelle, ou même à une action en juſtice, & de l'examen de ces motifs il réſulte, ſuivant lui, la juſtification la plus complette du Général. Les deux griefs contre le Pere *Brun* étoient d'avoir contrevenu à deux ſtatuts des réglemens de l'Oratoire : 1º. à la défenſe de quitter ſon poſte ſans la permiſſion du Chef de l'Ordre & de ſon Conſeil : 2º. à la défenſe de faire imprimer aucun ouvrage, qui n'ait été vu & approuvé de la même maniere.

La diſcuſſion de ces deux griefs, a pour objet ſpécial de réfuter le Mémoire de l'Avocat écrivant, dont on a rendu compte, qui, ſuivant une marche toute oppoſée à celle de Me. *de Seize*, attaque ſpécialement la Congrégation, comme ayant dégénéré dans ſon eſſence, qui est la liberté; comme soumise au despotisme le plus révoltant. De-là un exposé intéressant de la constitution de l'Ordre & de ses réglemens, un tableau de ses services, dont le plus recommandable est d'être chargé de la direction de vingt-cinq Colleges; une énumération rapide des hommes illustres qu'il a produit dans tous les genres & une apologie complette de la conduite du Pere *Moisset*, confirmée par les décrets de différentes sessions des Capitulans, même après avoir entendu deux fois le plaignant.

Toute cette partie est vraiment curieuse dans ses détails, qu'on ne peut rapporter, & surtout dans la discussion du *Triomphe du nouveau monde*, ce livre de l'Abbé *Brun* qui, du propre aveu de l'auteur, contient des idées singulieres, bisarres, ridicules même, & qui, d'après l'analyse qu'en fait Me. *Courtin*, renferme une foule de maximes répréhensibles, beaucoup de principes contraires au respect dû à la religion, aux principes de la saine morale & aux mœurs.

C'est sur cet exposé que l'Avocat établit la troisieme partie de son Mémoire, où il avance que la diffamation dont le Sieur *le Brun* s'est rendu coupable, non seulement contre le Pere *Moisset*, mais encore contre le Régime & la Congrégation de l'Oratoire, doit être sévérement réprimée. En conséquence il requiert la suppression & la flétrissure du Mémoire imprimé de l'Ex-Oratorien.

1er. *Mai* 1786. Tous les jours le procès du Cardinal fait enfanter quelque nouveauté; on se dit à l'oreille aujourd'hui un quatrain très répréhensible, par l'indécence dont on y met en scene la Reine avec Mlle. *d'Oliva*, & par la maniere encore plus indécente dont on fait répondre celle-ci.

1er. *Mai.* Extrait d'une Lettre de Douay du 25 Avril...... Un courier envoyé par M. *Blanchard* & arrivé le 20 au matin, nous a appris que cet aëronaute, après s'être soutenu environ une demi-heure à la hauteur des nuages, s'est élevé rapidement à 18,060 pieds; qu'à l'aide d'un courant d'air, il alloit très vîte; mais que saisi par le froid & entraîné vers la mer, il s'étoit déterminé à descendre.

M. *Blanchard* est revenu ici le même jour que son courier, au soir: un grand nombre de Dames & de gens de distinction en carosse, d'officiers à cheval & un peuple immense ont été une lieue au devant de lui, & ce cortege, précédé d'une musique militaire, l'a suivi jusques à l'hôtel de ville, où il a eu l'honneur d'offrir aux officiers municipaux un drapeau aux armes de la ville & en a reçu une belle montre enrichie de brillans & une somme d'argent; il est allé ensuite chez le Premier Président, auquel il a présenté aussi un drapeau. Une Dame des plus qualifiées lui a donné un souper splendide & nombreux; il s'est terminé par un feu d'artifice.

2 *Mai* 1786. Les Remontrances du Parlement sur la refonte des Louis sont toujours très rares : il paroît qu'elles n'ont été imprimées que pour l'instruction de Messieurs, à raison des calculs & raisonnemens politiques, exigeant beaucoup de contention d'esprit. Elles ne contiennent au surplus que ce qui a été déjà dit dans *Dutot*, dans *Forbonnois*, & autres écrivains, qui ont traité la matiere. Mais la Réponse du Roi, au contraire, est d'une espece rare & à conserver. La voici :

Réponse du Roi aux Remontrances du Parlement de Paris, sur la refonte des Louis.

„ J'ai examiné avec attention vos représentations sur la refonte des especes d'or ordonnée par ma Déclaration du 30 Octobre. Je suis fâché que mon Parlement se soit exposé aux erreurs, dans lesquelles des gens aussi ignorans que mal intentionnés l'ont entraîné. C'est par des calculs très inexacts & des suppositions chimériques, qu'ils lui ont inspiré des doutes sur une opération, dont il n'est pas à portée d'approfondir ni les élémens ni les résultats. Je suis bien étonné que mon Parlement se soit laissé surprendre par ces fausses notions qui lui ont été fournies, jusqu'au point de prétendre que, pour remédier aux inconvéniens reconnus de la disproportion qui existoit entre le prix de l'or & celui de l'argent, le meilleur parti eût été d'augmenter la valeur intrinseque & d'en hausser & baisser successivement la dénomination, suivant que l'expérience l'auroit fait connoître insuffisante ou exagérée. "

,, Mon Parlement peut être assuré, que jamais je n'adopterai un moyen si contraire aux principes d'une saine administration & dont il auroit dû appercevoir les conséquences. Il devoit être convaincu que, quand par des considérations majeures & uniquement relatives à l'intérêt général de mon royaume, je me suis déterminé à établir une nouvelle proportion entre l'or & l'argent; ce n'a été qu'après en avoir vérifié la justesse & constaté l'utilité par des recherches mûrement discutées dans mon Conseil; il devoit sentir combien il est dangereux de répandre des inquiétudes sur cette matière; il doit surtout regretter à jamais de s'être permis d'avancer que ce que j'ai réglé pour le bien de mon Etat, est un impôt dissimulé que j'ai voulu mettre sur mes peuples. Comment a-t-il pu adopter une proposition, aussi indécente en elle-même, que fausse dans l'application qu'on ose en faire à mon opération, dont le véritable résultat sera de procurer à mes sujets sur six cens millions en Louis un bénéfice de quinze millions; d'augmenter le numéraire de plus de quarante millions (dans une autre copie, plus de 90 millions) & d'en faire venir au trésor royal, non pas dix-huit, comme on l'a supposé, non pas même 9 à 10 millions, comme j'aurois pu l'exiger pour mon droit de Seigneuriage, mais environ 6 pour le sacrifice que je fais, afin que mes monnoyes d'or ayent parfaitement le titre.

„ Je connois trop les sentimens de mon Parlement pour n'être pas persuadé, que, mieux instruit, il ne pourra voir sans indignation le piege que lui ont tendu ceux qui ont eu la témérité de dénaturer mes intentions, jusques à faire envisager comme une charge onéreuse à mes peuples, une opération qui mérite leur reconnoissance.

3 *Mai* 1786. Extrait d'une Lettre de Bourdeaux du 22 Avril.... On n'est point prophete dans son pays. Ce proverbe s'est vérifié à l'égard de M. *Garat*, dont vous me demandez des nouvelles. On n'en faisoit aucun cas autrefois, on le regardoit comme un polisson & il n'étoit point reçu dans les sociétés: il étoit obligé de courir les rues, avec la lanterne magique, & d'aller chanter sous les fenêtres des Dames. Mais depuis qu'il a brillé à Paris & que son inconduite, à ce qu'on assure, l'a forcé de revenir dans sa patrie, c'est une autre extrêmité, on l'a reçu comme un second Orphée, il est fêté partout. Le 18 Février le Sr. *Beck*, Directeur depuis vingt ans de la musique de l'Opéra de cette ville, ayant donné un concert à son profit, M. *Garat*, Secrétaire du Comte d'Artois, n'a point dédaigné d'y chanter & les amateurs les plus distingués ont suivi son exemple.

3 Mai 1786. On peut se rappeller un petit conte en forme de calembour, fait il y a quelques années sur un homme qui portant le même nom que Mr. *Franklin*, prétendoit en être parent, quoiqu'il écrivît le sien différemment. On a mis ces jours-ci ce petit conte en vers assez bien tournés :

   Un Breton nommé *Franquelin*,
   Se croyant le cousin-germain
   Du Savant de Philadelphie,
   Vint à Paris de Quimpercorentin
  Pour compulser la généalogie.
   Voilà mon homme convaincu
 De son bon droit, qui déduit sa demande.
 Monsieur, dit un plaisant, la différence est grande
   Entre les noms & l'on vous a déçu.
 Le Docteur pose un K & vous posez un Q.
 La signature ainsi de tout tems fût écrite :
   Mais pour vous tirer d'embarras,
   De votre Q (cul) faites un K (cas)
 Et vos papiers vous serviront ensuite.

3 Mai. M. le Prince *de Condé*, qui a été tourmenté de la fièvre tout l'hiver, n'avoit pu se rendre à Chantilly jusques à présent. Il a profité de la belle saison pour aller confirmer sa convalescence dans ce beau lieu. Elle a été célébrée par tous les habitans avec une joye indicible ; il y a eu des fêtes, des feux d'artifice & une illumination générale. On a surtout beaucoup ri au château du transparent d'un pâtissier, qui avoit imaginé un calembour de son genre dans l'inscription suivante : *Vous pâtissiez, je pâtissois, nous pâtissions.* On peut juger par cette bêtise du genre d'esprit & des amusemens de nos grands Seigneurs. A l'instant trente lettres sont parties de Chantilly pour apprendre à Paris ce quolibet.

4 Mai 1786. *L'habitant de la Guadeloupe*, le drame de M. *Mercier* joué depuis la rentrée aux Italiens, jouissoit depuis longtems d'un grand succès sur les théâtres de Province ; c'est ce qui a déterminé les comédiens Italiens à l'adopter ; & ce qu'il y a de plus singulier, c'est qu'ils l'ont fait sans la participation de l'auteur, quoique dans ce moment il soit à Paris. Au reste, il n'auroit pu s'y trouver, car par un contraste fâcheux, il trembloit la fièvre, tandis qu'on le claquoit au théâtre, & l'on auroit pu lui appliquer cette exclamation d'un Pere de l'Eglise, en parlant des grands hommes en enfer : *Laudantur ubi non sunt, cruciantur ubi sunt.*

M. *Mercier* convient au surplus modestement dans la préface de son ouvrage imprimé, que le fond est pris d'un roman Anglois intitulé *Miss Sidney Bidulph*, qui, selon lui, renferme un trait de morale si important & dont l'application peut se faire si souvent, qu'il n'a pu résister à l'envie de le développer en le mettant en scene.

Les connoisseurs ne sont point encore généralement convenus du mérite de ce drame, qui depuis trois représentations jouit pourtant d'un succès assez soutenu. Il faut le laisser se mûrir davantage, pour décider si c'est au fond de l'ouvrage, ou au jeu des acteurs qu'il faut rapporter ce succès.

4 *Mai* 1786. L'action héroïque de *Joseph Chrétien*, n'ayant pas encore été racontée dans tous ses détails & encore moins avec l'exactitude qu'elle mérite, malgré son éclat, surtout depuis que le Roi l'a récompensée, nous avons interrogé des témoins auriculaires & l'acteur lui-même, afin de ne rien perdre d'un fait aussi intéressant.

Joseph Chrétien est apprentif cordonnier de Versailles; il est âgé de 17 ans, d'une constitution plus délicate que robuste. Le 27 Décembre 1785 il jouoit à la boule dans le parc, lorsqu'il entend dire que trois jeunes gens ont eu le malheur d'enfoncer sous la glace, presque au milieu d'un bassin en face de l'orangerie. C'est une pièce d'eau qui a 350 toises de long sur 120 de large. Il accourt, & surpris que personne ne se mette en devoir de secourir ces infortunés, il s'informe de leur âge : on lui répond que le plus vieux a seize ans; *puisque je suis leur aîné*, dit-il; *je vais tenter de les sauver*. Après avoir adressé à genoux une courte prière au ciel, il s'avance sur la glace en veste & en sabots : à peine a t-il fait la moitié du chemin, que son pied gauche s'enfonce & il ne le retire qu'en laissant son sabot, il pourſuit, il arrive au trou, il s'y plonge en faiſant le ſigne de la croix. Près de ſaiſir un des trois malheureux, il eſt arrêté par le pied droit, & vivement mordu au pied gauche, dont les premiers doigts étoient à découvert. Il s'agite, ſe débat de toute ſa force, & parvenu à dégager le pied droit, en abandonnant le ſabot qu'il avoit conſervé, il profite de la liberté de ce pied pour dégager l'autre, en repouſſant le viſage de celui qui le mordoit ſans lâcher priſe. Délivré de ce danger, & ne pouvant retenir plus longtems la reſpiration, il regagne l'ouverture & s'appuie ſur la glace preſque ſans connoiſſance. Cependant ayant repris ſes ſens & jugeant que la glace ne pouvoit porter deux perſonnes à la fois, il ſe met à la rompre & en vient à bout en peu de tems juſques à la rive. Ses mains étoient toutes en ſang; il ſouffroit auſſi beaucoup de la morſure: néanmoins il s'éloigne du bord en nageant & replonge pour la deuxième fois. En moins d'une minute on le voit reparoître avec un de ces infortunés, qu'il ramène à terre ſain & ſauf. Ce premier, âgé de 14 ans, eſt celui qui ne pouvant ſe ſervir de ſes mains engourdies par le froid, s'étoit ſervi de ſes dents pour s'accrocher au pied de *Chrétien*. Il replonge une troiſieme fois & retire le plus jeune, âgé de onze ans. Il ne s'arrête point & revient chercher le dernier, âgé de 16 ans, plus gros que lui & le même qui s'étoit cramponné à ſon ſabot; il le trouve au fond de l'eau, le faifit par les cheveux, le traîne, & ne rencontrant pas affez vîte l'ouverture, il s'efforce de percer la glace à coups de tête; mais inutilement. Déjà les fpectateurs défespéroient de le revoir: lui-même fe croyoit perdu, au moment qu'il apperçoit le paffage, & il s'y fauve avec fa proye: il avoit le derriere de la tête enfanglanté.

Le falut de ces trois citoyens fut l'ouvrage de trois quarts-d'heure : deux ont été plus ou moins malades, pendant cinq à fix jours; mais leur libérateur l'a été plus longtems & les bleffures de fes mains étoient fi larges & fi profondes, qu'il en confervera toujours les honorables cicatrices.

Il ne faut pas omettre une anecdote; c'eft qu'ayant bu pour un fols d'eau de vie, que fa pauvreté l'obligea d'acheter à crédit; la bonne marchande inftruite de l'événement, refufa fon argent, lorfqu'il voulut la payer de celui qu'il avoit reçu d'un pere des enfans qui, ne pouvant faire mieux, lui donna douze fols. Son bourgeois auffi fit brûler un fagot, en l'honneur de fon zele & pour faire fondre les glaçons qui pendoient à fes cheveux.

M. le Duc d'*Ayen*, Capitaine des gardes, de fervice auprès du Roi, apprend cette belle action; il fait venir chez lui *Jofeph Chrétien*; il l'interroge, il le trouve modefte, fenfé, très religieux; il lui donne un Louis: il le préfente enfuite à la Ducheffe *de Noailles*, fa mere, qui le fait habiller sur le champ. On en parle au Roi, qui ne lui donne point de pension; mais ordonne qu'on frappe une médaille, récompense plus digne du véritable héroïsme. La médaille d'or ornée d'une chaîne du même métal, a été attachée par le Ministre de Paris à la boutonniere de l'habit de l'apprentif cordonnier: c'est avec cette décoration moins équivoque & plus honorable que tous les cordons de la Cour, que *Joseph Chrétien* a été présenté à la Reine.

Il y a lieu de croire que l'Académie Françoise le choisira cette année pour lui décerner le prix destiné à couronner la plus belle action.

4 *Mai* 1786. On écrit de Cherbourg qu'on y doit lancer des cônes à la fin de ce mois, & que cette belle opération attire dans le port quantité de curieux & surtout beaucoup d'étrangers, au point que toutes les hôtelleries sont déjà pleines.

5 *Mai*. On s'amuse chez *Monsieur* successivement à différens jeux d'esprit. Celui en vogue aujourd'hui ce sont les *Synonymes*: on propose à l'assemblée deux mots à peu près semblables, dont il faut établir les rapports & les différences. Par exemple, il court dans les sociétés *l'Anesse & la Bourique*; afin de mieux égayer ce concours, il s'y mêle quelquefois des méchancetés : on prétend, par exemple, que l'ânesse est Madame la Comtesse

‑tesse de *Blot*, & la bourique, Madame la Duchesse de *Fitz-James*.

5 Mai 1786. Il paroît que la disette des bœufs qui s'est remarquée il y a quinze jours au marché de Poissy, n'étoit que le résultat d'un complot formé entre les bouchers, qui depuis longtems vouloient augmenter le prix de la viande. Ils se sont entendus avec les marchands qui, restés à une certaine distance, y ont retenu leurs bestiaux & ont jetté l'allarme par un manque momentané de l'espece. Paris en a été consterné; les bouchers ont prétendu qu'ils ne pouvoient point donner de viande qu'à un prix énorme; encore qu'ils n'en auroient pas pour tout le monde: on est allé chez les Commissaires porter des plaintes; ceux-ci n'ayant point d'ordres & ne sachant que dire, se sont fait céler. Cependant les bouchers faisant semblant de craindre quelque émeute, se sont retirés par devers M. *de Crosne*, qui surpris dans le moment leur a dit de vendre le plus cher qu'ils pourroient, mais à condition que la tranquilité ne seroit point troublée dans leurs étaux. Alors ils ont fait la loi & depuis ils montrent un ordre imprimé du Lieutenant de Police, qui les autorise à augmenter successivement leur denrée d'un sols, suivant les différens prix qu'ils la vendoient, soit aux riches, soit aux pauvres.

6 Mai. On juge que l'instruction du procès du Cardinal est finie absolument, en ce qu'il a maintenant la permiſſion de recevoir tout le monde, du moins ſa famille & ceux qu'il voyoit avant. On dit que Madame *de Caglioſtro* peut viſiter ſon mari, & ſans doute les autres décrétés ont auſſi plus de liberté.

Depuis quelque tems le bruit court que Me. *Doillot* a reçu une Lettre du Comte *de la Motte* & le fait paroît conſtant. On ajoute qu'il eſt allé la montrer à M. le Baron *de Breteuil*, qui lui a demandé s'il connoiſſoit l'écriture de celui qui lui écrivoit? Il eſt à préſumer en effet que c'eſt une lettre factice de quelque François réfugié en Angleterre, qui s'eſt amuſé à myſtifier Me. *Doillot.* Dans cette Lettre le fuyard déclare qu'il eſt prêt à ſe montrer, s'il y a ſûreté pour lui; qu'il ne craint rien, mais cependant eſt bien aiſe avant, de ſavoir ce qu'en penſe cet Avocat & de recevoir ſon avis. En conſéquence il le prie de lui répondre par la voye des papiers publics, du *Courier de l'Europe* principalement. Ce dernier trait décele encore mieux la fraude. Au ſurplus, Me. *Doillot* doit ſavoir actuellement à quoi s'en tenir, en ce qu'il a pu vraiſemblablement communiquer avec ſa cliente & ſavoir d'elle ſi l'écriture de la Lettre eſt de la main de ſon mari.

On juge que les Rapporteurs ſont maintenant occupés à la rédaction de leur travail & ce n'eſt pas une petite beſogne. On aſſure que les dires ſeuls de Madame *de la Motte* font si verbeux, qu'il faudra plus de cent heures pour en faire seulement la lecture.

6 *Mai* 1786. Extrait d'une Lettre de Bourdeaux du 29 Avril.... M. *le Camus de Neville*, notre Intendant, a grande envie de se rendre recommandable à la Province ; il a commencé par favoriser un établissement très utile, c'est un cours d'accouchement pour les sages-femmes, entre lesquelles il a assigné un concours & quatre prix d'encouragement. Le jugement en a été déféré aux Professeurs de notre Collège de Médecine, qui le 24 Février nommerent six Commissaires à l'effet de se transporter au Collége de la Madelaine, où est l'École d'accouchement, tenue par M. *de Coutanceau*, Me. en chirurgie, pensionné du gouvernement, & par sa femme & par Madame *Ducoudray* sa tante, très célébres, toutes-deux brévétées du Roi, avec autorisation d'enseigner le même art dans tout le royaume : ils ont fait imprimer des *Elemens de l'art d'accoucher*.

Ces Commissaires interrogerent onze jeunes paysannes, tant sur la théorie que sur la pratique des accouchemens : ils les firent manœuvrer sur le *fantôme*, & reconnurent une intelligence d'autant plus surprenante, que plusieurs d'entre elles n'entendent pas le françois : ils décernerent ensuite les prix.

Nos travaux de la place de Louis XVI sur le terrein du château-trompette sont commencés, ils se poussent avec une vigueur étonnante; chaque jour voit éclorre quelque chose de nouveau. On s'occupe des fondations du *Quai de Calonne* du côté des Chartrons; les rues sont toutes alignées & marquées par des pieux; en sorte qu'on conçoit déjà quelques idées légères de ce vaste & magnifique ouvrage......

7 Mai 1786. La Physicienne, que depuis le 16 Mars l'auteur s'occupoit à retravailler, a été donnée enfin hier pour la seconde fois, & comme elle est fort élaguée, que le dénouement est mieux amené, & que les comédiens surtout intéressés par amour-propre au succès, avoient renforcé le parterre de nombre de billets donnés; on a fort applaudi, on a appellé l'auteur à grands cris. Ce couplet principalement a été redemandé. C'est un abbé qui chante:

Mesdames, malgré vos censeurs,
    Votre savoir m'enchante,
Il s'embellit des sons flatteurs
    De votre voix touchante.
Vos talens doivent s'employer
    Dans nos cours de Physique;
Deux beaux yeux sont le vrai foyer
    De la flamme électrique.

7 Mai. Depuis longtems on annonce un *Mémoire pour les Sieurs Vaucher, horloger, & Loque, bijoutier, accusateurs, contre le Sieur*

Belle d'Etienville, le Baron de Fages-Chaulnes & autres accusés; en présence de M. le Procureur-général. Il ne doit pas tarder à se mettre en vente, car on en voit déjà des exemplaires chez les juges. Il est de Me. *Duveyrier* Avocat, & suivi d'une *Consultation* en date du 24 Avril, souscrite de cinq Jurisconsultes, accompagnée de Pièces justificatives: tout cela forme un *Factum* assez gros de 88 pages in 4°. C'est le dixieme qui paroît dans l'affaire du Cardinal.

7 Mai 1786. M. de la Blancherie fait la plus belle défense pour retarder autant qu'il est possible la chûte absolue de son établissement. Il voudroit bien cacher au public l'abandon de ses plus habiles coopérateurs pour la rédaction de la feuille intitulée *Nouvelles de la République des Lettres*, & à cet effet il avoit vaguement annoncé dans le journal de Paris du 18 Avril, que quelques rédacteurs déjà remplacés par d'autres avoient cessé leurs fonctions; mais un M. *Battellier*, au nom de tout le comité composé de vingt personnes, par une lettre du 25 Avril adressée au Mercure, avec requisition de l'insérer, déclare ce qui en est & leur abdication totale & générale.

8 Mai. On a différé de parler jusques à présent du *Stabat*, de la composition de M. *David*, exécuté le vendredi 21 Avril au concert spirituel par cet admirable artiste, afin de rassembler les avis des connoisseurs & d'exfixer plus précisément le dégré de mérite. D'abord on lui reproche de manquer de ce caractere général de pathétique simple & sublime qui fait l'essence des paroles, & en cela il est infiniment au dessous de celui de Pergoleze. Du reste, la première partie, comme chant, a produit le plus grand effet; la mélodie en est agréable; l'harmonie pure & très bien entendue, distribuée avec beaucoup d'intelligence & d'esprit: on juge que cette composition est d'un homme consommé dans son art; quant à la seconde partie, elle n'a pas eu le même succès. Enfin on a trouvé des morceaux visiblement calqués sur l'original, & c'étoit d'autant plus mal-adroit de la part de M. *David*, qu'il s'offroit ainsi à une comparaison qui ne pouvoit être à son avantage.

8 *Mai* 1786. M. le Maréchal Duc *de Biron*, empressé de paroître encore une fois à la tête du Régiment des gardes à la revue du Roi indiquée pour demain, ne veut point profiter de l'invitation de Sa Majesté, qui lui a fait dire d'y venir en carosse; il s'exerce dans son jardin à monter à cheval & reprend les allures convenables pour ce genre d'exercice. On doute cependant qu'il puisse exécuter son projet.

8 *Mai*. Extrait d'une Lettre de l'Isle de France du 1 Décembre . . . . Suivant un imprimé répandu dans cette Colonie, M. *Ceré*, Directeur du Jardin du Roi, rend un compte

merveilleux de la prospérité de la culture des arbres précieux enlevés aux Hollandois: il annonce qu'il se trouve dans ce jardin trois mille canneliers de Ceylan ; 10,416 girofliers, dont 38 sont si forts, qu'il faut deux vigoureux Noirs pour en porter un; 894, un Noir pour un arbre; 484, un Noir pour deux arbres; & 9000 âgés de 4 à 6 mois, un Noir pour quatre. On y trouve encore vingt muscadiers aromatiques; & l'on dit à ce sujet que le Jardin du Roi possède dix-huit muscadiers femelles, tant de souche que créoles, & gagnés par les provins faits. M. *Céré* devoit y faire transplanter sept autres arbres femelles rapportans, qu'il a chez lui, autant pour augmenter cette souche précieuse, que pour les avoir plus à portée de ses soins.

Dix sur ces arbres ont fourni entre eux, depuis 1779, époque de la maturité des premieres noix, 1088 muscades, tant mûres, que jettées par des coups de vent, avant d'être parfaitement à ce point.

Ce nombre de fruits a produit 60 muscadiers placés au Jardin du Roi, 20 autres qui ont été délivrés tant dans la Colonie, qu'envoyés à l'Isle de Bourbon, à Cayenne, & à la Guiane françoise, & 124 plants, qui existent dans les pépinieres du Roi, dont vingt de transplantables dans ce moment.

Au commencement de Juin 1785, un seul arbre montroit 300 muscades ; & neuf autres

500 entre eux, avancées: vingt-quatre de ces noix ont été envoyées à l'Isle de Bourbon; 260 ont été plantées dans les pépinières du Roi, & il en restoit 366 sur les arbres, qui devoient s'ouvrir dans peu.

Ces arbres fructifians jouissent tous de la plus belle & la plus forte végétation, ayant le feuillage le plus verd & le plus garni; ils présentent continuellement des fleurs & des fruits de tout âge. Enfin le brillant état où ils sont, qui ne laisse rien à désirer, doit faire espérer que bientôt l'uni-sexe muscadier sera proportionné, pour sa multiplication, à celui de l'hermaphrodite giroflier.

Tout cela doit faire bien du mal au cœur de nos bons amis les Hollandois, mais nous leur avons assez rendu de services pour qu'ils nous pardonnent cette petite supercherie. Quelle gloire pour M. *Poivre* ?

9 *Mai* 1786. Suivant le Mémoire des Sieurs *Vaucher* & *Loque*, toute l'histoire du prétendu mariage proposé au Baron *de Fages*, ne seroit qu'une fable imaginée entre lui & *Bette d'Etienville*, pour excroquer près de 60,000 livres d'effets ou d'argent; car outre les deux accusateurs, on trouve ici de nouvelles victimes de ces fourbes. Le *factum* contient à cet égard des récits non moins incroyables que les autres & l'on y marche de prodige en prodige, ainsi que dans l'affaire du collier, à laquelle se lie la nouvelle affaire. Aussi depuis son premier

mier Arrêt du 21 Février dernier, le Parlement, soit par d'autres Arrêts d'évocation, soit par les Appels différens des accusés, s'en est-il saisi entiérement.

Il y a cinq décrets décernés, deux de prise de corps contre *d'Etienville* & le Baron *de Fages*, & trois décrets d'assigné pour être ouï, contre les Sieurs *de Précourt*, l'Abbé *Mullot* & le Sieur *d'Albissy*.

Ce Mémoire très bien fait, écrit très plaisamment & dans le style ironique convenable à la chose, se divise en plusieurs parties.

On y détaille d'abord les faits dans la plus grande étendue. Ensuite on expose au nombre de quatre les moyens, par lesquels on fait tomber la fin de non recevoir qui sembleroit résulter du récit des adversaires. Enfin on prend à parti chacun des cinq décrétés & l'on établit comment ils sont plus ou moins coupables de l'escroquerie.

1°. Le Sr. *Bette d'Etienville*, qui en a imposé sur son nom, sur ses qualités, sur son état: il est fils d'un ouvrier; il se nomme *Bette* seulement; il a été élève de chirurgie dans les hôpitaux de Lille, à Paris depuis environ deux ans; il y étoit venu solliciter le privilège des almanacs chantans, & a passé la plus grande partie de ce tems à l'hôtel de la force pour des dettes qu'il faisoit partout & ne payoit nulle part. On démontre par dix présomptions la fausseté de son récit, dont l'objet étoit uniquement de s'établir auprès des marchands l'agent, le proxenete & la caution du Baron *de Fages*.

2°. Le Sr. *de Fages*, autrefois Chevalier *de Fages*, aujourd'hui Baron *de Fages*, & gentilhomme du Vivarais, ayant servi en qualité de garde du corps de *Monsieur*, qu'on n'apprend point s'il a quitté ou s'il continue ce service, n'ayant qu'une légitime, partie d'une succession modique, divisée entre sept enfans ; cependant installé dans un appartement vaste & somptueux, entouré d'un nombreux domestique, ayant un valet de chambre, un chasseur, tout le train d'un homme de qualité opulent: préliminaires qui devoient conduire au dol de sa partie, dont les preuves sont aussi nombreuses que frappantes.

3°. Le Sr. *Précourt* (Duhamel) se disant Comte *de Précourt*, Chevalier de Saint Louis, Lieutenant Colonel d'Infanterie & parlant beaucoup de ses relations avec le Ministre; accoutumé à figurer dans des procès scandaleux & très connu dans celui de *Charlemagne* contre le Prince de *Limbourg*, Comte de *Styrum*: plus habile que les deux précédens, il trouve le secret de revendre argent comptant aux marchands escroqués leurs mêmes effets achetés à crédit, comme en étant devenu acquéreur.

4°. L'abbé *Millot*: on est fâché qu'il se trouve en si mauvaise compagnie & joue un rôle aussi équivoque: il a favorisé la crédulité des marchands par l'exhibition du dédit prérendu, cacheté; mais dont il a assuré connoître le contenu & qu'il présentoit aux divers créanciers, comme un gage de leurs créances, quoiqu'elles excédassent de beaucoup les 30,000 livres, quotité du dédit. Depuis longtems on annonçoit un Mémoire de ce religieux, prêtre Victorin, ancien supérieur, & de la part duquel ce Mémoire semble nécessaire pour sa justification.

5°. Le Sieur *d'Albissy*, sur lequel on ne donne aucune notion concernant son origine, son état & sa conduite: mais jouant ici le rôle de parent & d'ami du Baron *de Fages*; l'accompagnant chez les marchands, affirmant la certitude & la conclusion prochaine du mariage, véhémentement soupçonné d'avoir contribué à faire porter au mont de piété les effets escroqués, dont la maison étoit d'ailleurs le rendez-vous des escrocs & le foyer de l'intrigue.

9 *Mai* 1786. Les comédiens françois ont joué aujourd'hui *Scanderberg*, tragédie nouvelle en cinq actes & en vers, sujet qui n'avoit encore été traité qu'en opéra par la Motte. Il y a beaucoup d'imagination & pas le sens commun, dans cet ouvrage de M. *Dubuisson*. Il n'a pas été exactement jusques au bout & auroit peut-être fini plutôt sans un intérêt de curiosité du spectateur, empressé de voir comment l'auteur se tireroit de cette foule d'incidens, aussi merveilleux qu'atroces, dans lesquels l'action s'embarrasse: le style n'en est pas moins vicieux que la fable. Cet évé-

nement est de mauvais augure pour l'année dramatique, qui recommence ainsi par une chûte.

9 *Mai* 1786. On vient d'imprimer la Requête d'atténuation du Cardinal *de Rohan*, dont on a parlé comme inférée par lambeaux dans les gazettes étrangeres. Cet accusé, en persistant dans les réserves & protestations faites avant son interrogatoire, en ses qualités d'Ecclésiastique, d'Evêque, de Prince de l'Empire, de Cardinal & de Grand-Aumônier de France, supplie la Cour d'ordonner qu'il soit informé par addition, tant par titres que par témoins.

1°. Du fait de sommes modiques envoyées par le Cardinal *de Rohan* à Madame de la Motte en 1785, en forme de charités & dont il cite les agens.

2°. Des faits de vente de diamans, achats de marchandises & de meubles, dépenses qui ont été faites, & discours qui ont été tenus, tant en France qu'en Angleterre, par le Sieur de la Motte, à la connoissance de personnes qu'il nomme & désigne.

3°. Enfin des faits de dépenses & profusions des Sieur & Dame de la Motte, qui se sont passés & qui sont connus à Bar-sur-Aube.

C'est cette Requête, dans laquelle le Cardinal conclut à être renvoyé en état d'assigné pour être ouï, sur laquelle le Parlement n'a pas statué. Au surplus, elle ne contient qu'un bavardage assez spécieux; mais qui ne détruisant pas les pièces fondamentales du procès administrées par le Procureur-général, le laisse toujours pour principal accusé. Au reste, Me. *Target* n'avoue point cette Requête, qui se vend sous le manteau & dont il ne donne aucun exemplaire, ni personne des gens d'affaires du Cardinal.

10 *Mai* 1786. Extrait d'une Lettre de Bourdeaux du 6 Mai 1786........ Le 7 Janvier dernier l'*Anna Maria*, navire Russe, fit naufrage sur la côte d'Arvent; ce dont notre journal fit mention le 29 du même mois. Sur ce navire un *Papas*, (Prêtre Grec) étoit passager, dont il n'est resté que les papiers. Un de nos concitoyens voyageant sur les lieux, instruit qu'ils existoient entre les mains de quelques paysans, qui les avoient tirés d'une cassette échappée à la vigilance des officiers de l'Amirauté, les a achetés. Parmi ces manuscrits il s'est trouvé des cahiers écrits en caractères *Coptes* & un Certificat donné au Papas, par un Consul françois dans les Echelles du Levant, écrit en langue françoise, avec la traduction latine à côté.

Le caractere du manuscrit contenant un *Poëme sur les saisons*, est Grec Ionique. L'auteur du Poëme porte le nom de *Psaphion*. Il paroît par une note qu'il étoit contemporain de Lysimaque, Roi de Macédoine & de Thrace, qui vivoit l'an du monde 4913, Olympiade 123 : le nom de *Psaphion* est absolument inconmi. Le poëme a été tiré de la fouille d'un Temple de Bacchus à Mytilene, (aujourd'hui Metelin) comme nous l'apprennent les papiers du *Papas*.

L'acquéreur du manuscrit nous a donné un essai de traduction en prose de ce Poëme sur *l'hiver*: il a paru dans un de nos journaux du samedi 28 Mars; il y a beaucoup de poésie & de sensibilité. Cependant des critiques n'y trouvent pas la tournure des anciens, ils soupçonnent de la supercherie & nous verrons si votre Académie des Belles-Lettres fixera nos incertitudes.

10 *Mai* 1786. Madame la Baronne ou Comtesse *de la Palun* est sortie de la Bastille depuis quelque tems, mais pour être enfermée, toujours par ordre du Roi, dans un couvent du fauxbourg St. Marceau; ce qui déroute fort ses créanciers.

10 *Mai*. Me. *Ader* est un Avocat mal famé, qui se charge volontiers des plus mauvaises causes: il est surtout le défenseur des banqueroutiers & il est fort connu dans le Temple, principal asyle des débiteurs frauduleux. Il y a dans cet enclos une femme galante, dont la figure n'est point mal, quoiqu'un peu surannée; elle se qualifie de marchande de rouge de la Reine, & elle tient cercle chez elle. Me. *Ader* s'y étoit insinué, lui faisoit sa cour, & sembloit assez bien avec elle. On ne sait quelle cause de rupture s'est élevée tout à coup

entre eux; mais la marchande de rouge a fait un mémoire manuscrit contre Me. *Ader*; elle en a adressé des exemplaires à plusieurs Avocats & le défere à son Ordre.

Son délit est de s'être comporté très indécemment chez cette femme, d'avoir voulu forcer les barrières, entrer chez elle malgré elle, enfin de s'être porté à des excès qui l'ont fait arrêter, conduire chez le Bailly du Temple & y recevoir une correction sévere.

Il paroît que l'Ordre trouve Me. *Ader* assez puni par l'animadversion du Bailly & regardera comme non avenu le mémoire.

11. *Mai* 1786. M. le Maréchal *de Biron* s'est en effet trouvé avant-hier à la revue à cheval; mais deux domestiques l'accompagnoient de droite & de gauche & le soutenoient. Le Roi, qui avoit fait ce qu'il avoit pu pour l'empêcher de commettre une telle imprudence, l'admiroit & le faisoit considérer de tous ses courtisans.

11 *Mai*. Les gardes du corps de la compagnie de *Noailles* s'étoient flattés de pouvoir assoupir la fâcheuse affaire de Beauvais, en desintéressant la partie civile & en faisant en commun une pension à la femme & aux enfans du mort. Heureusement on a fait connoître au Roi que cela ne suffisoit pas pour la vindicte publique, qu'il falloit un exemple; & l'on parle de Lettres patentes expédiées, qui attribuent la connoissance du délit au

Parlement, Grand-chambre & Tournelle assemblées.

12 *Mai* 1786. Le bruit court depuis quelque tems que le Roi fatigué des tracasseries que lui occasionne avec la cour de Rome le procès du Cardinal, a témoigné son desir de n'avoir plus de Cardinaux en France. Cette exclusion avoit pris faveur, & dernierement M. *Boyer*, le correspondant de la gazette de Leyde, soutenoit en présence de l'Internonce que la chose venoit d'être décidée dans le Conseil. „ Ce fait est vrai," lui répondit l'Ultramontain piqué: „ ce fait est vrai, comme votre „ Lettre de Strasbourg & votre prétendu Bref „ du Pape que vous avez envoyé à votre ga„ zétier." Il lui fit en même tems de vifs reproches sur la manière dont il adoptoit ainsi tout ce qui couroit & tendoit à décréditer enfin cette gazette de Leyde, qui jouissoit de quelque estime, avant qu'elle tombât entre ses mains pour les articles de France.

12 *Mai.* Quelque poëte de la ville de Beauvais, vraisemblablement indigné de l'impunité des assassins, gardes du corps, de cette ville, du moins de la lenteur avec laquelle on procede à la vindicte publique, & plus encore de la lâcheté des habitans, les tolérant dans leur sein, & des femmes ne rougissant pas plus de les voir autour d'elles & d'en recevoir les hommages; a composé sur ce sujet une Ode vigoureuse, qui mérite de circuler, par l'éner-

giè des sentimens, des images & du style. Elle n'est que manuscrite, & Messieurs les gardes du corps l'empêchent, autant qu'ils peuvent, de se répandre; ce qui la rend difficile à trouver.

13 *Mai.* Il a paru depuis peu une nouvelle brochure contre M. *Necker,* sous le titre d'*Apologie,* ou *Lettre de Madame la Comtesse de R* * * * * à Milady R* * * * *.* Elle est très-courte & ne fait que répéter en gros les reproches faits en détail aux ouvrages & à l'administration de cet étranger. On ne peut nier qu'il n'y ait de l'esprit, de la justesse, & par fois de bonnes plaisanteries dans ce pamphlet ironique; mais il n'apprend rien de nouveau, nulles anecdotes; il n'est d'ailleurs point assez saillant pour faire fortune aujourd'hui, qu'on a perdu de vue l'ouvrage & l'auteur.

13 *Mai* 1786. *Stances ou Ode, sur le Massacre de Beauvais.*

Quoi, Beauvais, des hommes féroces,
 Dans la paix seule courageux,
Par les meurtres les plus atroces
 Pourront ensanglanter tes jeux;
Et dans un timide silence
 Souffrant qu'on t'égorge à loisir,
Devant la suprême puissance
 Tu n'oserais aller gémir!

J'implore, ô mon Roi, ta vengeance;
 J'ai vu tes gardes inhumains.

Contre ton peuple sans défense
   Tourner leurs parricides mains :
J'ai vu de leurs loges perfides
   Des tigres sur nous s'acharnant,
Nous porter des coups homicides
   Et rire en nous assassinant.

Témoins de cette barbarie,
   O trop faciles citoyens,
Sortez de votre léthargie,
   Réunissez vos cris aux miens !
Semant par d'adultères flâmes
   La honte au sein de vos amours,
Ces vils corrupteurs de vos femmes
   En veulent encore à vos jours.

Chassez ces hôtes sanguinaires ;
   Bannissez-les de vos foyers :
C'est être assassin de ses freres
   Que d'en souffrir les meurtriers.
Mais, quoi ! déjà nos élégantes
   Les promènent avec orgueil,
Le long des maisons gémissantes
   Qu'ils viennent de remplir de deuil.

Lâches habitans d'une ville,
   Autrefois pleine de valeur,
Allez, rampez, peuple imbécille,
   Vous méritez votre malheur.
A la soldatesque insolente
   Livrez vos femmes sans pudeur,
Et caressez la main sanglante
   Qui vous prend la vie & l'honneur.

14 *Mai* 1786. La Société Royale de Médecine prend de plus en plus une confiftance indeftructible & très utile pour fes membres. Les trente Affociés ordinaires qui la compofent effentiellement, viennent de l'être tous à perpétuité, à raifon de 600 livres chacun, outre deux cents francs de jettons environ qu'ils percevoient déjà. Et pour mettre encore plus de grace à tout cela, on a commencé à leur payer une année d'avance, à dater du premier Janvier.

14 *Mai*. M. *Manuel* eft forti de la Baftille, après neuf femaines de détention; bien loin d'avoir éprouvé le traitement ignominieux qu'on lui reproche, il eft refté paifiblement dans ce château & fe loue de la douceur avec laquelle il y a été traité. Ses amis ont craint pour lui que fon nouvel ouvrage fur faint Louis ne lui devînt funefte une feconde fois; mais il s'eft mis en règle; il en a envoyé, avant de le mettre en vente, un exemplaire à la police & comme on ne lui a rien dit depuis, il fe flatte de n'éprouver aucune perfécution à ce sujet.

14 *Mai*. M. *Desfaucherays* voulant profiter de l'engouement du public, a effayé de faire paffer une autre piece de fa façon qui avoit joui d'un fuccès complet en fociété; c'eft *le Portrait*, ou *le Danger de tout dire*, comédie en un acte & en vers, jouée hier fur le théâtre national. On y remarque furtout des fcènes de défefpoir abfolument calquées fur le

Jaloux de M. *Rochon*: ce qui eſt encore plus ſenſible, en ce que c'eſt le même acteur, le Sieur *Molé*. Au reſte, ces ſcènes occaſionnées par une jalouſie motivée perdent tout le ridicule qu'elles ont dans la grande comédie & deviennent trop dramatiques pour une ſemblable bagatelle. Cette diſproportion ſentie du ſpectateur a gâté le reſte de la piéce, à laquelle d'ailleurs on pourroit reprocher beaucoup d'autres défauts de détail & même de ſens commun: il en eſt auſſi dans le ſtyle, point aſſez châtié, & qui ne ſent pas toujours l'extrêmement bonne compagnie.

15 *Mai* 1786. Le mariage du Sieur *de Beaumarchais*, dont on avoit annoncé la déclaration d'après ſon aveu, il y a pluſieurs années, a ſans doute été retardé; il n'a décidément eu lieu que depuis peu.

15 *Mai*. On a lu que Me. *Linguet* étoit revenu de Vienne à Bruxelles, & l'on ſe flattoit que ſes deux derniers numéros annoncés depuis longtems perceroient enfin; mais il n'en eſt pas encore queſtion. On dit même qu'il n'eſt qu'accidentellement à Bruxelles, pour s'acquitter d'une commiſſion de l'Empereur & qu'il doit retourner vers ce Souverain.

M. le Comte *de Mirabeau* eſt auſſi depuis quelque tems à Paris, & comme il revenoit de Berlin, il a été entouré de curieux pour l'interroger ſur l'état du Roi de Pruſſe. Il court ſur l'affaire du Cardinal un pamphlet qu'on lui attribue ; mais dont on ne parle que vaguement encore.

15 *Mai* 1786. Vendredi dernier, 13 de ce mois, M. *de Boynes*, Avocat du Roi au Châtelet, qui avoit demandé la remise, a porté la parole dans le procès de l'Abbé *Brun*. Comme c'est le premier plaidoyer d'apparat de ce jeune Magistrat, l'affluence avoit redoublé pour l'entendre. On en a été assez satisfait, en ce qu'on a remarqué dans son plaidoyer des écarts de jeunesse, des incorrections qui ont fait présumer que l'ouvrage étoit réellement de lui. On en parle diversement quant au fond ; les Jansenistes, les partisans de l'Oratoire, qui en sont mécontens, en disent beaucoup de mal ; leurs adversaires exaltent M. *de Boynes* & le portent aux nues. En rendant justice à la Congrégation, il s'est élevé avec force contre la conduite despotique du Général, contre ses actes militaires exercés envers l'Abbé *Brun*; en conséquence il a conclu à 24000 livres de dommages intérêts pour cet ecclésiastique, dont 17500 livres comme restitution des billets noirs qu'il se plaint d'avoir perdus, & le surplus par forme de réparation civile.

En outre il a conclu à la suppression du Mémoire de Me. *Courtin*, comme injurieux ; en ce qu'il s'est permis une déclamation violente contre *le Triomphe du nouveau monde*, ouvrage qui, revêtu de la sanction légale, n'est plus susceptible d'animadversion, quant à la doctrine, que par le ministere public & les

Magistrats: déclamation qui, au surplus, ne faisoit rien au fond de l'affaire.

M. le Lieutenant-Criminel, qui s'attribue le droit de juger souvent seul en pareil cas, a trouvé l'affaire trop délicate pour la prendre sur lui entierement. En conséquence il l'a mise en délibéré; il en fera le rapport devant la Colonne du Criminel, & elle se jugera à la pluralité.

15 *Mai* 1786. Les travaux du *Musæum* sont toujours suspendus, parce que l'Académie d'Architecture n'a pas donné son avis définitif.

On avoit d'abord nommé un Comité de cinq Commissaires, composé des trois Intendans des bâtimens, l'Inspecteur général & le Maître des bâtimens. Le rapport de ceux-ci fait, on a trouvé qu'il ne suffisoit pas & on a dit qu'il falloit la sanction de la Compagnie; en conséquence elle a nommé une Commission de dix membres pour balancer l'avis des cinq autres; ce qui faisoit un total de quinze opinans; il en est mort un depuis. La délibération a traîné jusqu'à ce jour, où le rapport signé doit être lu à l'Académie rassemblée.

Il paroît que l'avis prépondérant est d'éclairer par en haut; ce qui rend inutile tout ce qui a été fait jusques à présent, va constituer en de nouveaux frais, coûter des sommes énormes & ce qu'il y a de plus fâcheux, traîner beaucoup en longueur.

16. *Mai.* Depuis longtems on n'avoit vu au théâtre Italien une affluence aussi considérable, que celle qu'y avoit attiré hier la

nouveauté qu'on y jouoit. Il s'agit de *Nina*, comédie en un acte & en prose, mêlée d'ariettes.

Une jeune personne, à qui son pere ne veut pas accorder l'amant qu'elle aime & qu'elle croit tué par un rival plus riche qu'on avoit préféré, en devient folle & ne recouvre la raison qu'au retour de cet amant, qui n'est point mort & que le pere désolé ramene lui-même à sa fille. Tel est le canevas de cet ouvrage, dont tout le mérite consiste dans le jeu de Madame *Dugazon*, jouant la folle; rôle, extrêmement long, pénible & diversifié dans les actes & dans les propos de démence dont il est rempli. C'est une foible imitation du *Roi Léar*. Tout cela est fort triste & fort pitoyable. La musique n'offre même rien de bien saillant, comme le sujet auroit pu le fournir. Elle est de M. le Chevalier *d'Aleyrac* : les paroles sont de M. *Marsollier des Vivetières*. Les partisans nombreux du musicien, du poëte & surtout de l'actrice principale, ont soutenu cette piéce contre les bâillemens & l'ennui du public impartial & l'on a fini par demander les auteurs & l'actrice: Madame *Dugazon* est la seule qui ait daigné se montrer.

16 *Mai* 1786. On se flatte que le procès du Cardinal sera fini avant la pentecôte & le rapport doit commencer lundi prochain 22 de ce mois. Les accusés ont décidemment eu la permission de revoir leurs conseils, suspendus pendant les confrontations & affrontations

17 Mai 1786. On peut se rappeller qu'en 1784, année où regnoient le plus les ballons, il a été envoyé à l'Empereur de la Chine tous les uſtenſiles néceſſaires pour en conſtruire dans cet Empire & lui donner un pareil ſpectacle. Des Lettres reçues de Pekin annoncent, que cette découverte n'a pas merveilleuſement frappé les Chinois. Pluſieurs de leurs Lettrés ſont perſuadés qu'il s'eſt rencontré parmi leurs fondateurs des hommes qui avoient l'art de s'élever dans les airs & d'y faire route. C'eſt ſurtout dans une Lettre d'un M. Amyot, miſſionnaire, datée du 15 Novembre 1784, qu'on trouve à ce ſujet des paſſages très curieux, extraits d'anciens livres Chinois, & il paroît que l'auteur de la lettre n'eſt pas éloigné d'une pareille idée.

17 Mai. Des gens aſſurent avoir vu un livre très curieux, très rare & très cher, contenant les deux rapports faits par M. *Titon* au Parlement le 16 Décembre 1785, où les decrets ont été lancés, & le 17 Fevrier 1786, où ils ont été confirmés & le procès réglé à l'extraordinaire, avec les dires de tous les opinans & leurs avis motivés. Le larcin des deux rapports n'eſt pas extraordinaire, puiſqu'ils ſont écrits; mais le détail des opinions qui ne s'écrivent point, c'eſt beaucoup plus. Dans le cas même où ils ſeroient fictifs, on les juge au moins d'un hiſtorien qui connoît bien les perſonnages, puiſqu'il les fait parler tous
dans

dans leur caractere & leur façon de penser.

17 *Mai* 1786. On est surpris, sans doute, de ne plus entendre parler du procès de M. l'Abbé *Giraud de Soulavie* contre l'Abbé *Baruel*, entrepris dans les commencemens avec tant de chaleur; on le sera bien davantage en apprenant qu'il ne sera vraisemblablement pas fini, du moins de la part du demandeur. Son objet étoit de ne point laisser sa réputation suspecte; mais la justice éclatante que vient de lui rendre le Président de l'assemblée du Clergé, M. l'Archevêque de Narbonne, en lui procurant la pension accordée aux gens de lettres par les Etats de Languedoc, en l'invitant de venir loger chez lui, de devenir le coopérateur de ses travaux dans la dignité où il est constitué: toutes ces faveurs lui ont prouvé qu'il n'avoit rien perdu dans l'esprit du haut Clergé, & il n'a pu se refuser aux instances du Prélat pour laisser s'assoupir un procès scandaleux, dont le principal objet aujourd'hui ne pourroit être que de donner en spectacle deux ministres des autels & de faire rire les profanes à leurs dépens.

18 *Mai*. On a dit que M. *Fretteau* étoit fort désagréable au Parlement, depuis qu'on a su qu'il avoit contribué à mettre M. *Dupaty* en état de composer le Mémoire, où cette Compagnie se trouve étrangement molestée: on a dit qu'en conséquence on se disposoit à attaquer ce faux frere, & celui-ci à se justifier.

La dénonciation en effet a eu lieu le vendredi 5 de ce mois aux Chambres assemblées, où l'un de Messieurs a rapporté le procès verbal de tous les faits concernant cette accusation: de son côté, M. *Fretteau* s'est fort bien défendu & lorsqu'on a été aux voix, M. *d'Epremesnil* a pris en main sa cause, avec la chaleur qu'on lui connoît. On parle même d'une Lettre dont M. le Premier Président a lu la copie & qu'il a sommé ce Chef de représenter en original; ce dont M. le Premier Président s'étant excusé par des tergiversations, son adversaire l'a suivi dans tous ses faux-fuyans & l'a forcé d'avouer qu'il n'étoit pas en état de le faire dans le moment. Quoiqu'il en soit, on a remis entre les mains des gens du Roi le récit & le procès verbal pour donner des conclusions en conséquence, lorsqu'il sera rendu compte du Mémoire.

Quant à ce Compte & au Requisitoire attendu de M. *Seguier*, celui-ci retarde autant qu'il peut; on dit même qu'il veut prudemment attendre que le Conseil ait statué sur la requête des trois hommes condamnés à la roue, afin de mesurer en conséquence sa marche & ses expressions.

18 *Mai* 1786. Ce qui avoit contribué à l'engouement du public pour *Nina*, c'est qu'elle avoit été représentée chez l'*Aspasie* du siecle, chez Mlle. *Guimard*, qui a voulu faire usage de son théâtre encore une fois avant que de

sortir de sa maison de la chauſſée d'Antin, en loterie, comme l'on sait. Tout ce qu'il y a de plus exquis en gens de la cour, en amateurs, en courtisannes, avoit été invité à cet essai, où n'avoient pu assister même beaucoup de ceux qui avoient des billets, à cause de la petitesse du local. Les mêmes acteurs & surtout la délicieuse Madame *Dugazon* y avoient joué, avec des *Bravo* & des *Braviſſimo* sans fin. Au fond, rien de plus froid & de plus lamentable que cette comédie prétendue, qui ne comporte rien de plaisant, qui n'offre pas le plus petit mot pour rire, qui n'est en effet qu'un drame sur le même ton de jérémiade d'un bout à l'autre & où il n'y a qu'une seule situation.

Le fond est appuyé sur une aventure qu'on raconte comme passée à Sedan. Une Demoiselle, qui n'attendoit que l'arrivée de son amant pour l'épouser, va au-devant de lui sur la route & apprend qu'il est mort. A cette fatale nouvelle, elle perd auſſitôt la raison; &, pendant plus de cinquante ans, elle fait tous les jours deux lieues à pied, pour se rendre à l'endroit où elle avoit espéré trouver ce jeune homme. L'infortunée s'en retournoit chaque fois, en disant: *il n'est pas encore arrivé, je reviendrai demain.* Seules paroles qu'elle ait proférées durant tout ce tems. Cette anecdote a été rapportée, il y a quelques années, par les papiers publics, & M. d'*Arnaud* en a fait ufage dans fes *Délaſſemens de l'homme ſenſible*, ſous le titre de la *nouvelle Clémentine*. Mais ce qui eſt bien & intéreſſant dans un roman, ne l'eſt pas toujours au théâtre; où ce n'eſt pas du vrai, mais du vraiſemblable qu'il faut, & ſurtout une diverſité d'incidens qui agitent le cœur & lui faſſent changer de ſituation.

19 *Mai* 1786. Le Mémoire de M. le Cardinal de *Rohan* tant attendu ſe publie d'hier: il en a été délivré aux Magiſtrats, aux gens de robe & ſurtout il en eſt parti beaucoup pour l'étranger. Le nombre imprimé n'eſt encore que de onze cens: ce qui fait qu'il y a peu de particuliers qui le poſſédent en ce moment. Ceux qui l'ont lu, le trouvent mal fait; ce n'eſt que la requête amplifiée: il contient très peu de faits nouveaux & le ſtyle n'a ni la nobleſſe, ni la force que le ſujet exigeoit.

19 *Mai.* Il paroît que ce ſont les gardes du corps qui ont déſiré que l'affaire de Beauvais ne fût point jugée en premiere inſtance par les Magiſtrats du Bailliage de cette ville; ils ont repréſenté que ces Magiſtrats en étant habitans eux-mêmes, dans un procès où les habitans généralement étoient parties adverſes de ces militaires, ne ſe trouvoient pas dans le point de vue d'impartialité néceſſaire. Le Roi a eu égard à leurs repréſentations.

19 *Mai.* Il y a eu cette année vingt-quatre opéra envoyés au concours des Prix fondés

par le Roi en 1784, pour l'encouragement du théâtre lyrique. Les Académiciens, nommés pour l'examen des ouvrages, n'en ont trouvé aucun répondant aux vues de l'inſtitution & digne d'être couronné. Trois ſeulement ont paru ſuſceptibles d'être réformés & préſentés avec plus de ſuccès au concours de l'année prochaine: *Oreſte jugé par le Peuple*, *Médée*, & *Hipſiphile*.

19 *Mai* 1786. Comme le bruit en couroit depuis longtems, Mlle. *d'Oliva* étoit en effet groſſe, lorſqu'elle eſt entrée à la Baſtille: elle vient d'y accoucher d'un gros garçon. On aſſure que le pere qu'on ne nomme point encore, s'eſt fait connoître, a envoyé ſes titres & qualités pour que l'enfant ſoit baptiſé ſous ſon nom & s'annonce pour vouloir épouſer cette courtiſanne, lorſqu'elle ſera libre; ce qui déſoriente tous les galans qui avoient des projets ſur elle.

20 *Mai*. La Société philanthropique ſe ſoutient & augmente chaque année ſes actes de bienfaiſance par le concours de gens qui n'en font pas. Dans une lettre du Secrétaire en date du 14 Mai, où il rend compte des fonds faits pour l'aſſiſtance des malheureux de cette année, il en porte le nombre à plus de 814; ſavoir 316 vieillards, 46 aveugles-nés, environ 200 femmes en couche, 36 veufs ou veuves, ayant au moins ſix enfans chacun.

Les enfans aveugles-nés continuent à faire

des progrès marqués dans tous les genres d'inſtruction qu'on leur procure, & ſurtout dans l'imprimerie, où leurs eſſais ſurpaſſent l'attente de M. *Haüy*, leur inſtituteur gratuït.

20 *Mai* 1786. Extrait d'une Lettre de Saint Quentin du 15 Mai...... Nous avons ici une Société rivale dans ſon genre de votre *Société philanthropique* de Paris, ſous le nom de *l'humanité*. Elle a toujours en dépôt entre les mains du corps municipal une ſomme de 60 livres, pour récompenſe de quiconque aura arrêté les progrès d'un incendie, ou ſauvé ſon ſemblable de quelque péril imminent; en outre elle s'eſt réſervé l'honneur de décerner elle-même une médaille d'argent; c'eſt ce qui vient d'avoir lieu d'une façon très éclatante pour une action qui le méritoit bien.

Dans la gazette de France du 21 Avril, il eſt fait mention d'un jeune homme de 15 à 16 ans qui, le 10 Mars dernier, en gliſſant ſur la glace du grand abreuvoir du fauxbourg Saint Jean de cette ville, la ſentit rompre ſous ſes pieds & tomba dans l'eau. Elle avoit au moins huit pieds de profondeur. *Marie Pontier*, femme de *Jean Langlet*, compagnon-maçon, déjà connue par vingt traits d'humanité & de charité même, quoique pauvre, ſe jette dans le gouffre pour en arracher le malheureux qui ſe noyoit: elle n'en a pas la force, elle périſſoit avec lui, ſans une jeune fille appellée *Joſeph Ruche*, fille de *Jean Roche*, auſſi compagnon-maçon, qui, plus vigoureuse, les ravit tous deux à ce danger. Tels sont les noms de ces deux héroïnes, dont la gazette ne fait pas mention.

Notre Société de l'humanité, non seulement a jugé ces deux femmes dignes du prix de 60 livres, mais d'un supérieur: en conséquence elle y a joint extraordinairement une somme de 90 livres. Les officiers municipaux, chargés du soin de faire la répartition, ont choisi à cet effet le 2 de ce mois, fête de Saint Quentin, jour de la distribution des Prix de l'Ecole Royale gratuite de Dessin, fondée par M. *de la Tour*, Peintre du Roi.

Après la distribution des Prix & après un discours aussi éloquent que pathétique, prononcé par M. *Colliete*, Avocat, Mayeur de la ville & Président du Bureau d'Administration de l'Ecole; la femme *Langlet* a reçu des mains de ce Magistrat, 100 livres, & la fille *Roche*, 50 livres. Vous jugez des applaudissemens qu'elles ont recueillis: elles étoient conduites par leur Pasteur, M. l'Abbé *Marolle*, & pendant la distribution des Prix, la musique du Régiment d'Artillerie, en garnison à la Fere, jouoit des fanfares.

De l'hôtel de ville, la femme *Langlet* & la fille *Roche* ont été conduites dans la Salle d'assemblée de la *Société de l'humanité*, par leur Curé & deux membres de la Société. Elles y ont été décorées, au bruit des fanfares, chacune d'une médaille d'argent, attachée à un ruban bleu céleste.

Ces médailles représentent d'un côté l'Humanité personnifiée, appuyée du coude sur un autel, où est un brasier ardent. Cette allégorie un peu forcée désigne l'amour qui doit enflammer l'homme pour ses semblables. Au revers, on voit une couronne de feuilles de chêne. L'une de ces médailles a pour inscription : *donnée à Marie Pontier, femme de Jean Langlet, pour avoir, au péril de sa vie, sauvé des eaux Alexis Montigny, le 10 Mars 1786.*

Cette cérémonie a été suivie d'une collation, pendant laquelle les musiciens ont joué des fanfares : on a porté des santés en l'honneur des deux héroïnes & de leur Pasteur : après la collation le Curé & tous les membres de la *Société de l'humanité* ont reconduit les deux femmes chez elles à travers les acclamations.

Mesdames *Chauvet* & *Nordingh*, & Mesdemoiselles *Fromaget*, aussi aimables que vertueuses, ont décoré la femme *Langlet* & la fille *Roche*, chacune d'une croix d'or à la *Jeannette*. Ces héroïnes ont été conduites à la Comédie. On les a placées dans la Loge du Roi, ornée des armoiries de la ville, entourées d'une Couronne civique & de Guirlandes. Elles ont été applaudies avec enthousiasme. Le Sieur *d'Orfeuille*, Directeur de la comédie, a terminé son discours de clôture par un éloge très délicat de leur belle action.

Enfin M. *de Haufy de Robecourt*, Avocat du Roi à Peronne, a adreſſé à la femme *Langlet* les vers ſuivans, à conſerver, au moins comme hiſtoriques :

   Sur la glace trompeuſe, un jeune téméraire
   En cherchant le plaiſir va trouver le trépas :
      Déjà l'abîme eſt ouvert ſous ſes pas ;
   Une femme le voit, ce n'étoit pas ſa mere ;
        Mais l'infortuné qui périt
       Eſt un homme, c'eſt ſon ſemblable :
       A ſon cœur ce titre ſuffit.
   Elle court lui prêter une main ſecourable ;
      Le même abîme l'engloutit.
    Femme ſenſible, autant que généreuſe,
     De *Léopold* auras-tu le deſtin ?
   Ce héros emporta les regrets des humains.
      Auſſi grande, auſſi courageuſe,
    En périſſant comme lui dans les flots,
    Ton nom obſcur fut reſté ſous les eaux....
   Non, tu vivras ! un Dieu juſte l'ordonne.
      Le ſalut d'*Alexis*
      Doit être encore ton prix.
   Quand de l'humanité tu reçois la couronne,
   Que tous tes citoyens, te la voyant porter,
   Apprennent à quel prix on peut en mériter.

20 *Mai* 1786. Les gens au fait des intrigues de cour aſſurent que la deſtination de l'opéra futur annoncé pour le Carrouſel n'eſt qu'une tournure priſe, afin de ſe débarraſſer des importunités du nouveau Duc d'*Orléans*, qui ſollicitoit vivement qu'on le replaçât dans ſon palais & avoit beſoin d'une déciſion, afin de

diriger ſes plans. Actuellement qu'il ne doit plus ſonger à cet arrangement & que ſes travaux vont changer en conſéquence, on ne ſe preſſera pas de rien commencer, & Madame la Comteſſe *de Brionne* n'en fait pas moins travailler dans ſon hôtel, qui doit être abattu: d'où l'on conclut aſſez naturellement, ou que le projet changera encore, ou du moins qu'il ne s'exécutera pas de ſitôt.

21 *Mai* 1786. *Mémoire pour Louis-René-Edouard de Rohan, Cardinal de la Sainte Egliſe Romaine, Evêque & Prince de Strasbourg, Landgrave d'Alſace, Prince-Etat d'Empire, Grand-Aumônier de France, Commandeur de l'Ordre du Saint Eſprit, Proviſeur de Sorbonne,* &c. *accuſé.*

Contre M. le Procureur général.

En préſence de la Dame de la Motte, du Sieur de Villette, de la Demoiſelle d'Oliva, & du Sieur Comte de Caglioſtro, co-accuſés.

Tel eſt le frontiſpice impoſant d'un *Factum*, dont le volume y répond & eſt de 146 pages in 4to.

Il eſt ſigné de Me. *Target* ſeul, & ſuivi d'une Conſultation du 16 Mai, ſouſcrite par d'anciens Avocats au nombre de cinq, Mes. *Laget-Bardelin, Tronchet, Collet, de Bonnières, & Bigot de Preméneu.*

L'objet du Mémoire eſt de prouver que le Cardinal *de Rohan* n'a point été trompeur, qu'il a été trompé, qu'il n'eſt ni l'auteur, ni le complice du crime dont la fraude l'a rendu l'instrument.

La Consultation décide qu'il a été trompé dans la négociation du Collier; qu'il n'a point participé à l'offense faite au nom auguste de la Reine; qu'il a été victime de l'intrigue; qu'il s'est conduit dans l'exécution d'un ordre qu'il croyoit vrai, avec le zele & la soumission qu'il auroit eu & dû avoir dans l'exécution d'un Ordre réel & véritable; enfin qu'il est prouvé que l'erreur étoit enracinée dans son esprit, & que le plus profond respect pour la Majesté Royale étoit le premier sentiment de son cœur.

Nous pourrons revenir sur ce Mémoire, qui produit une grande sensation & occupe en ce moment toutes les conversations. Me. *Target* y a si grande confiance qu'il veut qu'il soit piéce du procès, qu'il l'a signifié comme tel, en sorte qu'on soit nécessité à le lire en entier à la Grand' chambre assemblée.

21 *Mai* 1786. Ceux qui reviennent de Versailles assurent que M. le Dauphin a l'air d'être mieux, en ce qu'il est plus gai & commence à s'occuper des jeux de son enfance.

21 *Mai*. Un anonyme, guidé l'on ne sait par quel motif, s'est avisé d'écrire & d'adresser une *Lettre à Messieurs de l'Académie Françoise*, où il cherche à prouver que M. le Maréchal *de Vauban* ne mérite pas l'Eloge que cette respectable compagnie a proposé pour le Prix d'Eloquence de 1787. Il y a grande appa-

rence que la Compagnie n'a fait aucun cas de cette eſpece de délation contre la mémoire d'un grand homme.

22 *Mai* 1786. Le public eſt très mécontent de la maniere dont on l'a leurré ſur la diſtribution des exemplaires du Mémoire de M. le Cardinal *de Rohan*. Non ſeulement on n'en diſtribue ni à ſon hôtel, ni chez ſes Avocats à ceux qui en demandent, mais on n'en envoye pas à ceux qui ſe ſont donné la peine de ſe faire inſcrire d'avance d'après la marche indiquée; & toutes ces difficultés paroiſſent le réſultat des manœuvres des Secrétaires & autres ſubalternes qui ont fait ſur cet objet une ſpéculation de fortune. En effet, tandis qu'on en refuſe à tout le monde, ſous le prétexte qu'il n'y en a pas d'imprimées; dès hier on a commencé à le vendre un écu à l'hôtel de Soubize même. Ce qui eſt contre la bonne diſcipline dans tous les cas, mais devient infâme, lorſqu'il s'agit d'un grand Seigneur.

22 *Mai*. On préſume que l'Oratoire, afin de mieux motiver ſon expulſion de l'Abbé *Brun*, & d'en rendre la cauſe plus défavorable aux yeux d'un certain public, qui pourra prendre le change, a fait ſes efforts auprès du Gouvernement pour provoquer la révocation du Privilege de ſon livre: *le Triomphe du nouveau monde*, & l'Ordre a enfin réuſſi: on aſſure qu'il va ſortir à cet effet un Arrêt du Conſeil, en date du 5 Mai.

22 *Mai* 1786. Extrait d'une Lettre de Madrid du 6 Mai..... Vos Philosophes, à force de se moquer des Espagnols, leur ont rendu un très grand service; surtout depuis la liaison qui s'est établie entre la France & ce Royaume, à l'occasion de la dernière guerre. On a fait entendre au Monarque, combien il étoit tems que son peuple sortît de l'affaissement & de l'abjection où il étoit. On a cette obligation surtout au Ministre, le Comte *de Florida Bianca*. Vous ne sauriez croire combien Sa Majesté Catholique dépense aujourd'hui pour former des éleves, non seulement dans toutes les sciences, dans tous les arts, mais dans toutes les parties de l'administration: elle en entretient à grands frais dans les divers Etats de l'Europe, où l'on peut apprendre quelque chose: dernièrement il vient d'en partir pour les mines de Suede.

De son côté, M. *Cabarus* a excité le goût du commerce par l'appas d'un gain considérable, & les Grands, qui d'abord regardoient ces spéculations mercantiles au dessous d'eux, s'y livrent avec ardeur, ainsi que toute la nation. On est bien fâché aujourd'hui d'avoir admis les étrangers aux bénéfices de la caisse de Saint Charles, & l'on a donné ordre au Ministre d'Espagne en France, d'en faire retirer le plus qu'il pourra les actions. Quant aux nouvelles actions de la Compagnie des Philippines, vous savez que les Etrangers en sont absolument exclus. En un mot, la secousse est donnée, ce Royaume va se régénérer; & avec l'ignorance, la superstition & le fanatisme qui en proviennent, en seront bientôt déracinés; c'est ce qui fait trembler les prêtres & surtout les moines.....

23 Mai 1786. La demande des Sieurs *Laïs*, *Cheron* & *Rousseau* est toujours *in statu quo*; ils ne s'en départent point: deux des trois sont malades; mais le Sr. *Laïs* qui ne l'est point, s'est rangé à son devoir.

Du reste, par le calcul fait de la recette & la dépense de l'Opéra durant la dernière année dramatique, il se trouve que les frais ont été excessifs. D'abord le total de la recette ordinaire alloit à 1200000 livres environ; en outre le bénéfice des loges a été accru de 72000 livres, qui, jointes à l'augmentation demandée aux petits spectacles, forme un revenant bon de 2000000 livres à peu près: la dépense des Menus, qui ont fourni presque tous les habillemens & décorations, est un objet de 1500000 livres de plus. Qui le croiroit? parce qu'au moyen de ce revirement, le Roi a été dispensé de fournir les 40000 livres consacrées à ce service, on a fait entendre à Sa Majesté que tout alloit à merveille, que ce spectacle étoit régi supérieurement, & Elle en a fait des complimens au Sieur *de la Ferté*.

23 Mai. Les cris du public ont été si violens contre l'infamie de vendre le Mémoire du Cardinal, tandis que les honnêtes gens in-

crits n'en recevoient point, qu'on a fait insérer dans le Journal d'aujourd'hui un avis, que les personnes inscrites pourroient aller retirer leur exemplaire: la foule est devenue si grande, qu'il a fallu appeller le guet à pied & à cheval, & ouvrir les portes de l'hôtel, qu'on avoit fermées.

23 *Mai* 1786. On doit enfin donner aujourd'hui sur le théâtre lyrique, la première représentation de *Thémistocle*, dont il est question depuis longtems, & qui, retardé par différens contretems, en y comprenant ceux de Fontainebleau, se trouve avoir subi au moins quarante répétitions; ainsi ce ne sera pas faute d'études, s'il ne réussit pas: comme le poëme en est connu, en voici le sujet d'avance.

Néocle, fils de *Thémistocle*, jetté par un naufrage dans les Etats de *Xercès*, devient amoureux de *Mandanne*, fille du Roi, & ne pouvant vaincre sa passion, s'attache au Monarque, se rend recommandable par sa valeur, le suit contre les Parthes; non seulement contribue à la victoire, mais sauve *Xercès* en grand danger: pour récompense ce Souverain lui offre sa fille. Les deux amans sont au comble de leurs vœux; mais avant il exige que *Néocle* le venge de l'affront qu'il a reçu des Grecs à Salamine, & surtout qu'il triomphe de *Thémistocle*. *Néocle*, qui seul n'ignore point sa naissance, se trouve dans un grand embarras, & est obligé d'en avouer la cause à la Princesse.

Cependant *Thémistocle* exilé se refugie à la Cour de *Xercès*, qui touché de cette noble confiance lui offre un asyle. Le fils & le pere se reconnoissent: dans l'intervalle, la Grece envoye demander *Thémistocle* & la paix. Le Roi de Perse ne peut consentir à cette lâcheté; il propose à *Thémistocle* de se venger en prenant le commandement de son armée: le Général Athénien s'y refuse, l'amour de la patrie l'emporte : *Xercès* le fait arrêter. *Néocle* délivre son pere, celui-ci ne peut consentir à devenir l bre par une trahison ; il se remet lui-même aux mains de son ennemi & veut se donner la mort. *Xercès* l'en empêche & calmé par sa fille fait grace au fils révolté. *Thémistocle* devient le médiateur de sa patrie & obtient la paix pour elle.

Il est aisé de juger par ce court exposé, où beaucoup d'incidens intermédiaires sont supprimés, combien ce plan est vicieux, combien il péche contre le sens commun: à force d'y avoir voulu accumuler les événemens, l'auteur n'y a pas conservé la moindre vraisemblance & presque tous les caractères sont absolument manqués ; surtout celui de *Xercès* est d'une bêtise, d'une bonhommie insoutenable.

23 *Mai* 1786. L'on sait qu'en général tous les Mémoires en matiere criminelle doivent être suspectés & sont faux dans le récit des faits. Celui de M. le Cardinal ne mérite pas plus de confiance. On les y voit arrangés d'une

façon très favorable à sa défense, & accompagnés ainsi de raisonnemens victorieux: l'arrivée de *Villette* surtout est un des événemens les plus heureux pour lui, si ce nouvel accusé est convenu, comme on l'assure, d'avoir été l'ami, le confident, l'écrivain de Madame de la Motte; d'avoir été l'auteur, le copiste du moins des fausses lettres de cette insigne intriguante, des acceptés, de la signature de la Reine &c. Cependant deux dépositions terribles restent dans leur force contre le Cardinal, celles de M. *de St. James*, & d'un des Jouailliers nommé *Baſſanges*, & l'Avocat ne s'en tire qu'en cherchant à les dénaturer, en y substituant des mots à d'autres: il est en outre question d'un *memento*, note ambiguë trouvée dans les papiers de M. le Cardinal & devenue piéce du procès, dont il est obligé de donner la clef & qui ne laisse pas moins d'embarras dans l'esprit du lecteur; ensorte que d'après ce *Factum* même, malgré tous les efforts de Me. *Target*, on ne juge pas son client aussi blanc qu'il le présente. Du reste, ce Mémoire est mal fait, il est verbeux, plein de répétitions; & l'affectation avec laquelle on fait observer au Parlement à plusieurs reprises que le seul délit dont il doive s'occuper, est l'abus du nom de la Reine & du faux commis dans l'acquisition du Collier, indique sensiblement combien le Cardinal craint qu'on ne fouille plus avant & qu'on n'éclaircisse surtout la scene romanesque & nocturne du parc de Versailles.

Au surplus, ce Mémoire a ses partisans aussi & il en est qui regardent principalement la seconde partie, intitulée *Résumé & Réflexions*, comme un chef-d'œuvre.

24 *Mai* 1786. L'affaire de Madame la Marquise *de Cabris* a été enfin jugée au Châtelet : elle est portée au Parlement, où cette Dame doit avoir deux défenseurs, Me. *Duveyrier*, son ancien, & Me. *de Seize*, qui vient aider son confrere.

24 *Mai*. Hier M. *Dionis du Séjour* a rapporté à la Tournelle le procès de la fille *Salmon*, qu'on se rappelle avoir été sur le point d'être brûlée vive. Elle a été déchargée de l'accusation : on l'a fait monter devant les Juges ; le Rapporteur l'a embrassée & lui a donné sa bourse : exemple bientôt suivi des autres Magistrats. On assure que Madame *Louise* veut la prendre à son service ; & ce malheureux procès, qui devoit la faire périr, sera de la sorte le principe d'une fortune pour elle.

24 *Mai*. Le Privilège du livre du *Triomphe du Nouveau Monde* est en effet révoqué, en ce qu'il s'y trouve d'abord deux irrégularités ; la première, qu'on a oublié d'énoncer le nom de celui auquel le Privilège étoit accordé ; la seconde, que l'auteur avoit pris le faux nom de *le Roux*, lorsque son vrai nom est *Brun* : d'ailleurs étant membre de l'Oratoire, il auroit dû se munir de l'approbation de ses supérieurs ;

enfin ce livre annonce une doctrine contraire à l'esprit de la Religion, aux principes du Gouvernement & contient des choses dangereuses, qui ne permettent pas de laisser subsister ledit Privilège.

Tout cela provient d'une surprise faite au Chef de la Librairie, ou plutôt d'une légereté de sa part. Ce mot du *Nouveau Monde* dans le titre lui a fait croire qu'il étoit question de Voyages, & en conséquence il a nommé pour Censeur un Géographe, M. *Robert de Vaugondy*. Celui-ci ne voyant rien de contraire à la doctrine & d'ailleurs n'entendant rien aux matières traitées dans le livre, lui a donné une approbation très flatteuse & plusieurs journalistes n'ayant pas mieux examiné l'ouvrage, ont confirmé ces éloges. Au reste, il étoit peu connu, & l'on conçoit que cette prohibition lui donnera plus de vogue.

24 *Mai* 1786. Il y a longtems qu'on a annoncé un journal bizarre, sous le titre des *Lunes du Cousin Jacques*: il se soutient & a même une sorte de vogue par sa prétendue gaieté, qui le plus souvent consiste en de grandes bêtises. Quoiqu'il en soit, l'auteur s'est évertué & a donné hier aux Italiens, une bagatelle intitulée *les ailes de l'Amour*. Ce divertissement en un acte, en vers & vaudevilles, quoiqu'il ne soit qu'une platte allégorie sans beaucoup de sens & moins encore de finesse, a joui d'une espèce de succès, graces à l'heureuse étoile qui

préside à toutes les productions de l'auteur : on n'a pas manqué de le demander, il s'étoit préparé à l'événement, & avoit composé un couplet qui finit par dire qu'il s'est allé cacher *dans son empire de la Lune*: on a prié l'Acteur (le Sr. *Trial*) qui chantoit, de le chercher, & un instant après il l'a amené. Ce Poëte est M. *Beffroy de Regny*.

24 *Mai* 1786. L'opéra de *Thémistocle*, joué hier, étoit si décrié d'avance qu'on ne s'y est pas présenté avec l'affluence ordinaire aux nouveautés du théâtre lyrique : malgré les répétitions multipliées dont on a parlé, il n'a pas non plus été exécuté avec l'ensemble qui produit le succès de pareils ouvrages : le Sieur *Cheron*, toujours malade, a dû être remplacé par le Sieur *Chardini*, qui l'a fait regretter singulierement ; le Sieur *Rousseau* a eu la force d'exécuter son rôle, mais avec beaucoup de foiblesse : quant à celui de Mlle. *St. Huberti*, il ne pouvoit produire que peu d'effet, après ceux de *Didon* & de *Penelope*. Point de Ballet au second acte & deux fort longs au premier & au dernier. Il a résulté de toutes ces circonstances un succès assez équivoque. Au reste, le Sieur *Philidor*, le musicien, est accoutumé à ne pas prendre d'emblée : quant au poëte, le Sieur *Morel*, il est accoutumé aussi à faire ou à se faire faire de mauvais Poëmes. Dans le fait, il n'y a rien de désespéré & l'on ne seroit pas surpris que *Thémistocle*

reprit avec beaucoup de vigueur. Le spectacle est très pompeux, les habits sont magnifiques, & il y a au dernier acte une décoration qui a produit une illusion singulière.

25 *Mai* 1786. Il y a deux ans environ, que l'on parle d'un fameux voleur, nommé par sobriquet *Poulailler*, à cause du ravage qu'il causoit dans les fermes, théâtres principaux de ses exploits. On en contoit des aventures merveilleuses & il étoit surtout la matiere des conversations du peuple. Il est arrêté depuis plus de six mois & se défend si bien que, sans doute, on ne trouve point de preuves suffisantes pour le condamner. Quoiqu'il en soit, il devient spectacle aujourd'hui, & moyennant douze sols on a la liberté d'aller le voir dans les prisons du Châtelet.

25 *Mai*. Les partisans du Maréchal *de Vauban*, scandalisés de l'écrit adressé à Messieurs de l'Académie françoise, y ont répondu par un *Avis au Lecteur*, où ils refutent l'étrange assertion du détracteur de ce grand homme & entrent dans une discussion raisonnée de son mérite. L'auteur prétend que malgré les systèmes modernes, la doctrine du Maréchal de Vauban est encore celle adoptée dans les Ecoles du Génie & la base de tout ce qu'on a fait de bien en ce genre. Cet écrit, aussi anonyme que la Lettre, a été envoyé dans les maisons & paroît d'un homme du métier; il est sec & purement didactique.

26 M.*. *Journal de Littérature françoise & étrangere.* Tel est le titre d'un ouvrage périodique nouveau, ou plutôt rajeuni, autrefois *la Gazette Littéraire* & depuis *le Journal des deux-Ponts.* On en répand un *Prospectus,* écrit d'un ton leste & gai, très propre à séduire les souscripteurs. Il est principalement attribué à Messieurs *Maréchal & Hoffman.* Tout ce qu'on doit craindre, c'est que ne jouissant que d'une introduction de tolérance, il ne soit bientôt proscrit.

26 *Mai.* Me. *Doillot,* le défenseur de la Comtesse de la Motte, sentant la nécessité de ne point laisser sans réponse le Mémoire du Cardinal, en répand un troisieme pour sa cliente; il se plaint, par la précipitation du jugement prochain, d'avoir été obligé de se resserrer & de ne point développer, comme il l'auroit désiré, les raisonnemens à opposer à ceux de Me. *Target.*

26 *Mai.* M. le *Comte de Linieres,* militaire aimable, dont on a parlé quelquefois, étoit absent depuis un certain tems à raison de dettes qu'il avoit contractées & que son beaupere, M. *le Normant d'Etioles,* ne vouloit pas payer. Relégué en province durant cet intervalle, il s'y est livré au commerce des Muses & ayant fait la paix avec ce financier, il a célébré depuis peu son retour en mettant au jour ses productions dramatiques. Elles consistent en une *Parodie de Penelope,* & une parade inti-

tulée *le bourgeois comédien*. Elles se sont exécutées le 23 de ce mois sur un théâtre particulier, fauxbourg Saint-Denis, où M. *de Lirires* a joué lui-même, avec les Seigneurs de la cour, ses anciens camarades en ce genre. On ne doute pas qu'il n'y ait quelque chose de relatif à sa réconciliation; mais comme ce spectacle ne s'est exécuté que pour la famille, pour ses camarades & amis, peu de profanes en ont joui & il n'a encore rien transpiré de cet amusement dont il faut attendre les détails.

27 Mai 1786. On n'a pas manqué de prendre Me. *Target* sur le tems & de rire de son *Factum*. Voici une chanson à ce sujet assez plaisante, en deux couplets, sur l'*Air de la fanfare de Saint Clou*:

Target dans son gros Mémoire
A tracé tant bien que mal
L'étrange & fâcheuse histoire
De ce pauvre Cardinal:
Où la verbeuse éloquence
De cet orateur pressant
Prouve jusqu'à l'évidence
Que c'est un grand innocent.

❃

J'entends le Sénat de France
Lui dire un de ces matins,
Ayez un peu de décence
Et laissez-là les catins.
Mais le Pape moins honnête
Pourroit dire à ce nigaud:
Prince, à qui n'a point de tête,
Il ne faut point de chapeau.

27 Mai 1786. Des incidens romanesques, multipliés, accumulés sans ordre & sans vraisemblance, un étalage de beaux sentimens mal amenés, & non nécessités, des situations extraordinaires & forcées, de grands événemens qui n'intéressent point, beaucoup de morale perdue; tel est le fond d'une comédie nouvelle, sans comique, jouée hier aux Italiens pour la premiere & derniere fois vraisemblablement, en trois actes & en prose, sous le titre du *Danger de la prévention*. Quoiqu'il n'y ait point eu de huées, de murmures caractérisés; ce drame, car c'est le vrai nom de la piece, a été reçu avec une froideur plus désolante que les clameurs des mécontens. L'auteur est de ces hommes tiedes, que le bon goût vomit.

27 Mai. Le titre de *Sommaire* pour la Comtesse *de la Motte-Valois*, accusée, contre le Procureur général, accusateur, en présence de M. le Cardinal de Rohan & autres coaccusés, que Me. *Doillot* donne à son dernier *Factum*, paroît en effet assez singulier dans une affaire qui expire. Quoiqu'il en soit, ce *Sommaire* a pourtant 58 pages in-4°. & par des assertions entierement opposées à celles de M. le Cardinal, ne fait que jetter le lecteur dans de nouvelles perplexités : il en résulte aux yeux de ceux qui sont le mieux disposés en faveur de son Eminence, que même en le regardant innocent comme homme, ils croient

que,

que, comme juges, ils ne pourroient s'empêcher de l'entacher. Le fait le plus avantageux pour elle, dont on apprend ici la certitude, c'est que le Sieur *Villette*, après avoir persévéré dans sa déposition comme témoin, dans son interrogatoire comme accusé principal, dans ses récollemens en l'une & l'autre qualité, & dans sa confrontation, à nier qu'il fût l'auteur de la fausse signature de la Reine, en convient le 5 Mai dans un dernier interrogatoire & déclare qu'il a écrit sous la dictée de la Dame de la Motte. Au reste, Villette n'est qu'un témoin, *testis unus, testis nullus* : au contraire, Me. *Doillot* ne manque pas de relever contre le Cardinal, & la déposition accablante de M. de Saint James, & celle du Sieur Bassanges, l'un des jouailliers, & un écrit ambigu trouvé sous les scellés de M. le Cardinal, dont il ne fournit pas lui-même une explication satisfaisante.

Voilà ce qu'on observe de meilleur dans ce *Factum*, non moins horriblement écrit que les précédens, & dont on n'accusera pas l'auteur d'en avoir voulu imposer par les prestiges de son éloquence.

28 *Mai* 1786. Quoique Mrs. *Titon de Villotran* & *Dupuis de Marcé*, les Rapporteurs dans le procès du Cardinal, ne soient point en état de santé parfaite, ils ont commencé leur rapport le lundi 22, à deux séances par jour, & hier samedi au soir toutes les

Tome XXXII.   D

lectures étoient fort avancées; on compte qu'elles finiront demain, en sorte que le jugement pourroit avoir lieu mercredi. On sait déjà que les Magistrats & surtout les Rapporteurs ne sont point d'accord & qu'il y a eu des débats même sur les lectures.

28 *Mai* 1786. On prétend qu'un plaisant a renvoyé à Me. *Target* un exemplaire du Mémoire du Cardinal, y a joint une feuille de papier blanc, avec ces mots, *Monsieur*, & plus bas: *amplius lava me*.

28 *Mai*. Hier samedi Me. *Fournel*, Avocat assez connu & qui l'est davantage depuis sa Consultation en faveur de la fille *Salmon*, est venu au parquet, est entré dans le cabinet de M. le Procureur-général & là, en présence de plusieurs Substituts, lui a raconté le fait suivant:

,, Un grand homme sec & noir, ayant l'air
,, d'un solliciteur d'affaires, & que je crois
,, connoître de vue comme rodant beaucoup
,, au palais, est venu me trouver hier ven-
,, dredi au nom de M. de la Motte, & m'a
,, demandé si je voulois prendre sa défense?
,, J'ai témoigné ma surprise de cette interpel-
,, lation, surprise d'autant plus grande que je
,, ne croyois pas qu'il y eût sûreté pour cet
,, accusé à se présenter en ce moment. Le
,, *Quidam* m'a répondu que M. de la Motte
,, avoit une Lettre de M. le Baron de Breteuil,
,, en forme de sauf-conduit, où ce Ministre

„ l'assuroit qu'en suivant le chemin qui lui étoit
„ tracé, en entrant dans Paris par telle porte,
„ en n'y voyant que son Avocat pour lui re-
„ mettre ses pieces & lui donner les renseigne-
„ mens essentiels à sa justification, on lui lais-
„ seroit tout le tems nécessaire à la confection
„ de ses affaires & il ne seroit constitué prison-
„ nier qu'après un certain délai."

Ici finit le récit de Me. *Fournel* qui, ces préliminaires posés, a déclaré être prêt à entendre le client annoncé & l'attend. Cette anecdote qui a bien l'air d'une mistification, ne peut tarder à s'éclaircir.

28 *Mai* 1786. On prétend que, lorsque M. le Procureur-général a rassemblé les Avocats généraux pour déterminer ses conclusions dans le procès de M. le Cardinal, sur le rapport de M. *de Laurencel*, son Substitut, deux des trois Avocats généraux, Messieurs *Seguier & Herault de Sechelles*, ont été d'avis qu'il n'y avoit lieu à délibérer; qu'ils n'y voyoient qu'une intrigue de cour & point de délit: que les propriétaires du Collier ne réclamoient rien juridiquement, n'avoient porté aucune plainte légale, ne s'étoient point rendus parties au procès. Cette façon de voir, qui semble assez bizarre, a été déjà celle de plusieurs Magistrats durant le cours des opinions, qui ont eu lieu dans les assemblées précédentes. Au surplus, comme c'est M. le Procureur général seul qui forme ici les conclusions, qu'il n'appelle les

Avocats Généraux que pour les consulter, cette opinion ne peut gueres l'embarrasser.

29 Mai 1786. Mardi dernier, 23 Mai, l'Abbé *Brun* a été débouté de sa demande contre le Général de l'Oratoire, faute par lui de s'être mis en regle & d'avoir prouvé qu'il eût en effet les 17500 livres de billets: les termes injurieux de son Mémoire imprimé ont été supprimés: la conduite du Pere *Moisset* a été trouvée répréhensible, pour avoir usé de violence & commis diverses irrégularités dans l'expulsion de la personne & des meubles de l'Abbé *Brun*: enfin les dépens sont compensés. L'Abbé *Brun* a sur le champ interjetté appel au Parlement.

29 *Mai.* On ne cesse de parler du Cardinal & de son procès; ce sont tous les jours de nouvelles pasquinades; voici encore un quatrain composé à ce sujet: c'est son Eminence qu'on fait parler aux chefs de meute de son parti:

Mes bons amis, qui parcourez la ville
Pour m'obtenir mon absolution;
Oui, j'en fais l'humble confession,
Dites partout que je suis imbécille.

29 *Mai.* Le tirage de la Loterie de la maison de Mlle. *Guimard*, qui devoit avoir lieu au commencement de ce mois & avoit été reculé, s'est enfin effectué le lundi 22, dans une

salle de l'hôtel des Menus. C'est Madame la Comtesse *du Lau*, porteuse d'un seul billet, qui a eu le lot.

29 *Mai* 1786. Il paroît un second *Mémoire pour la Demoiselle le Guay d'Oliva*, contenant l'analyse & le résultat des récolemens & confrontations.

Quoique ce Mémoire, de 56 pages in 4°., avec les pieces justificatives, ne contienne aucuns faits nouveaux, capables d'exciter & de satisfaire la curiosité, il se lit avec beaucoup de plaisir. L'innocence de l'accusée y est démontrée avec tant d'ordre, de méthode, de clarté, de naturel, de précision & de logique, qu'il n'est point de lecteur qui puisse se refuser d'y croire, qui ne soit enchanté de se voir à la fois convaincu & persuadé. Ce *Factum* est toujours de Me. *Blondel*, auteur du premier, & ne peut que lui faire infiniment d'honneur.

On apprend ici que l'Officier supérieur souvent cité dans le premier Mémoire, sans être nommé, comme intimement lié avec la Dame de la Motte, est le Baron *de Lilleroy*, officier aux gardes françoises.

30 *Mai*. On voit un Arrêt du Conseil du 24 Avril, portant réglement sur les fonctions & les travaux de la Société Royale de Médecine, relativement aux Epidémies.

30 *Mai*. Extrait d'une Lettre d'Orléans du 24 Mai.... Le Duc & la Duchesse d'Or-

léans, sur le rapport de M. le Marquis de *Ducrest*, ont fondé un prix annuel pour doter la fille la plus vertueuse, née dans l'enceinte de cette ville. Leurs Altesses Sérénissimes ne donnent pas cependant toute la dot; Elles n'en fournissent que la plus grande partie: l'Evêque, le Corps municipal, les Chapitres de Ste. Croix & de St. Aignan, se réunissent pour contribuer à cet acte de bienfaisance. On prend les plus grandes précautions, afin d'écarter toute idée de préférence & d'injustice; en voici le détail.

Chaque Curé de la ville, assisté des Paroissiens les plus notables, choisit une fille de sa paroisse, & envoye son nom au Conseil de l'Evêque, avec le détail des traits de vertu qui la rendent recommandable. Le Prélat & son Conseil prennent en conséquence des informations exactes & se décident ensuite pour trois filles, tirées du nombre de celles présentées par les Curés. Leurs noms sont adressés au Corps municipal, qui détermine une d'elles pour la Rosiere. Elle reçoit la couronne, & l'on donne à chacune des deux autres une croix d'or, sur laquelle sont gravées les armes de la ville, avec cette inscription: *prix de la vertu*.

La fille qui a mérité la couronne cette année, est *Marie Madelaine Bidault*, de la paroisse de la Conception.

30 *Mai* 1786. Ce n'est que depuis peu qu'on sait que Madame de *Ste. Helène* est

sortie de sa prison, où elle a passé un an environ; mais elle ne se montre point & reste jusques à présent ensevelie dans une terre. Cette correction est conforme au système de M. le Baron *de Breteuil*, qui, suivant sa lettre écrite aux Intendans, ne veut pas que la première fois elle soit de plus d'une année, surtout envers les femmes entraînées par quelque foiblesse ou quelque passion violente.

30 *Mai* 1786. Les lectures sont finies d'hier & les interrogatoires doivent commencer aujourd'hui; on s'attend au jugement pour demain.

30 *Mai.* On distribue comme annexe au Mémoire du Cardinal, des *Pièces justificatives*, résultat des recherches faites en Angleterre par un M. *Ramond de Carbonnieres*, Gendarme de la garde, son Agent à Londres, pour y découvrir des vestiges du collier & y épier les démarches du Sieur de la Motte.

Il conste par ces piéces, que le Sieur de la Motte y a fait beaucoup d'acquisitions avec des diamans, & que ces diamans ont été extraits d'un collier, dont on avoit donné la configuration & le détail à deux jouailliers, qui ont déclaré & attesté qu'ils ressembloient exactement tant en poids qu'en figure à ceux dudit collier.

Les jouailliers sont les Sieurs *Gray* & *Jefferys*, & leurs déclarations en date des 15 Novembre & 16 Décembre 1785.

30 *Mai* 1786. Extrait d'une Lettre de Constantinople du premier Mai .... L'Imprimerie établie dans cette capitale, continue ses travaux: un nouvel ouvrage est sorti de ses presses; c'est la continuation de l'histoire d'Osman, qui s'étend jusques à la fin du Regne du Sultan Mahmud: on s'occupe actuellement de l'impression d'un ouvrage grammatical Arabe...

30 *Mai*. Extrait d'une Lettre de Berlin du 15 Mai ..... Le 5 de ce mois on a érigé sur la place de *Guillaume*, la statue du Général-feld-maréchal *de Keith*, exécutée en marbre blanc par le Sieur *Tassard*, sculpteur françois, qui n'est pourtant pas de votre Académie & vaut beaucoup de vos artistes du même genre .....

31 *Mai*. On est inondé de Mémoires, Requêtes & autres écrits en ce genre, aujourd'hui que le procès du Cardinal est sur le point de se juger. On ne peut encore qu'en consigner les titres: *Réflexions rapides sur le Mémoire de la Dame de la Motte, pour M. le Cardinal de Rohan. Requête du Sieur Villette, ancien Gendarme. Requête du Comte de Cagliostro. Supplément & Suite au Mémoire du Sieur Bette d'Etienville. Mémoire pour Dom Mulot*, &c.

31 *Mai*. Il y a eu peu de Concerts spirituels aussi beaux que celui de l'Ascension; tous les morceaux qui le composoient, ont été vivement applaudis. Mlles *Descarsins*, l'une âgée de

de douze ans & l'autre de sept seulement, ont exécuté avec une précision rare un *Duo* de harpe. Un talent aussi formé dans un âge si tendre, a paru tenir du prodige & l'on ne s'est point lassé d'applaudir ce tableau vraiment intéressant.

Un nouvel *Oratorio* de M. *Sacchini*, qu'il a composé à Londres autrefois sur des paroles françoises, n'a pas peu contribué à completter la satisfaction des amateurs; ils desireroient que ce grand maître enrichît le fond du Concert spirituel d'une suite de morceaux précieux du même genre, surtout aujourd'hui qu'il est plus familiarisé avec notre langue. L'exécution a répondu au mérite de l'ouvrage, & Mlle *Dozon*, qui débutoit à ce théâtre, y a déployé un talent aussi distingué que sur celui du théâtre lyrique. Enfin l'enthousiasme a éclaté même envers le Sieur *Rey*, qui battoit la mesure & il a été reçu avec les mêmes honneurs que le compositeur Italien l'auroit été, s'il se fût montré.

31 *Mai* 1786. Entre les divers Mémoires & Requêtes dont on a parlé ci-dessus, la Requête à joindre au *Mémoire du Comte de Cagliostro* est vraiment remarquable.

Après s'y être élevé de nouveau contre les déclamations de la Dame de la Motte, qui ont eu pour lui & son épouse les suites les plus funestes, il articule des faits d'une espece digne de la singularité de toute cette affaire: il se plaint 1°. que le Commissaire *Chenon*, fils, chargé de mettre les ordres du Roi à exécution, n'a même pas fait appofer les fcellés fur leurs effets; ce qui a été caufe qu'on a fouftrait dans le fécrétaire du fuppliant, une fomme d'argent très confidérable & plufieurs effets précieux: 2°. que le Sieur *de Launay*, Gouverneur de la Baftille, a fait figner à la Dame *de Cagliofto* un acte, par lequel elle reconnoiffoit avoir reçu l'argent, les diamants & les bijoux qu'on lui avoit enlevés, quoiqu'il ne les lui remît pas à l'inftant, & que depuis le 26 Mars, jour de la fortie, elle & fon mari les aient réclamés inutilement.

Au furplus, foutenant dans cette Requête le ton de modération du Mémoire, le Comte de Cagliofto, quoi qu'il fe regarde comme en droit de répéter contre la Dame de la Motte des dommages & intérêts immenfes, lui pardonne tout; mais il fe réferve tous fes droits contre les auteurs des Mémoires de cette Dame, défavoués par elle aux confrontations.

Il conclut à ce que ces Mémoires, en ce qui le concerne & fon époufe, foient fupprimés comme faux, injurieux & calomnieux; il demande qu'il lui foit donné acte de la dénonciation qu'il fait aux Magiftrats, de l'omiffion fans exemple faite par le Commiffaire *Chenon* fils, & de l'abus d'autorité du Gouverneur de la Baftille.

Me. *Thilorier*, qui eft vraifemblablement auteur de la Requête, y a joint deux mots de

Consultation, en date du 29 Mai, par laquelle il estime que ladite Requête doit être présentée & ne peut manquer d'être accueillie favorablement.

31 *Mai* 1786. La Requête pour le Sieur Marc Antoine Rétaux de Villette, ancien gendarme, accusé, contre M. le Procureur-général, accusateur; en présence de M. le Cardinal Prince de Rohan, de la Dame de la Motte-Valois, du Sieur Comte de Cagliostro, de la Demoiselle d'Oliva & autres, tous co-accusés, restitue les faits qui le concernent dans leur véritable état.

Fils du Directeur-général des Octrois de la ville de Lyon, il est né en Février 1754; venu à Paris en Janvier 1784, il s'y lia avec la Dame de la Motte, à qui son mari le présenta. Il convient avoir fait le faux matériel des *accepté* & du nom de la Reine, sans aucun dessein de contrefaire ni l'écriture ni la signature de Sa Majesté, puisque son nom est *Marie Antoinette Joseph-Jeanne de Lorraine*, & que la signature ordinaire des Reines de France n'est autre que celui: *la Reine*.

Parti le 3 Août de Paris pour aller en Italie, avec une somme d'argent que lui avoit prêtée la Dame de la Motte, il avoit pris un passeport; il étoit encore à Lyon le 20 Août, lorsqu'il y apprit la double détention du Cardinal & de la Dame de la Motte: inquiet de cet événement, il passa à Geneve, où arrêté à l'occafion d'une rixe qu'il croit préméditée, il fut constitué prisonnier : sur son nom connu, il est réclamé ; un Inspecteur arrive & le conduit à la Bastille. L'objet de sa requête, qui n'est point mal faite, est de se faire décharger de l'accusation intentée contre lui par le Procureur général.

1er *Juin* 1786. M. *Chevreau*, Commissaire général, faisant fonction d'Intendant aux Isles de France & de Bourbon, revenu depuis peu, a été fort mal reçu de M. de Castries, qui lui a remis un Mémoire de plaintes contre lui pour y répondre. Le soir il est allé prendre un bain chez Poitevin, & l'on l'a trouvé noyé dans la riviere, où il s'est glissé par la fenêtre.

1er. *Juin.* Procès verbal de ce qui s'est passé depuis le commencement du Rapport du procès du Cardinal de Rohan.

Du lundi 22 au matin. On a commencé la lecture de toutes les Piéces du procès, & l'on a suivi cette lecture constamment durant toute la semaine, matin & soir.

Du lundi 29. Il ne restoit plus que la lecture du procès verbal des Experts, qui a été finie le matin. La nuit du lundi 29 au mardi 30, le Sieur Sergent, Huissier du Parlement, a transféré tous les prisonniers de la Bastille à la Conciergerie ; Madame de la Motte, Mlle d'Oliva, son poupon qu'elle nourrit & sa remueuse, à la cour des femmes dans deux chambres séparées.

Les Sieurs Villette & Cagliostro à la cour des hommes.

Le Cardinal dans le cabinet du Greffier en chef, sous la garde du Lieutenant de Roi de la Bastille.

Les Conclusions du Procureur général ont été ouvertes au commencement de la séance: elles étoient séveres contre le Cardinal; elles portoient, en général, qu'il seroit tenu de déclarer à la Chambre, en présence du Procureur général, que témérairement il s'est mêlé de la négociation du Collier, sous le nom de la Reine; que plus témérairement il a cru à un rendez-vous nocturne à lui donné par la Reine; qu'il demande pardon au Roi & à la Reine, en présence de la Justice.

Tenu de donner sous un tems déterminé la démission de sa charge de Grand-Aumônier.

Tenu de s'abstenir d'approcher à une certaine distance des maisons royales & des lieux où seroit la Cour.

Tenu de garder prison jusques à l'exécution pleine & entiere de l'Arrêt.

Nota. L'amende honorable prescrite ci-dessus, est ce qu'on appelle une amende *seche*, c'est-à-dire, qui n'emporte aucune infâmie.

Les interrogatoires ont duré depuis six heures du matin jusques à quatre heures & demie du soir.

Tous les accusés ont été interrogés durant

cet intervalle, à l'exception du Sieur Comte de Cagliostro.

Le soir on a vu repartir le Cardinal avec le Gouverneur de la Bastille & un autre officier. C'est M. *de Launay* qui a donné l'ordre du départ, & qui a dit à l'*hôtel*, au lieu du mot *Bastille* ; ce qui a fait croire au peuple que le Cardinal alloit chez lui ; on a beaucoup applaudi : alors le Cardinal a baissé le store, en saluant tout le monde ; on a remarqué qu'il avoit les larmes aux yeux. Il étoit revêtu de son cordon bleu, il avoit sa calotte rouge ; on a jugé par-là qu'il n'avoit point été mis sur la sellette.

En effet, on a su qu'il n'avoit été interrogé que derriere le barreau & que les Juges même l'avoient fait asseoir par honnêteté.

Le Sieur Cagliostro est aussi retourné séparément à la Bastille. Les autres co-accusés ont couché à la Conciergerie.

Le mercredi 31, Messieurs étoient en place à 5 heures ¾ du matin.

M. le Premier Président s'étant plaint que la famille des *Rohan* ne se soit pas présentée, suivant l'usage, pour saluer les Juges à leur passage ; elle s'est rendue au Palais ce même matin à 5 heures & a satisfait au cérémonial. Elle étoit au nombre de dix-neuf personnes, parmi lesquelles plusieurs Dames ; le Prince de Soubise étant incommodé à cause de l'heure, n'a pu s'y rendre.

La grande salle a été inondée de curieux de bonne heure : le bruit des Conclusions s'est répandu, ce qui a allarmé les partisans du Cardinal ; mais on a dit que M. *Seguier* en avoit fait de vifs reproches au Procureur général & lui avoit ajouté, qu'il se deshonoroit sur le bord de sa tombe : sur quoi des malins ont observé, que M. Seguier n'avoit pas attendu si tard.

Le Sieur de Caglioſtro ayant été interrogé, on a recueilli les opinions sur les différens objets & à 10 heures & demie du matin tous les Abbés ont quitté, attendu qu'il a été ouvert une opinion à peine afflictive.

Nota. Soixante-deux Juges, sur quoi treize Abbés retirés, restoient quarante-neuf votans.

A deux heures, Messieurs ont interrompu le travail pour dîner à une table de 40 couverts, que M. le Premier Président avoit fait mettre dans la Salle Saint Louis ; plusieurs des convives ont mangé debout, & l'on étoit remis en place & la besogne reprise à trois heures & demie.

Enfin à neuf heures & demie du soir, est sorti le dispositif de l'Arrêt, tel qu'il suit :

1°. La piéce, base du procès, les approuvés & signature en marge de l'écrit en question, déclarés frauduleusement apposés sur icelui & faussement attribués à la Reine.

2°. *La Motte* contumace, condamné aux galeres à perpétuité.

3°. Madame *de la Motte*, fouettée, marquée sur les deux épaules de la lettre V, la corde au col & enfermée à l'hôpital à perpétuité.

4°. *Villette* (*Retaux de Villette*) banni à perpétuité, sans fouet ni marque.

5°. La Dlle. *d'Oliva* hors de Cour.

6°. Le Sieur de *Cagliostro*, déchargé de l'accusation.

7°. Le Cardinal déchargé de toute espèce d'accusation.

Les termes injurieux contre lui répandus dans les Mémoires de la Dame de la Motte supprimés.

Permis au Cardinal de faire imprimer l'Arrêt.

A six heures du soir, le Sieur de Cagliostro a été reconduit à la Bastille.

On présume que le Cardinal y a été reconduit sur les dix heures.

Nota. Il est arrivé un sursis au Greffe pour l'exécution de l'Arrêt: du moins c'est le bruit général.

Il est à remarquer que les Conclusions du Procureur général ont été à peu près suivies dans toutes les parties de l'Arrêt, sauf pour ce qui concerne le Cardinal, où l'on s'en est écarté du blanc au noir.

1er. *Juin* 1786. Les *Réflexions rapides* pour le Cardinal de Rohan & qui complettent toute la Collection des Mémoires de ce monstrueux procès, ne sont qu'un ouvrage décousu, où

Me. *Target* prend à la hâte en effet le défaut de la cuirasse de son adversaire & le terrasse adroitement : pour parler sans figure, il se prévaut des faits, des assertions mêmes, avancés dans le *Sommaire*, & en tire un avantage considérable en faveur de sa cause. Cet écrit succint est plus victorieux que le Mémoire.

1*er*. *Juin* 1786. Depuis longtems on annonçoit un Mémoire pour M. *Mulot* dans l'affaire de *Bette d'Etienville*, & il paroît qu'il a trouvé des difficultés, soit pour le composer, soit pour le publier : il s'étoit d'abord adressé à Me. *Hardouin*, & celui-ci l'a renvoyé à Me. *Andrieux*, jeune Avocat, qui n'est pas encore sur le Tableau & n'est connu que comme auteur d'une jolie comédie jouée sur le théâtre Italien.

Ce *Mémoire* commence à circuler dans le public & a pour titre : *Pour François-Valentin Mulot, Docteur en Théologie de la Faculté de Paris, Chanoine régulier de l'Abbaye Royale de Saint-Victor, accusé.*

Contre le Sieur *Loque*, bijoutier, & le Sieur *Vaucher*, horloger, accusateurs.

En présence du Baron *de Fages*, du Sieur *Bette d'Etienville* & autres.

Et encore en présence de M. le Procureur général.

Après le récit des faits, écrit avec beaucoup de détails & de simplicité, le défenseur de M. *Mulot* établit invinciblement :

1°. Que son client n'est point coupable dans l'ordre judiciaire, puisqu'il n'a manqué à aucune loi, ni commis aucun délit.

2°. Qu'il n'est point blâmable dans l'ordre des procédés, puisqu'il n'a rien fait de contraire à la délicatesse.

3°. Il se plaint des faits calomnieux & des imputations aussi fausses qu'indécentes, que les Sieurs Vacher & Loque ont imprimés contre lui, & demande s'il n'est pas en droit d'exiger d'eux des réparations, lui qu'ils ont indignement outragé, diffamé?

Suit une Consultation en date du 28 Mai, par laquelle le Conseil estime que la justification du Sieur Mulot sous les deux points de vue qu'a embrassé son défenseur, ne pouvoit être plus complette; mais il ne statue rien sur le troisieme.

1*er.* Juin 1786. Le *Supplément & Suite aux Mémoires du Sieur Bette d'Etienville, ancien Chirurgien Sous-Aide-Major, pour servir de Réponse aux différens Mémoires faits contre lui,* est toujours de Me. Montigny, & enchérit sur les autres par un ton d'originalité plus caractérisé: il n'a de vrai but que de fournir à la pâture des curieux une production nouvelle & de gagner encore quelque argent. Il y ressasse des plus belles toute la vie de son client & en fait un véritable héros de roman.

Pour donner plus d'appareil & de consistance à ce Mémoire, il est suivi d'une Consultation très longue, en date du 24 Mai, toujours souscrite du même *Montigny*: on ne connoît pas trop sur quoi elle porte & l'on n'est pas plus avancé, après l'avoir lue, qu'auparavant.

2 *Juin* 1786. M. le Cardinal *de Rohan* n'est sorti de la Bastille qu'hier entre neuf & dix heures du soir, pour rentrer dans son hôtel. Beaucoup de peuple l'attendoit, & il a été obligé de se montrer sur son balcon, afin de remercier le public de l'intérêt qu'il a pris à lui. Les voisins vouloient illuminer; mais la police vraisemblablement l'a empêché.

Le Comte *de Cagliostro* n'est rentré qu'entre onze heures du soir & minuit: il y avoit aussi une grande foule sur son passage, & sa reconnoissance envers le public l'a également forcé de paroître sur sa terrasse & de saluer tout le monde.

Ce matin un nombre infini de gens s'étoient rendus au jardin de Soubise, parce que l'hôtel de M. le Cardinal étoit fermé de son côté: les poissardes entr'autres étoient venues le complimenter; ce Prélat avoit dû de nouveau se montrer, quoiqu'en bonnet blanc & en veste blanche. C'étoit une allégresse générale, on crioit *Vive Monsieur le Cardinal!* quand est arrivé M. le Baron de Breteuil.

On a bientôt su par la consternation générale, répandue dans le palais du Cardinal, que ce Ministre étoit venu notifier à son Eminence une Lettre de Cachet, qui l'exile à son

Abbaye de la Chaise-Dieu, en Auvergne. On ajoute qu'il lui a demandé de la part de Sa Majesté la démission de sa Charge de Grand-Aumônier : à quoi le Cardinal a répondu, qu'il venoit d'écrire au Roi à ce sujet, & qu'il attendoit la réponse de Sa Majesté.

2 *Juin* 1786. Quoique les Arrêts du Parlement de Pau contre M. le Président *d'Abbadie* soient cassés depuis longtems, il reste toujours *in statu quo*. Le Lieutenant civil, qui est en quelque sorte aujourd'hui l'arbitre de son sort, ne prononce point ; il lui fait visites sur visites, sous prétexte de l'interroger & de reconnoître si véritablement il est dans le cas de l'interdiction : cela fatigue singulierement le Président ; il a fini par dire à ce Juge : que ses visites l'excédoient & qu'il le prioit de ne plus lui en faire que pour venir manger sa soupe ; qu'alors seulement il le recevroit avec grand plaisir.

2 *Juin* 1786. Quelques jours avant le jugement du procès du Cardinal, le Sieur *Desauges* fils, & quelques autres Libraires ou Colporteurs, arrêtés comme ayant imprimé des pamphlets relatifs à ce procès, ont été élargis.

3 *Juin* 1786. C'est M. *de Laclos*, Capitaine d'Artillerie, si fameux par son roman des *liaisons dangereuses*, qui est l'auteur de la *lettre à Messieurs de l'Académie françoise, sur l'éloge de M. le Maréchal de Vauban*, proposé pour sujet du prix d'éloquence de l'année 1787. L'objet de l'auteur n'est point de flétrir la ré-

putation du Maréchal de Vauban, mais d'empêcher que l'opinion élevée dans le corps du génie en faveur du syftême de ce grand homme pour la défenfe des places, ne prenne faveur; il prétend même que ce fyftême n'appartient point au Maréchal, qu'il étoit connu dès la fin du quinzième fiécle. Le prétexte de M. de Laclos, malgré fes proteftations de vénération pour la mémoire du héros qu'il attaque, reffemble beaucoup à de l'envie, ou du moins annonce un défir de fe fingularifer, de faire du bruit. M. de Laclos auroit pu attendre que l'ouvrage couronné parût & en refuter les affertions qu'il y auroit rencontrées contraires à fes idées.

3 *Juin* 1786. L'Arrêt rendu le mardi 23 Mai en faveur de la fille *Salmon*, paroît imprimé. On y voit que non feulement elle eft déchargée de l'accufation, mais qu'il lui eft permis de pourfuivre en dommages & réparations fes dénonciateurs; que le Procureur du Roi à Caen fera tenu de les nommer, ou d'en répondre en fon nom.

La permiffion de prendre les Juges à partie, a fouffert de grands débats; mais n'a point paffé.

On continue à montrer cette fille finguliere: fon Avocat la conduit partout, & partout elle recueille de l'argent; il l'a préfenté même au comité des comédies. On prétend qu'elle a amaffé un gros capital des bienfaits de tout genre qu'elle a reçus.

3 *Juin* 1786. Il passe pour constant que Madame de la Motte doit se retirer à Guingamp en Bretagne, dans un couvent, & que M. *de Montmorin* a déjà reçu les ordres en conséquence. On ajoute que sa pension de 1500 livres est portée à 3000 livres.

C'est le même couvent, où avoit été mise Madame *de Boisgirou*, qui avoit volé les diamans de la feue Dauphine, d'où elle s'est évadée.

4 *Juin* 1786. M. le Cardinal *de Rohan*, par sa lettre au Roi a envoyé la démission de sa charge de Grand-aumônier; il perd par conséquent son cordon bleu, attaché à cette place, & qu'il n'avoit accepté qu'avec cette dignité, vu la prétention de sa maison d'être assimilés aux Princes du sang pour l'âge, auquel ils reçoivent de droit les Ordres du Roi.

La Lettre de cachet d'exil du Cardinal n'est point sévère; mais le terme n'est que de trois jours avant de l'exécuter. En outre, Sa Majesté lui enjoint de voir peu de monde.

4 *Juin*. Pour hâter la construction d'une nouvelle salle de spectacle au Palais Royal, projettée par des amateurs, on a ouvert une souscription par actions, au nombre de vingt, de 15000 livres chacune, remboursables en vingt ans; ce qui donnera une somme de 300,000 livres : ces actions porteront un intérêt de cinq pour cent, & en outre chaque actionnaire jouira d'un quart de loge pendant

vingt ans ou de ſes entrées à vie, à ſon choix. Le concours des acquéreurs eſt ſi conſidérable, qu'il n'y aura pas d'actions pour tous ceux qui en demandent. On commence à démolir la galerie du palais royal, ſur le terrein de laquelle ſera élevé la nouvelle ſalle.

4 *Juin* 1786. Comme voici le tems qui approche, où les Agens de change ſont tenus de ſe déterminer à quitter ou à ſe conſtituer en charge ſuivant le nouvel ordre de choſes, ils ſont en pour-parlers avec le Contrôleur-général, & leurs Députés & Syndics en ont déjà conféré pluſieurs fois avec ce Miniſtre. Un de ces jours qu'ils batailloient avec lui & qu'ils ſe recrioient ſur l'embarras où pluſieurs ſeroient pour trouver une ſomme de 100,000 livres; l'un d'eux lui dit : ,, par exemple, moi ,, Monſeigneur, qui ne ſuis Agent de change ,, que depuis cinq ans, comment voulez-vous ,, que je faſſe ? — Vous êtes un ſot, vous ,, ne ſavez pas votre métier, lui répliqua ce ,, Miniſtre, ſi durant cet intervalle vous n'a- ,, vez pas gagné une pareille ſomme."

5 *Juin*. On voit par la conduite de la Cour, combien elle eſt indignée de l'Arrêt du Parlement en faveur du Cardinal. Il eſt certain qu'il a fallu une forte cabale pour le faire innocenter auſſi complettement. On ſait que l'avis pour lui donner une injonction étoit ſoutenu par les meilleures têtes, par les deux Rapporteurs, par le Premier Préſident, &c. Ce

font Meſſieurs *Robert de Saint Vincent*, Barillon *de Morangis* & *d'Outremont*, qui l'ont emporté, en faiſant valoir des conſidérations très étrangeres à l'innocence de l'accuſé ; telles que les égards dûs à la famille, ſur laquelle retomboit cette eſpece de flétriſſure. Enfin à force de prier, de ſolliciter, de crier, ils l'ont emporté, & ils ont eu 26 voix contre 23.

Plus on réfléchit ſur les concluſions du Procureur-général, & plus on les trouve extrêmement ſages, malgré les fureurs de M. *Seguier* & les huées du public d'alors, qui n'étoit preſque compoſé que de partiſans des *Rohans*.

5 Juin 1786. Le Comte *de Caglioſtro* n'a pas joui plus longtems que le Cardinal de la faveur de ſon Arrêt. Il a reçu auſſi un Ordre du Roi, qui lui enjoint de ſortir de Paris & même du Royaume, ſous des délais déterminés.

5 Juin. Le Concert ſpirituel d'hier a contribué à faire regretter de nouveau celui de l'Aſcenſion ſi brillant. Les amateurs ne reviennent pas du talent merveilleux des Demoiſelles *Deſcarſins*: il eſt impoſſible d'avoir un jeu plus ſpirituel, plus délicat, plus ſenſible que l'aînée : la jeune, à qui ſon âge ne doit pas encore inſpirer le goût de ces nuances, y ſupplée par une force de ſon, par une préciſion non moins admirables.

Le ſingulier c'eſt, que ces jeunes virtuoſes doivent leur talent aux ſoins d'un pere qui,

qui, distingué par un autre talent, le talent de la peinture, a presque seul formé celui de ses filles.

5 Juin 1786. Le Baron *de Planta*, dont le Parlement avoit inutilement sollicité la sortie de la Bastille, y avoit été oublié, &, quoiqu'il ne fût pour rien dans le procès, il n'a été élargi qu'hier au soir.

6 Juin. Le Sieur *de Beaumarchais*, qui ne fait rien sans avoir pour but de causer du bruit & de l'éclat, a écrit, à l'occasion de son mariage, une lettre à sa femme, ostensible & accommodée au théâtre. Elle se répand & c'est à qui en prendra des copies. Ceux qui l'ont lue, assurent qu'elle porte le caractere d'originalité & d'impudence de tous ses ouvrages.

6 Juin. Un nouvel acteur intervient sur la scene dans le procès du Sieur *Bette d'Etienville*; c'est le Comte *de Précourt*, qui publie un Mémoire contre ceux déjà répandus dans cette affaire, où il répond à tout ce que les jouailliers & le Sieur Bette d'Etienville lui reprochent dans leurs *Factums*.

6 Juin. Extrait d'une Lettre de Bruxelles du 30 Mai 1786..... Nous jouissons de la présence de M. *Blanchard*, auquel il vient d'arriver une perte considérable, celle d'un Ballon jaugé à 14,142 pieds cubes. Le 27 de ce mois, quoiqu'il ne fût rempli que d'air atmosphérique & vuide d'un quart; quoiqu'il fût retenu par de puissans cordages; l'extrême dilatation de l'air lui a fait rompre ses amarres, il s'est élevé avec une rapidité étonnante, & est retombé en lambeaux.

Comme M. Blanchard est muni de voitures célestes, l'intrépide aëronaute n'en compte pas moins entreprendre vers le 10 Juin un nouveau voyage, qui sera, je crois, sa dix-huitieme expérience de ce genre. Il doit être accompagné par un amateur, qui ne se nomme pas encore. Déjà chef de l'aërostation, il le sera aussi d'une légion de voyageurs, qui l'auront suivi dans les vastes solitudes du firmament. Il paroît que lui seul ne se dégoûte point du dangereux métier qu'il a embrassé, & son école doit survivre à toutes les autres.

6 Juin 1786. C'est M. l'Evêque de Metz, (*Montmorency-Laval*) qui a la charge de Grand-aumônier. Il ne paroît point que ce soit aucune sollicitation de sa part qui lui ait procuré cette faveur, puisqu'il est absent. On croyoit que l'on nommeroit à cette place un vieillard pour la faire passer ensuite à l'Abbé de Bourbon; mais celui-ci n'a que soixante-deux ans: il est en outre désigné pour le chapeau.

6 Juin. Le lundi 29 on a joué à la comédie françoise *Phedre & Hypolite*: dès que Mlle. *Thénard*, qui faisoit le rôle de *Phedre*, a paru, on l'a huée & il s'est élevé un tumulte si considérable qu'il a fallu interrompre. Le public a demandé Mlle. *Raucourt*; on a répondu qu'elle étoit absente. Il a nommé la piece qu'il desi-

roit au lieu de celle-là : les comédiens s'étant réunis ne se sont pas trouvés en état de la donner ni aucune autre : enfin, après tous ces pour-parlers, on a recommencé *Phedre*, & l'on ne peut qu'admirer le courage de Mlle. *Thenard*, qui a pu remplir son rôle à travers les huées soutenues, dont elle a été accompagnée.

Quant à Mlle. Raucourt, elle est à Bordeaux, où, suivant ce qu'écrit le Marquis de Saint Marc, elle ne ravit pas les Bordelois : il est vrai qu'alors elle n'avoit pas encore joué *Medée*.

7 *Juin* 1786. On peut se rappeller le projet d'un M. *Lefer de la Nouerre*, pour exécuter celui de M. de Parcieux & amener à Paris l'eau de l'Yvette. Il paroît que le gouvernement auroit grand désir de l'adopter. Il vient de nommer des Commissaires pour l'examiner, & ces Magistrats, conjointement avec des membres de l'Académie des Sciences, doivent aviser aux moyens de l'exécution. Cette nouvelle a jetté l'allarme parmi les agioteurs des actions des eaux de *Perier*, qui recommençoient leurs spéculations & les faisoient monter à des prix fols.

7 *Juin*. A la nouvelle de l'Arrêt du Parlement en faveur du Cardinal, on a observé à Versailles, que la Reine qui n'avoit pas lieu de s'y attendre, en a été très affectée pendant deux jours. En effet, on ne peut pas revenir

de la maniere dont il s'est trouvé absolument innocenté. Depuis que le Roi, qui est la suprême justice, a jugé à propos de venger son auguste compagne, en ôtant au Cardinal tout moyen de reparoître à la cour, la Reine s'est montrée plus satisfaite; enfin le jour de la Pentecôte elle a paru radieuse: jamais on n'a vu tant de monde à Versailles; il y en avoit une telle quantité dans la chapelle, que toutes les travées d'en haut ont été occupées par des femmes, & qu'on a renvoyé tous les hommes en bas.

Au reste, on assure que lorsqu'un courtisan s'est trouvé dans les liens d'un décret de prise de corps, quelque blanchi qu'il sorte par le jugement, l'étiquette est qu'il soit obligé de subir une nouvelle présentation & ne puisse reparoître devant la famille royale & exercer aucune fonction, qu'après avoir rempli cette cérémonie.

8 Juin 1786. On voit recommencer depuis peu les mêmes manœuvres proscrites, il n'y a pas un an, parmi les joueurs en finance. Dans le jardin du palais royal, dans le camp des Tartares, (on appelle ainsi l'emplacement où sont les barraques de bois, à cause que c'étoit cet hiver le rendez-vous de tous les crocs, escrocs, filoux, mauvais sujets dont abonde cette capitale) dans les caffés & jusques dans les clubs, musées, lycées, on ne rencontre que des pelotons de banquiers, négocians, courtiers, agioteurs de toutes professions, qui font des marchés, des spéculations, des paris de cette espèce: cette frénésie agite les gens les moins faits par leur état pour s'en mêler. On cite entre autres l'abbé *d'Espagnac*, prêtre, chanoine de l'église de Paris, prédicateur, homme de lettres qui, en peu de tems, a gagné 1,500,000 livres. M. le Contrôleur général ferme les yeux sur cette infraction à la loi, parce qu'on lui a fait entendre que cette fureur influeroit nécessairement sur les effets royaux & les empêcheroit du moins de tomber. Jusques à présent la nouvelle rage de l'agiotage ne concerne que les actions de la nouvelle Compagnie des Indes, celles de la Caisse d'Escompte, celles des Eaux de la pompe à feu, celles de la Banque de St. Charles &c.

8 *Juin* 1786. L'Académie Royale des Sciences avoit proposé au mois de Juillet 1785 un Prix, donné par le Roi & dont l'objet étoit de perfectionner l'espèce de verre nommé *Flint-Glass*, que l'on employe pour les objectifs de lunettes achromatiques. Ce prix a été remis successivement jusques en 1773, & il fut donné alors comme encouragement à l'auteur de la piéce qui contenoit le plus d'expériences.

Le Roi s'étant fait rendre compte de l'état des sciences & des arts, & voulant prévenir leurs besoins, en leur offrant les secours qui peuvent leur être nécessaires, a reconnu que la somme alors proposée, n'avoit pas été proportionnée à la dépense qu'exigent les expériences que l'on peut tenter pour faire du *Flint-Glass*; en conséquence Sa Majesté a bien voulu faire un fonds de 12000 livres & a autorisé l'Académie à proposer de nouveau ce sujet.

L'Académie s'empresse de publier cette nouvelle marque de la protection que Sa Majesté accorde aux sciences & aux arts, & des encouragemens qu'elle dispense pour hâter leurs progrès; mais s'étant apperçue, par les pièces envoyées aux premiers concours, que les auteurs n'avoient pas bien saisi l'état de la question, elle a jugé nécessaire de l'établir d'une maniére plus précise sous le titre de *Prix Extraordinaire*, qu'il faut lire.

Ce prix sera décerné dans la Séance publique de l'Académie d'après la Saint Martin 1788.

9 *Juin* 1786. On a fait à l'occasion de l'Arrêt du 31 Mai & du Mémoire de Me. *Target* l'épigramme suivante, sans goût ni sel; mais qu'on garde comme historique & vraie:

Malgré l'Arrêt si bien rendu,
Et le *Factum* trois fois fondu,
L'innocence aux abois du Prélat de Saverne
Brille comme un étron au fond d'une lanterne.

9 *Juin*. De son côté la haute Noblesse jette feu & flamme contre le Despotisme exercé envers le Cardinal de Rohan. On sait que Madame de Marsan s'est jettée aux genoux de la Reine, pour qu'il ne fût pas dans le lieu où il est exilé, lieu affreux & mal sain; pour qu'il

eût la liberté d'aller aux eaux dont il a grand besoin, à raison d'une humeur au genou qui le fait boiter. Sa Majesté lui a répondu, qu'il falloit que le Cardinal se soumît aux ordres du Roi.

On ajoute que Madame de Marsan très mécontente a dit à la Reine, que ce refus lui faisoit connoître combien sa personne étoit désagréable à Sa Majesté, & qu'en conséquence c'étoit la derniere fois qu'elle avoit l'honneur de se présenter devant elle.

Madame de Marsan est aussi allée chez le Roi, qui a persisté dans sa volonté : elle a cherché à émouvoir Sa Majesté par le titre qu'elle avoit auprès de son auguste pupille ; il lui a répondu qu'il n'avoit point oublié qu'elle l'avoit élevé, qu'il l'aimoit & l'estimoit infiniment ; mais qu'il ne pouvoit rien changer pour cet instant à la punition du Cardinal.

On dit que plusieurs personnes sont à la Bastille, pour avoir tenu des propos indiscrets à ce sujet.

9 *Juin* 1786. M. le Marquis *de Condorcet*, qui a hérité du génie despotique de son maître, autant que de sa fortune, mene aujourd'hui l'Académie des Sciences dont il est Secrétaire, comme bon lui semble. Il trouve cependant quelque opposition à certaine innovation qu'il voudroit se permettre. Il juge ridicule de continuer l'histoire de l'Académie à la tête des volumes des Mémoires, & son pro-

ʒet seroit de supprimer cet article. Comme la Compagnie sent que c'est ce qui intéresse le plus le gros du public, elle répugne à ce changement, qui pourroit empêcher les Mémoires d'être si recherchés. Vraisemblablement il desireroit composer séparément cette histoire.

10 *Juin* 1786. M. *Paul de Gua de Malves*, Prêtre, Académicien pensionnaire de l'Académie Royale des Sciences, vient de mourir. C'étoit un homme de condition, qui s'étoit livré aux études profondes. Il avoit été Lecteur royal en philosophie, il étoit de la Société Royale de Londres & tout caractérisoit en lui un savant distingué ; cependant on connoît peu ce qu'il a fait & il faut attendre son éloge par M. de Condorcet, pour savoir à quoi s'en tenir.

10 *Juin*. Malgré le sursis prétendu accordé à l'exécution de l'Arrêt du Parlement, on voit par l'extrait du Registre des scellés, qu'on ne l'a pas moins apposé en cette capitale après la confiscation des biens du Sieur *de la Motte* & sa femme, & du Sieur *Villette*, prononcée par Arrêt de la Cour du 31 Mai, & par suite à Bar-sur-Aube en Champagne.

10 *Juin*. Le Sieur de Beaumarchais a saisi le premier instant de son voyage au fort de Kell pour motiver sa lettre à sa femme, datée du mois d'Avril & conçue en ces termes:

„ Je ne veux pas, chere amie, vous priver
„ plus longtems de la jouissance de l'état qui

„ vous appartient. Vous êtes ma femme,
„ vous étiez la mere de ma fille; il n'y a rien
„ de changé dans votre état intérieur: mais
„ je désire que dès ce moment, qui est le
„ premier de mon absence, vous représentiez
„ honorablement dans ma maison, & que vous
„ preniez mon nom qui est devenu le vôtre.
„ Embrassez votre fille tendrement & faites
„ lui comprendre, si vous le pouvez, la cause
„ de votre joye. J'ai rempli tous mes devoirs
„ envers elle, envers vous: mon absence est
„ sans l'amertume qui m'a suivi dans mes au-
„ tres voyages; il me sembloit toujours qu'un
„ accident pouvoit nous tuer tous les trois.
„ Je suis tranquille, en paix avec moi-même,
„ & je puis mourir sans remords. Ne rassem-
„ blez pas nos amis pour les fêter à ce sujet;
„ mais que chacun apprenne de vous la justi-
„ ce que je vous ai rendue.

„ Conservez, je vous prie, l'air & le ton
„ modeste que je vous ai demandés, pour
„ toute récompense, afin que vos ennemis &
„ les miens ne trouvent point matiere à dé-
„ crier le plus sévere & le plus réfléchi acte
„ de ma vie.

„ Allez voir mes deux sœurs; demandez leur,
„ leur bonne & franche amitié; elles me doi-
„ vent cette douce & honorable déférence;
„ elles doivent leur attachement à ma fille,
„ à sa mere, & mes bienfaits désormais seront

„ proportionnés aux égards qu'on vous montrera.

„ Prenez ouvertement les rênes de notre maifon ; que M. *Gudin*, mon Caiffier, compte avec vous comme avec moi-même ; habillez nos gens avec modeftie ; mais comme il vous plaira.

„ Menez notre fille à ce Curé de Saint Paul, qui vous a tant montré de refpect en nous mariant. Soyez toujours ce que vous êtes, ma chere amie ; honorez le nom que vous portez ; c'eft celui d'un homme qui vous aime & le figne avec joye. *Signé* votre ami & mari, *Caron de Beaumarchais*.

„ Adieu pour un mois."

11 *Juin* 1786. On a dit dans le tems en parlant du Mémoire des trois roués par M. *Dupaty*, que M. le Marquis de *Condorcet* avoit été dans l'Académie des Sciences le feul que M. *du Séjour* n'eût pu faire revenir en faveur du Parlement : il ne s'eft pas contenté de perfifter dans fon opinion & l'on parle d'un écrit affez court qu'il a fait fur cette matiere, où il exalte beaucoup le défenfeur de ces malheureux & traite fort mal les juges. On conçoit bien qu'il n'y a pas mis fon nom. Cette efpece de Mémoire eft très rare.

11 *Juin* 1786. L'Arrêt du Confeil portant nomination de Commiffaires pour l'examen des plans & projets relatifs aux rivieres d'Yvette

& de Bievres, est très vrai. Il est daté du 21 Mai dernier.

11 *Juin*. Le Comte *de Précourt*, qui intervient dans le singulier procès de *d'Etienville*, prend le titre de Colonel d'Infanterie & de Chevalier de Saint Louis. On assure que c'est le fils d'un maître de poste, qui s'étoit rendu recommandable auprès du Duc de Choiseul durant les troubles de Pologne, lui avoit servi d'espion & avoit obtenu le grade dont il jouit. Il s'ensuit que c'est un aventurier, mauvais sujet, qu'on ne doit pas être étonné de rencontrer ici. Sa *Réponse* est appuyée d'une Consultation en date du 27 Mai, souscrite d'Avocats peu connus. Du reste, on juge facilement que ce Mémoire, qui, comme les autres, ne dit rien, n'apprend rien, n'est qu'un bavardage enfanté par la cupidité des Avocats ou des parties, puisqu'il ne se distribue aussi qu'à prix d'argent.

12 *Juin* 1786. On annonce une vie de Voltaire, qu'on dit méchante, surtout contre les prêtres & le Parlement. Elle est rare encore & chere; elle se vend douze livres.

12 *Juin*. Il paroît constant que le Comte *de Cagliostro* & sa femme ont passé à Londres. M. *de la Borde*, l'ami du mari, son apologiste dans les *Lettres sur la Suisse*, l'a accompagné pendant quelque tems. Quant à son affaire contre M. *de Launay*, on assure généralement qu'elle est arrangée par la remise que celui-ci

a fait des effets redemandés au Comte *de Cagliostro*; mais les amis de ce Gouverneur auroient désiré, que la Requête de son adversaire étant imprimée & subsistante, il eût aussi répandu quelque *Note* pour sa justification, sur la nécessité où il étoit de se conduire ainsi. Du reste, on ne sait pas si M. *de Cagliostro* s'est également désisté de sa plainte contre le Commissaire *Chenon* fils.

12 *Juin* 1786. L'ouverture de la reprise des Séances du Clergé est indiquée au 3 Juillet. On ne doute pas que le fameux procès qu'il a contre le Roi, ne se termine cette fois à l'avantage de Sa Majesté. Cependant les défenseurs se flattent d'avoir fourni des moyens victorieux & indestructibles.

12 *Juin*. Le Sieur *Desauges*, fils, & plusieurs autres Libraires ou Colporteurs arrêtés pour des pamphlets imprimés ou vendus dans l'affaire du Cardinal, ont été élargis avant le jugement.

13 *Juin*. Le caractere hargneux & déprimant de M. *de Lalande* lui suscite sans cesse de nouvelles querelles. C'est à présent M. *Jeaurat*, son confrere, qui lui reproche d'avoir, dans le Journal des Savans du mois de Mai dernier, dénigré plusieurs membres de l'Académie & surtout lui : il lui adresse à ce sujet une Lettre datée de l'Observatoire le 3 Juin, où non-seulement il révéle cette injustice de M. *de Lalande* à son égard, mais son

peu de respect pour le corps dont ils sont tous deux membres & dont il fronde indirectement le jugement honorable qu'il a rendu sur la lunette *Diplantidienne* de M. Jeaurat. Il lui demande plaisamment, s'il est dans les principes de la religion Egyptienne, aujourd'hui le Dieu Rat, & demain le Dieu Chat?

13 *Juin* 1786. Extrait d'une Lettre de Cherbourg du 29 Mai...... Le 28 de ce mois on a lancé un cône: la journée étoit très belle, la mer calme, & la rade couverte de plus de deux cens voiles; une foule immense bordoit le rivage. Monseigneur Comte d'Artois qui étoit présent, a paru très satisfait de ce spectacle: ce Prince a déjeûné sur un des cônes déjà placés & a visité ensuite tous les travaux & la ville: il est reparti le lendemain.

13 *Juin*. La *Réponse* de M. le Comte *de Précourt* n'est pas aussi nulle qu'on l'a représentée: si les faits qu'il expose sont vrais, & il les soutient de pièces & de témoignages qu'il est aisé de vérifier, il se disculpe parfaitement des imputations dont il est chargé dans les Mémoires des Sieurs *d'Etienville*, *Vaucher* & *Loque*. Sa digression même sur les calomnies semées dans un ancien libelle, distribué sous le nom de *Charlemagne* contre le Prince de *Limbourg* & lui, est assez satisfaisante, puisque, suivant lui, *Charlemagne* a été aumôné par Arrêt publié & affiché, & Me. *Devaux*, Avocat, auteur du Mémoire diffamant, s'est ré-

tracté par une Lettre insérée dans la partie politique du Mercure du 31 Mars 1781 : aussi la Consultation décide-t-elle que sa justification est aussi complette qu'elle peut l'être dans une affaire où n'ayant aucun intérêt direct, il n'a agi que pour obliger ; qu'en conséquence il est bien fondé à conclure à ce que les imputations calomnieuses, répandues contre lui dans les différens Mémoires des parties, soient supprimées, comme injurieuses à son honneur & à sa réputation ; qu'il soit fait défenses aux Sieurs *Vaucher* & *Loque* de récidiver, sous telles peines qu'il appartiendra ; à ce qu'ils soient condamnés en des dommages & intérêts, applicables de son consentement au pain des prisonniers, &c.

Du reste, M. le Comte *de Précourt* dit qu'il est depuis 40 ans au service ; que dès 1746 il a servi dans l'Inde en qualité d'officier ; dans les Mousquetaires du Roi en 1750 : qu'il s'est trouvé à deux combats sur mer, à trois batailles, cinq sieges, plus de vingt chocs ou rencontres ; qu'il a fait toute la derniere guerre civile en Pologne, où il a commandé en chef : il cite une Lettre du Duc de Choiseul, datée de Versailles le 13 Juin 1770, où ce Ministre lui annonce que le Roi, d'après les témoignages qu'il a rendus à Sa Majesté de ses services, lui a accordé le grade de Colonel à la suite de ses troupes légeres : il cite le Brevet du Roi de Pologne, daté de Varsovie le 14 Novembre 1775, qui lui confere le grade de Colonel de ſes Armées: enfin qui pourroit lui conteſter ſa croix de Saint Louis, obtenue ſous le Miniſtre actuel de la guerre, qui ne les prodigue pas?

M. *Duhamel*, Comte *de Précourt*, eſt encore un faiſeur de projets, & il en annonce un, ſans dire quel il eſt; mais que M. le Prince de Soubiſe veut bien protéger, comme utile & glorieux à la Nation.

13 *Juin* 1786. L'*Inconſtant*, comédie en cinq actes & en vers qu'on doit repréſenter aujourd'hui, eſt d'un M. *Collin*, connu déjà par pluſieurs poéſies inſérées dans les recueils du jour. Sa piece agréée des comédiens, il y a pluſieurs années, en avoit enſuite été rejettée; mais l'auteur ayant trouvé des protections auprès de la Reine, elle fut jouée à Fontainebleau en 1784 avec peu de ſuccès; elle doit avoir été améliorée depuis. Quoiqu'il en ſoit, les comédiens ne pouvant ſe diſpenſer de faire paſſer à ſon tour un ouvrage qui a paru devant leurs Majeſtés, ont été forcés de donner à Paris l'*Inconſtant*.

Du reſte, M. *Collin* eſt fils d'un Procureur de Chartres; il y exerçoit la profeſſion d'Avocat, & auroit pu y faire quelque choſe, ſi ſa paſſion pour les vers ne l'avoit emporté. Il eſt fort laid de figure; la ſienne eſt en outre ignoble & baſſe au ſuprême dégré. Ses yeux cependant ont du feu & de l'eſprit; mais ſon regard est faux & en dessous: tel est le portrait que tracent de M. *Collin* ses rivaux, ou plutôt ses détracteurs & ses jaloux; ce qui heureusement ne fait rien à sa comédie.

14 *Juin* 1786. M. le Marquis *de Villette*, indigné de l'acharnement de M. *de Laclos* contre la mémoire du Maréchal *de Vauban*, y a répondu par la boutade poétique suivante:

Comme tant de héros, *Vauban* maître du sort,
 Servit l'Etat pendant sa vie;
Mais plus grand qu'eux par son génie
 Il le défend après sa mort.

14 *Juin*. Depuis les plans agréés par le Ministre de Paris pour l'élargissement, le nettoyement & même l'embellissement du quartier des halles, on y travaille avec la plus grande activité; ce qui a fait naître, à M. *Sylvain Maréchal*, l'Anacréon du jour, rempli d'idées fraîches & riantes, un projet charmant: c'est d'établir en ce lieu une rotonde, d'un style léger, recevant le jour par un dôme de vitrage, pour servir de marché aux fleurs, aux arbustes: on pourroit y joindre même les fruits: cette espece de temple dédié à Pomone & à Flore, dont on y verroit les statues, fourniroit sûrement un spectacle agréable; il faudroit qu'il fût rafraîchi d'une fontaine placée au milieu & ornée d'ailleurs de tous les accessoires propres à mieux remplir un plan aussi délicieux.

14 Juin 1786. Contre l'attente des comédiens & du public en général mal prévenu, l'*Inconstant*, à quelques longueurs près à retrancher dans le dialogue, a été trouvé hier charmant d'un bout à l'autre. Tous les actes en ont été applaudis d'une maniere très soutenue, depuis le premier jusques au dernier, & l'on a fini par demander l'auteur avec transport.

En effet ce caractere, très difficile à mettre au théâtre, parce qu'il exige une foule de traits variés qu'on ne peut gueres rassembler avec quelque vraisemblance dans un même cadre, durant un espace de vingt-quatre heures, n'en est que plus susceptible de plaire quand on réussit, & c'est ce qui est arrivé à *l'Inconstant*. Il change trois fois de maîtresse, cinq fois de valet; il quitte la Province pour Paris; il préfere la campagne à cette ville trop tumultueuse; il ne veut que la tranquilité & du repos; il médite ensuite de voyager, il désire aller à Rome & finit par le projet de se rendre en Amérique pour y voir une république naissante: il a été abbé, magistrat, militaire & n'est plus rien. A ce riche fond se joint une quantité de détails trop longs à développer, mais qui ne laissent pas le spectateur un moment plus dans l'inaction que le héros.

Le grand défaut de la piéce, qui est celui du sujet, c'est que perpétuellement en scène & travaillé de desirs nouveaux, il faut que les personnages soient aussi mobiles que le héros; ils lui sont tous subordonnés & tellement diversifiés qu'ils ne font que passer en revue; que l'auteur n'a pas le tems d'approfondir les caracteres & d'en faire contraster aucun avec le principal: ce qui donne à cette comédie plutôt l'air d'une piéce à tiroir que d'une piéce d'intrigue. Ce n'est pas qu'il n'y ait des coups de théâtre très heureux, très ingénieusement combinés & qui annoncent beaucoup de ressources dans la tête du poëte.

Le style est sans prétention, & cependant le dialogue pétille d'esprit à raison de quantité de descriptions, de portraits, de tirades, amenés avec naturel & qui l'enrichissent singulierement.

On ne peut que concevoir une haute idée d'un auteur comique, s'annonçant avec un talent si marqué, surtout s'il n'a pas encore trente ans, comme on l'assure.

15 *Juin* 1786. Le voyage du Roi à Cherbourg est décidé pour le 21 de ce mois. Sa Majesté partira de Rambouillet & se reposera chez le Duc *d'Harcourt* à Lillebonne, de-là à Caen, ensuite à Cherbourg, où Sa Majesté restera trois jours, pour visiter les travaux & voir lancer un cône: après quoi Elle se rendra à *Honfleur*, traversera le bras de la riviere de Seine, large de trois lieues en cet endroit, jusques au *Havre*. L'escadre d'évolution doit se stationner dans ces parages & manœuvrer

en présence du Monarque arrêté au Havre; de-là il prendra son point de départ pour revenir par Rouen. Messieurs les Maréchaux *de Segur* & *de Castries* doivent accompagner le Roi durant ce voyage, ainsi que le Prince *de Poix*, comme Capitaine de ses gardes. Du reste, Sa Majesté aura peu de suite & ne courra qu'à cinquante-six chevaux.

15 *Juin* 1786. On assure aujourd'hui que la cour allarmée de la sensation produite dans le public par la sévérité exercée envers le Cardinal, quoique reconnu légalement innocent, & du traitement favorable destiné à Madame de la Motte, n'a osé persister dans son dessein à l'égard de cette derniere & qu'on lui laissera subir sa peine. Quoiqu'il en soit, un plaisant a fait une espece d'épigramme en calembour sur la partie de son supplice, concernant la marque aux deux épaules avec un fer chaud communément figuré en fleur de lys :

  A la moderne Valois
  Qui contestera ses droits ?
  La Cour des Pairs elle-même,
  Quoiqu' en termes peu polis,
  Lui fait par Arrêt suprême
  Endosser les fleurs de lys.

15 *Juin*. Le Sieur *Tetu*, physicien & méchanicien, annonce qu'il vient de construire à l'observatoire royal, un ballon aërostatique à air inflammable, fait avec un grand soin &

enduit d'un nouveau vernis, simple, brillant & imperméable. Comme le Sieur *Tetu* partira feul & que fon ballon a une grande force d'afcenfion, il fe munira d'une fuite d'inftrumens météorologiques, propres à acquérir de nouvelles connoiffances fur cette partie de la phyfique. Il fe propofe de refter au moins vingt-quatre heures en l'air; ce qui n'a été exécuté par aucun aëronaute, & il a adapté à fon ballon des moyens méchaniques qui lui laiffent concevoir des efpérances heureufes pour la direction.

Cette expérience doit avoir lieu dimanche 18 de ce mois dans les terreins inféodés du Luxembourg. L'afcenfion du globe eft pour cinq heures précifes.

16. *Juin* 1786. Extrait d'une Lettre d'Amfterdam du 12 Juin...... Nous avons en effet un pamphlet du *Comte de Mirabeau* fur le Collier; mais il fait peu de fenfation ici & ne mérite aucun détail.

Il vient de paroître un volume in 12. de deux cens quatre-vingt-huit pages, fous le titre de *Vœux d'un Gallophile*, écrit par le Baron *Cloots du Val de Grace*. On y trouve des anecdotes fur le fameux Prince d'Albanie. On débite cet ouvrage fous main.

16 *Juin*. On peut fe rappeller que le Cardinal *de Rohan*, transféré de la Baftille au palais pour y fubir fon interrogatoire, fut mis dans le Cabinet du Greffier en Chef, mais tou-

jours fous la garde des officiers de la Baftille; fon Avocat ayant voulu lui parler, n'eût pas la liberté de le faire : cet abus de l'autorité despotique dans le fanctuaire même de Thémis, avoit révolté le public ; il s'indignoit contre la molleffe du Parlement, qui fouffroit que dans un lieu, où le Roi lui-même, lorsqu'il y vient, refte à la garde des Magiftrats, un accufé reftât à la charge de l'autorité militaire : il paroît que tous n'ont pas penfé de même & l'on vante beaucoup un discours de M. *Robert de Saint-Vincent* à l'ouverture de la féance, discours digne, à ce qu'on affure, de la tribune aux harangues de la république Romaine durant fes plus beaux jours, où il s'éleva & contre la garde dont étoit encore entouré M. le Cardinal, & contre la Lettre de cachet fous laquelle il gémiroit encore, même après avoir été déclaré innocent par la Cour, & contre la rigueur avec laquelle on l'avoit privé de fon Confeil : il demanda en conféquence qu'on délibérât préalablement fur ces trois objets. Le Premier Préfident déclara qu'il avoit ordre de s'oppofer à ce qu'on le fît fur les deux premiers : on fut donc aux avis fimplement fur le troifieme & il fut décidé qu'on rendroit fon Confeil au Cardinal.

17 *Juin* 1786. Voici quelques nouveaux détails à joindre à ceux qu'on a rapporté s'être paffés les mardi & mercredi, où l'on a procédé aux interrogatoires des accufés dans le

procès du Cardinal & au jugement.

1º. M. le Cardinal étoit revêtu d'une robe longue de couleur violette: (qui est la couleur de deuil des Cardinaux) il avoit sa calotte rouge, des bas rouges &c. Il étoit décoré de ses Ordres.

2º. La Grand-Chambre assemblée se trouvant réunie à huit heures du matin, les gens du Roi entrerent & laisserent leurs Conclusions sur le bureau.

3º. On alloit les ouvrir, lorsque M. *Robert de Saint Vincent*, l'un des Conseillers, se levant, parla à peu près en ces termes, adressant, suivant l'usage, la parole au Premier Président:

„ Monsieur, je vous dénonce qu'en ce
„ moment, sous les yeux de la Cour, jusques
„ dans le sanctuaire de la Justice, les Loix
„ sont méconnues & violées: un accusé qui
„ doit être protégé par elles, que seules il
„ vient implorer ici, qui ne doit être que sous
„ leur protection, est cependant environné
„ & obsédé par une garde militaire. Cet accu-
„ sé est M. le Cardinal de Rohan; il semble
„ qu'en l'amenant à la barre de la Cour, on
„ veuille encore le souftraire à son autorité;
„ puisque c'est la garde militaire qui com-
„ mande ici, puisqu'elle a repoussé Me. *de
„ Bonnieres*, Avocat de l'accusé, dont les
„ conseils & les avis ne furent jamais plus
„ nécessaires pour son client & qui ne de-
„ mande qu'à le *reconforter*, au moment qu'il

„ va paroître devant vous. Je vous deman-
„ de, Monsieur, d'après ce que j'ai l'hon-
„ neur de vous exposer, ce qu'il faut penser
„ du fort qui attend M. le Cardinal ? Je vois
„ bien que si les autres accusés sont innocens
„ des crimes qu'on leur impute ; que, si
„ vous les reconnoissez tels, sur le champ
„ les portes des prisons s'ouvrent & on leur
„ rend la liberté : mais le Cardinal de Rohan,
„ que deviendra-t-il, quand même vous au-
„ rez fait tomber ses fers ? Soumis à la force
„ militaire, il ne sera pas en son pouvoir de
„ s'y soustraire ; &, pour la premiere fois,
„ Monsieur, les décisions de la Cour seront
„ sans effet & ses Arrêts sans exécution. Je
„ conclus qu'avant de passer outre, la Cham-
„ bre délibere sur ce qui m'effraye autour
„ d'elle & qu'elle prononce sur l'irrégularité
„ des moyens employés contre M. le Cardi-
„ nal, sur une irrégularité contraire aux
„ droits & aux libres délibérations de la Cour."

4°. M. le Premier Président répondit en effet, *qu'il y avoit des Ordres à ce sujet.*

5°. Ce mot d'*Ordres* causa quelque rumeur dans l'assemblée ; mais aucun des membres n'ayant insisté, on ouvrit le paquet contenant les Conclusions.

6°. La dénonciation de M. de Saint Vincent ne resta pourtant pas tout à fait inutile : l'Avocat de Bonnieres, un moment après, eut la permission d'approcher de M. le Cardinal.

7º. Après la lecture des Conclusions on procéda aux interrogatoires & l'on commença par *Retaux de Villette.* Placé sur la sellette, l'accusé ne put soutenir, sans gémir & sans pleurer, cette position humiliante; cependant s'étant calmé, il répondit fort bien à toutes les questions & chargea M. le Cardinal sans ménagement. Son interrogatoire dura près de deux heures & demie.

8º. *Villette* retiré, entra Madame *de la Motte*. Cette femme audacieuse étoit parée, comme elle l'a toujours été dans sa prison, & en venant à la grand'Chambre elle osa répéter hautement *qu'elle alloit confondre ce grand fripon*. Cependant, à la vue de l'auguste assemblée, au milieu de laquelle on la plaça, sa fierté l'abandonna un peu, surtout lorsque l'huissier lui dit, d'un ton sec, en lui montrant la sellette: *Madame, mettez-vous là:* elle recula d'effroi; mais au second ordre elle s'assit & en moins de deux minutes, elle s'arrangea si bien, sa contenance fut si assurée, qu'elle sembloit être dans son appartement & couchée dans la meilleure bergere. Elle répondit comme il convenoit, à toutes les questions de M. le Premier Président: interrogée ensuite par un Conseiller Clerc, M. l'Abbé *Sabbatier*, qu'elle a pu savoir ne pas lui être favorable: *voilà,* dit-elle, *une demande bien insidieuse; je m'attendois que vous me la feriez, je vais y répondre.* Après lui M. *de Bretignieres* & trois ou quatre

autres

autres Conseillers lui firent encore des questions, auxquelles elle satisfit. Ensuite elle perora longtems, d'elle-même, avec beaucoup de fermeté & d'énergie, au point qu'elle étonna ses juges, si elle ne put parvenir à les intéresser & à les convaincre : son interrogatoire dura trois heures.

9°. Dès que Madame *de la Motte* fût sortie, le Premier Président ordonna d'enlever la sellette.

10°. M. le Premier Président envoya avertir le Cardinal, que *la sellette ayant été enlevée de la Chambre, il pouvoit se présenter devant la Cour.*

11°. M. le Cardinal parut ; son émotion étoit visible, sa pâleur indiquoit l'état de son ame ; ses genoux foiblissoient sous lui, au point que cinq ou six voix s'éleverent & dirent : ,, Mon-,, sieur le Cardinal paroît se trouver mal, il fau-,, droit le *faire asseoir* : '' à quoi le Premier Président répondit, *Monsieur le Cardinal est le maitre, s'il veut, de s'asseoir.* Il profita de la permission de la Cour & s'assit à l'extrêmité du banc, où se placent Messieurs des Enquêtes, lorsqu'ils viennent à la grand'chambre. S'étant bientôt rassuré, le Prélat répondit aux questions du Premier Président avec beaucoup de présence d'esprit & le calme apparent de l'innocence : ensuite, restant toujours assis, il parla d'abondance de cœur, durant une demi-heure environ, avec beaucoup de grace, de force

& de noblesse. Ce fut-là qu'il renouvella ses protestations contre sa présence en ce lieu & toute la procédure instruite contre lui. Son discours fini, il salua le grand banc & les autres Magistrats : tous lui rendirent le salut ; le grand banc même se leva, ce qui est une distinction marquée.

12°. La Demoiselle *d'Oliva* fut ensuite appellée. L'huissier vint dire que, prévoyant d'être obligée de se séparer de son enfant pendant quelques heures, elle étoit occupée à l'allaiter, & qu'elle supplioit la Cour de lui accorder un moment de répit. La loi se tut devant la nature, & l'on convint d'attendre.

Elle comparut enfin, mais si douloureusement affectée, qu'elle ne pût répondre ; elle émut tous les juges, de façon qu'on abrégea le plus qu'on pût, en ne lui adressant que les questions de forme.

13°. Le Sieur *Cagliostro* interrogé le lendemain, s'offrit vêtu d'un habit verd, brodé en or ; tous ses cheveux tressés depuis le haut de la tête, tomboient en petites queues sur ses épaules ; ce qui ne lui donnoit pas mal l'air d'un charlatan & fit rire l'assemblée. *Qui êtes-vous ? D'où venez-vous ?* lui demanda-t-on ? *Noble voyageur*, répondit-il : à ces mots les visages se dériderent, & voyant cette bonne disposition, l'accusé entame sa défense : il entremêle son jargon de grec, d'arabe, de latin, d'italien : son air, ses gestes, sa vivacité amusent autant que ses discours, & il sort de l'assemblée fort content d'avoir fait sourire ses juges.

18 *Juin* 1786. Extrait d'une lettre de Dijon du 8 Juin.... Feu M. le Comte *de Neuilly*, pere de M. le Comte *de Dracy* d'aujourd'hui, a fondé à perpétuité sur les revenus de cette terre un *prix destiné au travail & à la vertu*. Il consiste en une médaille d'argent (avec une couronne de roses & un bouquet pour la fille: un chapeau & un bouquet pour le garçon.) Il se donne chaque année, pendant les fêtes de la pentecôte, alternativement à un garçon & à une fille des Seigneuries de Neuilly & de Senecey.

Cette année étant le tour des garçons, M. le Comte de Dracy a désiré que le Prix fût adjugé à *Claude Bouchet*, garçon charretier qui, au péril de sa vie, a sauvé le 16 Avril dernier celle d'une fille qui se noyoit, avec un courage dont les détails trop longs à rapporter, sont aussi merveilleux que touchans.

En conséquence du désir de leur Seigneur, les habitans de Neuilly & de Senecey n'ont point fait difficulté dans leur assemblée, à la suite de la tenue du lundi 29 Mai dernier, de décerner par une acclamation unanime, le Prix à Claude Bouchet qui, suivant toute apparence, l'auroit également obtenu par scrutin.

18 *Juin* 1786. Les Commissaires nommés pour l'examen des plans & projets relatifs aux

rivières d'Yvette & de Bievre, & notamment celui qui a pour objet de conduire les eaux de la derniere, depuis Amblainvilliers jusques à Paris, sont Messieurs *Bouvard de Fourqueux, Fargès & Dupleix de Bacquencourt*, Conseillers d'Etat; *Bertier*, Maître des Requêtes, Intendant de la Généralité de Paris; *Thiroux de Crosne*, Maître des Requêtes, Lieutenant-général de Police de la ville de Paris; & *Chaumont de la Milliere*, Maître des Requêtes, Intendant des ponts & chaussées, turcies & levées.

Ces projets doivent être discutés en présence du Sieur *de Fer*, leur auteur, & des membres de l'Académie des Sciences, au nombre de quatre, que lesdits Commissaires pourront s'associer: ils pourront aussi appeller les ouvriers & gens de l'art, dont ils croiront avoir besoin.

L'examen doit rouler non seulement sur la nature du projet, sur son exécution, mais encore sur les inconvéniens qui pourroient en résulter, soit pour la capitale, soit pour les campagnes. Les dépenses que l'établissement entraîneroit, sont aussi à considérer, & la comparaison en doit être faite avec celles d'autres projets. En conséquence les Prévôt des marchands & Echevins de la ville de Paris doivent être entendus: enfin comme le Sieur *de Fer* offre à la tête d'une compagnie de faire les avances pour le Roi, leur solvabilité doit être aussi discutée.

18 *Juin* 1786. Extrait d'une Lettre de

Bourdeaux du 10 Juin..... L'affaire des alluvions recommence ; il a été rendu un nouvel Arrêt du Conseil, ou même des Lettres patentes en date du 14 Mai, qui annullent tout ce qu'a fait le Parlement de cette ville, & ordonne de plus fort l'exécution des Arrêts précédens &c. Il a fallu pour leur enrégistrement une derniere séance très militaire de M. *de Fumel*, tenue le 30 Mai : de-là un Arrêté de notre Parlement en date du même jour, qui est fort violent & fort rare, quoiqu'imprimé. On en donnera un extrait plus détaillé par la suite.

18 *Juin* 1786. Extrait d'une Lettre de Besançon du 7 Juin..... L'affaire des Avocats reste toujours *in statu quo* ; mais, touchés du sort des malheureux plaideurs, ils ont pris le parti mixte de venir à leur secours, soit par des consultations qu'ils ne signent point, soit par des plaidoyers également non signés & que les Procureurs débitent pour eux à l'audience. Cet arrangement est assez bizarre & comique ; cependant, comme il obvie au plus grand mal, qu'il satisfait aux besoins les plus urgens, il pourroit durer longtems.

19 *Juin*. Voici exactement la situation actuelle des personnes comprises dans l'Arrêt du 31 Mai.

M. le Cardinal, quoique déchargé de l'accusation, privé de sa charge de Grand-aumônier, de son cordon bleu & en exil.

Le Comte *de Cagliostro*, quoiqu' innocenté, obligé de quitter Paris au bout de vingt-quatre heures; retiré à Passy, où il étoit resté pour l'arrangement de ses affaires; parti pour Londres avec sa femme, le mardi 13 Juin.

Mlle. *Oliva* sortie de la Conciergerie & après avoir passé quelques jours à Paris chez son tuteur, retirée aussi à Passy pour le rétablissement de sa santé.

Le Sieur *Retaux de Villette* toujours à la Conciergerie au secret, amusant les prisonniers avec son violon, dont il joue toute la journée dans sa chambre.

Madame *de la Motte*, toujours à la Conciergerie, ignorant son Arrêt, ne pouvant communiquer avec ses Conseils. Comme elle a voulu se casser la tête avec son pot-de-chambre durant une attaque de nerfs considérable, elle mange chez le Concierge, où elle passe la journée, & quand elle se couche, elle a deux femmes dans sa chambre.

On assure qu'elle sera exécutée cette semaine. Comme l'Arrêt n'étoit ni rédigé, ni levé, lorsque le Parlement s'est séparé; il a fallu remettre jusques à la rentrée de cette Cour, qui n'a eu lieu qu'aujourd'hui.

19 *Juin* 1786. Extrait d'une Lettre de Bruxelles du 11 Juin ..... L'expérience aérostatique de M. *Blanchard* en effet a eu lieu hier au jour indiqué. Il avoit deux ballons; il étoit monté dans la nacelle de l'un, s'élevant

très lentement & presque perpendiculairement; il tenoit à la main la corde de l'autre plus petit & plus élevé d'environ trente pieds: arrivé à une hauteur qu'on estima de 4000 pieds environ, on vit le petit ballon se détacher, s'élever promptement jusques aux nues & s'y perdre, & en même tems un mouton qui étoit dans le filet d'un parachute attaché à ce ballon descendre doucement vers la terre, & la toucher à une demi-lieue du point du départ, sans accident. Le mouton pesoit trente livres. Telle a été la partie la plus intéressante & la plus curieuse de cette expérience, qui du reste n'a présenté rien de nouveau. M. *Blanchard* a paru tantôt rester immobile au milieu des airs, tantôt y naviguer lentement: il est descendu après une heure & demie de promenade, & à son arrivée est venu rendre ses hommages à l'Archiduc & à l'Archiduchesse & leur a présenté un drapeau à leurs armes; ce qui n'est pas resté sans récompense.

19 *Juin* 1786. M. *Tetu* est parti hier dimanche à l'heure indiquée, seul: on l'a suivi des yeux pendant une demi-heure environ dans les airs, prenant la route du Nord: on l'a perdu de vue ensuite & l'on n'en a pas eu de nouvelles depuis. Il ne sembloit nullement se diriger, mais obéir au vent.

M. le Comte *de Nellenbourg*, encore à Paris, a joui de ce spectacle.

20 *Juin*. Il court un manuscrit, contenant

en détail tout ce qui s'est passé dans l'Intérieur du Parlement la veille & le jour du jugement du Cardinal, les avis de chaque opinant & la maniere dont il l'appuyoit. Depuis qu'on a trouvé ici l'art d'écrire aussi vîte que la parole, & qu'on y en donne des leçons, ces sortes d'infidélités peuvent se renouveller acilement.

20 *Juin* 1786. Depuis que M. *Augeard* a été frappé d'un décret de prise de corps dans l'affaire de M. *le Maître*, quoiqu'il ait été innocenté, il ne peut plus reparoître à la cour & exercer sa charge de Secrétaire des Commandemens de la Reine, sans un second agrément, & une nouvelle présentation, suivant l'étiquette dont on a déjà fait mention en parlant du Cardinal. Il s'agiroit d'obtenir à cet effet le consentement de la Souveraine, & M. le Baron de Breteuil seroit assez disposé à faire à cet égard les démarches nécessaires. Mais M. *Augeard* n'ose trop aller en avant, de crainte qu'on n'ait prévenu Sa Majesté contre lui; ce qui tient à un dessous de cartes qu'il faut développer.

M. *de Calonne*, visant depuis longtems au Ministere des finances, où il se flattoit de mieux réussir que les autres, avoit cru devoir ouvrir les yeux du Roi & de la nation par de petits pamphlets contre M. *Necker* & son administration, où il en découvroit les vices. Celui-ci déplacé, il n'a pas trouvé les opérations des succeſſeurs meilleures & il les a décriées également avec ſuccès. M. *Augeard*, dit-on, étoit dans ſon ſecret & il appréhende que ſi celui-ci avoit un entretien avec la Reine, il ne relevât ces petites manœuvres à Sa Majeſté. Enſorte que M. *Augeard*, quoique M. de Calonne ait montré de la magnanimité dans ſon affaire, ſe défie de lui; il craint que par les Polignac, les Vaudreuil, il ne rende la Reine mal diſpoſée à le recevoir auprès de ſa perſonne.

A l'égard des Fermes, quoique M. Augeard ait été conſervé, qu'il ſoit ancien & travailleur, il n'eſt point du Comité, parce que M. *de Colonia*, le Maître des Requêtes chargé de ce Département, un peu plaiſanté dans les pamphlets de M. le Maîre, reſte perſuadé que M. Augeard y a eu part; & en conſéquence il a montré aux Fermiers généraux de la répugnance à travailler avec lui. Telles ſont les ſuites funeſtes de la calomnie, on en voit toujours la cicatrice.

20 *Juin* 1786. La fille *Salmon* continue à être l'objet de la curioſité publique. A ce qu'on a dit des Comédiens François & Italiens, qui ont déſiré la voir à leur comité & qui lui ont donné pour chaque troupe vingt-cinq louis; ce qui fait pour ce ſeul objet cinquante louis: il faut ajouter qu'ils lui ont offert ſes entrées, ſans doute comme un moyen de ſe produire

mieux & d'exciter à la fois un intérêt plus général.

On se doute bien que Me. *le Cochois* a commencé par la conduire à l'audience de M. le Garde des Sceaux : ce Chef de la justice lui a dit...... ,, remerciez Dieu, ma fille; ne ,, l'oubliez jamais; respectez les juges qui ont ,, pu se tromper, parce qu'ils sont hommes & ,, susceptibles d'erreurs. Soyez sage. Vous ,, avez mis votre confiance dans la Providen- ,, ce : & elle ne vous a point abandonnée.''

On ne dit point, si à ce catéchisme d'instructions fort singulieres dans la bouche de M. de Miromesnil, il a joint quelques Louis pour les rendre plus efficaces; mais il faut le présumer.

20 Juin 1786. L'église des Innocens étant nuisible aux améliorations & aux changemens qu'on se propose au quartier des halles, il a été décidé de réunir cette paroisse à celle de Saint Jaques de la boucherie, fort diminuée par la destruction des maisons du pont notre Dame. Il a été tenu une assemblée des Marguillers & des Notables dans chaque paroisse, & il a été nommé de part & d'autre des Commissaires pour aviser aux meilleurs moyens de la réunion.

La fontaine des Innocens est un des plus beaux morceaux de sculpture de cette capitale, & sans doute on aura tout le soin possible pour le conserver & le tirer des ruines de l'église, à laquelle il est adossé.

21 *Juin* 1786. M. *de Condorcet*, généralement connu pour l'auteur du Mémoire nouveau contre le Parlement, dans le procès des trois hommes condamnés à la roue; qui s'en glorifie, dit-on, dans sa compagnie & parmi ses amis, n'a pas jugé à propos cependant d'y mettre son nom; il a pris même un titre dérisoire, peu digne de la gravité du sujet: *Réflexions d'un citoyen non gradué sur un procès très connu.*

Dans cette brochure très courte, il résume d'abord le Mémoire de M. *Dupaty*: il en résulte, suivant lui, que les trois accusés dont il s'agit, sont condamnés à la roue pour un délit qui n'est pas constaté, sans aucune preuve qu'ils l'aient commis & par une procédure nulle & inique. Il forme & résout ensuite plusieurs questions que ce Mémoire a fait naître.

1°. Sur les témoins appellés *nécessaires* qu'on admet dans les crimes secrets & qu'on rejette dans les autres. M. de Condorcet veut qu'on les admette ou rejette tout-à-fait indistinctement.

2°. Sur le reproche fait au Parlement de Paris de ne pas écrire les interrogatoires sur la sellette. Le *non gradué* convient aujourd'hui que cet interrogatoire s'écrit constamment; mais il prétend qu'il n'est ni relu à l'accusé, ni signé par lui, & il regarde cette omission comme très grave.

3°. Sur l'usage de condamner pour les cas

réfultans du procès & il le trouve très répréhenfible.

4°. Sur le refus d'un confeil aux criminels, & il le regarde comme contraire aux premiers droits de l'humanité.

5°. Sur le droit du Roi de furfeoir à l'exécution des arrêts, d'examiner la procédure, de faire grace, & M. de Condorcet obferve que ce droit devient illufoire, puifque les Arrêts font fouvent exécutés fans que le Monarque ou le Chef de la juftice en aient eu connoiffance. En conféquence il voudroit qu'en France, comme en Pruffe, tous les Arrêts de mort & même les Arrêts infâmans ne puffent être exécutés fans la fignature du Monarque.

Il y a d'excellentes chofes dans ce pamphlet, quoique tout ne foit pas fans replique. D'ailleurs le ton amer, ironique, tranchant, dont l'auteur fe fert tour-à-tour, *le gâte beaucoup*: on juge qu'il a été moins dicté par l'humanité d'un membre de la fociété, gémiffant des injuftices & des horreurs qu'entraîne quelquefois notre barbare jurifprudence criminelle, que par cet orgueil defpotique d'un philofophe moderne, qui veut tout critiquer, tout foumettre à fon opinion, tout réformer & dominer furtout même dans les matieres qu'il n'entend pas, fous prétexte qu'il n'en eft aucune où fes principes ne doivent influer.

21 *Juin* 1786. Si le but moral d'un ouvrage dramatique doit être de corriger du vice ou

du préjugé qu'il attaque, celui du *Duel*, drame nouveau en trois actes & en vers, joué hier, pour la premiere fois sur le théâtre de la Comédie Italienne, est sans doute très défectueux, puisque loin de guérir de la manie qu'il combat, il ne sert qu'à l'encourager, à la peindre comme indestructible. A cela près, il y a beaucoup d'intérêt & l'ouvrage a été très applaudi; mais comme il ne semble qu'une extension d'une piéce en un acte sous le même titre, de M. *Rochon de Chabannes*, avant d'apprécier le mérite de l'auteur, il faut relire l'ouvrage de celui-là, qui, du reste, n'y mettoit aucune prétention & se refusoit depuis longtems à le faire jouer sur le même théâtre, où vient de briller son rival.

L'original commun est une piéce allemande, où M. *Rochon*, pour son compte, avoit déjà fait beaucoup de changemens.

22 *Juin* 1786. L'Arrêt dans l'affaire du Cardinal, a été rédigé & signé lundi à la rentrée du Parlement. Mardi au soir on prévint Madame de la Motte, ignorant toujours son sort, qu'elle sortiroit le lendemain matin & qu'elle eût à se tenir habillée & prête pour six heures: sur ce qu'elle demanda comment elle devoit être vêtue, on lui répondit: *Simplement*. A peine fut-elle sortie de la Conciergerie, qu'elle se vit entourée de gardes qui la conduisirent au pied du grand escalier, où l'on lui fit la lecture de son Arrêt. Alors elle entre en fu-

reur, elle dit qu'on la mettra plutôt en pièces: cinq ou six bourreaux étoient-là, qui s'en emparent, la jettent par terre, & tant bien que mal, celui de Paris fait son office de la fustiger & de la marquer sur chaque épaule. Cependant elle jure, elle vomit mille imprécations contre les juges, contre le Cardinal, qu'elle appelle vingt fois un grand fripon; elle demande si c'est-là le respect qu'on porte au sang des Valois: enfin on l'embarque dans un fiacre & l'on la conduit à l'hôpital. Il y avoit peu de monde à ce spectacle, auquel on ne s'attendoit pas pour cette heure. Il y avoit depuis plusieurs jours des fenêtres louées, dont les curieux n'ont pu profiter, & des échaffauds dressés, devenus inutiles.

22 *Juin* 1786. M. *Roquil Lieutaud*, l'auteur du drame du *Duel*, a cru devoir faire une espece d'amende honorable à M. *Rochon*; ce qu'on voit dans une lettre du 17 Juin, où il convient avoir composé son drame uniquement sur le sien, qu'il prétend n'avoir lu qu'en allemand, quoique M. *Rochon* l'ait écrit en françois & qu'il n'y ait aucune apparence qu'après avoir tiré son ouvrage de cette langue, on l'y ait remis de nouveau; d'ailleurs on assure que M. *Lieutaud* ignore lui-même l'allemand.

M. *Lieutaud* s'excuse encore fort mal sur son audace de faire jouer sa piece ainsi calquée sur une plus ancienne; il prétend en avoir demande la permission à M. *Rochon*; mais il l'avoit déjà fait recevoir quand il en a fait part à celui-ci, & au lieu de l'aller trouver chez lui, il ne lui en a parlé que par occasion dans une maison tierce.

La meilleure raison que puisse fournir M. Lieutaud, c'est que son plan est devenu plus étendu, qu'il y a ajouté un personnage nouveau, qu'il a imaginé plusieurs incidens & rendu le dénouement plus heureux.

22 *Juin* 1786. Extrait d'une Lettre de Bordeaux du 17 Juin..... Les Lettres-patentes données à Versailles le 14 du présent mois, concernant les isles, islots, atterrissemens, alluvions & relais formés dans une partie des rivieres de Gironde, Garonne & Dordogne, sont si violentes, que le Maréchal de Mouchy a mieux aimé se démettre du Commandement de Guyenne, que de se porter aux excès despotiques & militaires qu'on exigeoit de lui, tels que de forcer les prisons, &c. On assure qu'on a offert ce Commandement à M. le Marquis *de Juigné*, qui a refusé; à M. *de Jaucourt*, qui a fait la petite guerre de Geneve, & qui n'a pas voulu se charger de celle-ci : ensorte qu'il a fallu avoir recours à M. *de Fumel*, accoutumé à ces expéditions.

On reproche dans ces Lettres patentes au Parlement, d'avoir adopté de faux principes, d'avoir eu de mauvaises intentions, d'avoir employé l'autorité dont il est revêtu, à compromettre l'intérêt du Domaine; d'avoir donné au peuple un exemple dangereux, en lui laiſſant ignorer les intentions pleines de bienfaiſance du Souverain, & les principes de juſtice qui l'animent; d'avoir pareillement voulu, en ſuſpendant l'exécution des deux Arrêts du Conſeil, qui avoient pour objet la conſervation de ce même domaine, favoriſer des uſurpations faites au préjudice du patrimoine de l'Etat; d'avoir manqué eſſentiellement à l'autorité royale, au reſpect & à la confiance qu'il doit au Roi; de s'être livré à un zele peu éclairé; d'avoir publié un Réquiſitoire & un Arrêt, propres à répandre l'allarme, & éteindre la confiance & la ſoumiſſion dont il devoit l'exemple. Du reſte, il n'y a pas un ſeul mot dans ces *Lettres-patentes* qui ne tende à prouver le mécontentement de Sa Majeſté; à faire perdre aux peuples du reſſort de la Cour le reſpect qu'ils lui doivent, & la confiance qu'ils ont toujours eu dans ſa juſtice; à préſenter les Magiſtrats qui la compoſent, comme peu inſtruits & encore plus mal intentionnés, comme ayant abuſé au détriment de la choſe publique de l'autorité qui leur eſt confiée.

Enfin il n'eſt pas juſques au Procureur général, l'homme du Roi, qui s'eſt prêté aveuglement à tout ce qu'on a voulu, qui étoit l'ame du Parlement *Maupeou*, qui par une expérience de près d'un demi-ſiecle a mérité à juſte titre la confiance publique; il n'eſt pas jufques à ce Magiftrat, qui ne foit chargé d'inculpations fpéciales.

Toutes ces confidérations, & plufieurs autres, au nombre de dix, ont motivé l'Arrêté fort long du 30 Mai, par lequel, la Cour, toutes les chambres affemblées, a ordonné qu'il foit fait au Roi de très humbles & très-refpectueufes Remontrances, à l'effet de le fupplier de retirer lefdites Lettres-patentes & l'Arrêt; qui ordonne néanmoins, *fous le bon plaifir du Seigneur Roi*, que les Arrêts de la Cour du 30 Mai 1782 & 21 Avril 1784, feront exécutés felon leur forme & teneur: ce faifant, fait inhibitions & défenfes, tant au Grand-Maître des eaux & forêts de Guyenne, qu'à tous autres, de procéder à l'exécution de la Commiffion portée par lefdites Lettres-patentes; ordonne que le préfent Arrêt fera imprimé, publié & affiché, partout où befoin fera.

23 *Juin* 1786. On peut fe rappeller le Docteur *Gardanne*, qui s'eft d'abord fait connoître par un rôle affez vilain, qu'il a joué dans le procès du Sieur *de Beaumarchais* contre M. *Goëzmann*; rôle fi odieux que le Docteur *Bouvard*, ennemi né de tous fes confreres malhonnêtes, le dénonça à la faculté. Cet intrigant a depuis fait parler de lui en différentes occafions; a même, fous prétexte d'utilité publique, provoqué de la Police des établiffemens fpécialement avantageux à fa fortune; il a écrit fur différentes matieres & en dernier lieu

il avoit ouvert une guerre polémique contre un autre Docteur: le Mercure étoit le théâtre de leurs débats & tout récemment son adversaire venoit de le bourrer d'importance: on assure que sa tête s'est tellement exaltée, qu'il en est devenu fol.

23 *Juin* 1786. Quoiqu'on ait dit que M. le Marquis *de Launay* s'étoit mis en regle vis-à-vis du Comte *de Cagliostro*, lui avoit rendu ses effets, au point que celui-ci s'étoit désisté de sa plainte; il faut croire que non, puisqu'on commence à voir *Mémoire pour le Comte de Cagliostro, demandeur, contre le Sieur Chenon fils, Commissaire au Châtelet, & le Sieur de Launay, Gouverneur de la Bastille, défendeurs*; par lequel on assure que cet étranger répéte 150,000 livres & 50,000 livres de dommages intérêts. Le Mémoire est toujours signé de Me. *Thilorier*, son Avocat: on ajoute que les assignations sont données au Châtelet en date du 21 Juin.

24 *Juin.* L'Arrêté du Parlement de Bourdeaux est parvenu imprimé jusques ici, & l'on prétend qu'il y en a eu des exemplaires vendus à Versailles jusques à un Louis. Voici le paragraphe le plus violent & qui a fait le plus de sensation, parce qu'on prétend qu'il est spécialement dirigé contre les *Polignac*, les *Vaudreuil* & autres courtisans accrédités, qui sont à la tête de la compagnie qui voudroit s'emparer des vingt-deux lieues de côte le long des

rivieres dont il s'agit, terreins faifant un objet de plus de cent millions. Comme M. le Contrôleur-général eft très lié avec ces Seigneurs & que l'Arrêt du Conseil & les Lettres-Patentes n'ont pu être rendus que fur fon Rapport, on l'implique auffi dans cette agreffion.

„ Confidérant que toutes les difpofitions de
„ ces Lettres-patentes font une preuve évi-
„ dente de la furprife faite à la religion du
„ plus jufte & du meilleur des Rois; qu'elles
„ font le fruit du fyftême de dépradation, qui
„ fait gémir depuis longtems tous les gens de
„ bien, d'un fyftême foutenu, ennemi du
„ bonheur public, par des hommes que l'in-
„ dignation univerfelle s'accorderoit à pro-
„ fcrire, s'ils n'avoient eu l'adreffe de fe cou-
„ vrir d'un nom auffi cher qu'il eft facré, ce-
„ lui du Seigneur Roi".........

24 *Juin* 1786. On a enfin un détail circonftancié du voyage de M. *Tetu*. Il eft defcendu à l'aide de fes rames dans la plaine de Montmorency à cinq heures 26 minutes, c'eft-à-dire, au bout de 35 minutes de fon départ: il vouloit prendre du left; mais les payfans, mécontens qu'on eût gâté leurs bleds, par le grand nombre de curieux qui étoient accourus, ne permirent pas à l'aëronaute de faire ce qu'il defiroit; il fut obligé de remonter bien vite avec fes rames caffées & ayant été pillé dans fes vêtemens & dans fes uftenfiles.

Après différentes manœuvres, la nuit déjà

venue, M. *Tetu* se trouva à la hauteur de 678 toises, son thermometre à cinq dégrés au-dessous de la congélation; les bords de son char étoient couverts de grésil, il étoit obligé d'en rejetter la neige & les grêlons.

S'étant abaissé un peu, M. *Tetu* entra dans la région des orages; son pavillon étoit étincellant de lumière; il resta plus de trois heures dans cet état sans crainte, parce que l'enveloppe de son ballon étoit imperméable. Le calme ayant succédé, il devint stationnaire; enfin manquant de lest, il s'arrêta pour la derniere fois à près de quatre heures, vers Breteuil.

Le résultat est que M. *Tetu*, au lieu de 24 heures, n'en est demeuré que onze dans les airs, & n'a fait dans cet intervalle qu'environ 25 lieues. Mais il se flatte d'avoir exercé des manœuvres qui confirment son espoir de la direction possible.

25 *Juin* 1786. Par une bizarrerie fort singuliere, M. *Fretteau*, le beau-frere de M. *Dupaty*, grand Dévot, grand Janseniste, grand ennemi des Philosophes, se trouve aujourd'hui sous leur égide ; car M. *de Condorcet* ne manque pas de prendre chaudement sa défense dans les *Réflexions d'un non gradué*. On peut se rappeller les tracasseries que ce Conseiller de Grand'Chambre a éprouvées à ce sujet de la part de sa compagnie. M. de Condorcet les trouve tout à fait injustes & traite en consé-

quence très mal le Parlement. On ne fait comment Meſſieurs prendront cette diatribe; mais il en provoque lui même la brûlure.

Du reſte, l'auteur ne perd point la tête & s'il ne craint en ce moment de s'aliéner les Magiſtrats en leur diſant des vérités dures, il affecte de faire ſa cour aux Miniſtres d'une façon baſſe & même contradictoire aux principes de ſa ſecte. Il fait venir-là M. *le Maître* aſſez vilainement, & tandis qu'il ſe permet d'injurier les membres de la premiere Cour du Royaume, il reproche à celle-ci de n'avoir pas fait juſtice des pamphlets de cet accuſé, qui ſe permettoit de critiquer l'adminiſtration. De pareils traits ſont fort propres à décréditer un écrit, où la paſſion ſe manifeſte auſſi évidemment.

25 *Juin* 1786. On raconte que par une intrigue de cour on avoit voulu faire tomber la Préſidence des Maréchaux de France au Maréchal *de Contades*, obligé par cette dignité de ſe défaire du commandement d'Alſace en faveur d'une créature de la Reine. Etant ſûr que le Maréchal Duc *de Biron*, le plus ancien après le Maréchal Duc *de Richelieu*, refuſeroit; on avoit manœuvré pour déterminer celui-ci à ſe démettre. On s'étoit d'abord adreſſé à Madame la Maréchale par une lettre, où l'on lui faiſoit ſentir la néceſſité de cette démarche de la part de ſon mari, trop vieux pour continuer à préſider le tribunal: celle-ci n'o-

fant faire cette proposition au Maréchal, avoit répondu négativement. Nouvelle Lettre du Maréchal *de Ségur*, plus inftante & contenant même des menaces, en ce qu'on étoit inftruit que M. *de Richelieu*, vû fon grand âge, avoit quelquefois des disparates qui le rendoient incapable d'exercer convenablement les fonctions de fa dignité, & qu'on défiroit qu'il prévînt par une démiffion volontaire, une retraite forcée. Madame la Maréchale ainfi preffée, vit qu'il n'y avoit pas moyen d'éluder & de cacher à fon mari l'orage qui s'élevoit contre lui; elle lui fit donc part de la Lettre du Miniftre de la Guerre: le Maréchal fe charge d'y répondre. Il écrit en effet au Maréchal de Ségur, qu'il voit habituellement des gens qui, quoique radotant toute la journée, n'en confervent pas moins leur place; qu'en conféquence il fe croit encore mieux autorifé, lui Maréchal Duc *de Richelieu*, à qui l'on ne reproche que de radoter par intervalle, le matin ou le foir, à garder la fienne.

25 *Juin* 1786. On voit ici quelques exemplaires de la brochure du Baron *de Cloots*, annoncée d'Amfterdam. L'auteur la donne comme un Supplément aux *Liaifons dangereufes*. En effet c'eft l'hiftoire de fes liaifons avec le prétendu Prince d'Albanie, avanturier fi extraordinaire par la nature, par la durée, par le fuccès de fes impoftures, dont il vient enfin d'être puni en Hollande. M. le Baron *de Cloots*, après

avoir été ſa dupe pendant quelque tems, l'a-
voit démaſqué; ce qu'on juge par différentes
Lettres qu'il écrivoit à Paris au ſujet de ce
fauſſaire, il les rapporte & elles contiennent des
détails curieux & plaiſans.

26 *Juin* 1786. Extrait d'une Lettre de Bourdeaux du 20 Juin . . . . . L'affaire de notre
Parlement eſt d'autant plus grave, qu'elle in-
téreſſe toute la Province; que ſes Arrêts ſont
motivés ſur les juſtes allarmes qu'ont dépoſé
dans le ſein de la Cour, les habitans de tous
les états qui ont des propriétés ſur les bords
de la Garonne, de la Gironde ou de la Dordogne, & particulièrement depuis la pointe de
la Grange juſques au Soulac, ſur les inſtances
qu'ils lui ont faites de faire parvenir au pied
du Trône la juſtice de leurs droits, de travailler à les préſerver de l'innovation qui les
menace.

D'ailleurs, ſi l'on commence à dépouiller
les propriétaires dans l'étendue de vingt-deux
lieues de côtes, il eſt tout à craindre pour les
héritages de même nature qui bordent les diverſes rivieres navigables & flottantes; & ſi ce
premier eſſai de la deſtruction des propriétés
réuſſit, l'on n'aura aucune digue à oppoſer
à ſes progrès.

Il eſt certain que les Arrêts du Conſeil du 5
Juillet 1781, du 3 Octobre 1783, du 16 Octobre 1785, & les Lettres-patentes du 14 Mai
dernier, renverſent tous les principes de la ju-

tice, qu'ils détruisent les loix sacrées des propriétés, qu'ils menacent un nombre infini de citoyens qui jouissent à la suite de leurs ancêtres des fonds les plus précieux sous la garantie de la loi & de plusieurs siecles d'une possession paisible, qui seule a plus de force & d'autorité que les titres les plus exprès dont on demande la représentation.

On assure que le Parlement de Toulouse a senti les conséquences funestes à résulter d'une telle usurpation, & qu'il s'est déjà mis en garde pour empêcher l'extension du systême tyrannique que le Domaine éleve aujourd'hui.

27 *Juin* 1786. Extrait d'une Lettre de Brest du 21 Juin.... On songe sérieusement à la statue que les Etats de Bretagne ont arrêté de faire élever à Louis XVI & qui doit être placée dans notre port.

M. *Jalliet de Savanet*, architecte, vient de publier un projet pour ériger ce monument de manière que, sans exiger des dépenses coûteuses en bâtimens, la statue puisse commander également au port, à la rade, au goulet & être en vue des deux villes: d'après ce projet aucun bâtiment ne pourra entrer dans le port, aucun salut se donner, ou se rendre, sans être, pour ainsi dire, présidé par Sa Majesté.

La Nature elle-même a indiqué cette disposition dans la cour actuelle du château de Brest, dont les deux ailes sur le pont seroient terminées par deux pavillons. Là, sur les fondemens

mens de la tour de César, l'artiste place la statue. Cependant, avant de commencer des travaux à cet égard, il faut attendre le dernier vœu des Etats, qui s'assemblent cette année.

27 Juin 1786. Quelque détracteur ayant inséré dans le Mercure No. 23 une Lettre au sujet de la fille *Salmon*, où l'on cherchoit à diminuer le mérite de Me. *le Cauchois*, en exaltant les services de Me. *Turpin*, son Avocat au Conseil, & de Me. *Fournel*, son Avocat au Parlement de Paris; cette cliente, indignée d'une telle affectation à déprimer les services de son vrai bienfaiteur, a pris la plume & par une lettre du 13 Juin, adressée aux rédacteurs du même journal, dans l'effusion de sa reconnoissance, elle déclare que c'est à Me. *le Cauchois* qu'elle doit tout ce qu'elle est aujourd'hui; qu'il lui sert depuis près de cinq années de défenseur & de pere, qu'il n'a cessé de la secourir à Rouen, au Conseil, à Paris de ses lumieres, de ses conseils, de ses travaux, de sa bourse, & qu'il a pris également soin de sa vie & de son ame. Elle ajoute qu'elle n'est que la cinquieme victime à qui ce généreux Avocat ait sauvé l'honneur & les jours.

27 Juin. Il y a longtems qu'on a dit que le Chevalier *de Sausseuil* étoit expulsé de la direction du *Censeur universel Anglois*, d'une maniere honteuse & même pour cause infamante. On n'a pu vérifier jusques à quel point cette asser-

Tome XXXII. G

tion est vraie. Seulement il est certain que depuis le mois de Janvier dernier, M. de Sausfeuil n'a plus aucune part au Privilège, à la rédaction ou à la composition de cet ouvrage périodique. Au reste, il se continue avec succès & plus de quinze Littérateurs sont réunis pour y coopérer.

27 Juin 1786. Le Sieur *Pankouke* rêve continuellement à ce qui pourroit améliorer son Mercure qui, au contraire, empire de plus en plus: aujourd'hui en sa qualité de *Bréveté du Mercure*, il adresse une *Lettre à Messieurs les Gens de lettres, Imprimeurs, Libraires*, &c. où il annonce un nouveau projet. C'est d'ajouter chaque semaine à ce journal une feuille sous le titre de *Supplément au Mercure, contenant les Prospectus & Avis particuliers de la Librairie*. Il prétend que c'est le moyen d'empêcher de perdre ces feuilles volantes, qui se conserveront autant que le numéro auquel elles seront annexées. Au reste, le Sieur Pankouke est très desintéressé dans tout ceci, le Supplément qu'il propose n'augmentera point le prix de la souscription & il désire uniquement être utile à la Littérature & à la Librairie.

27 Juin. Extrait d'une Lettre de Dijon, du 20 Juin . . . . M. *Maret*, Médecin & Secrétaire de notre Académie, vient de mourir le onze de ce mois d'une façon très glorieuse. Envoyé par le Gouvernement au secours d'une paroisse en proie à une épidémie meurtrière, il a oublié le soin de sa vie pour la conserver aux autres & a péri victime de son zele. Du reste, il étoit chargé d'emplois & de titres de toute espèce, analogues à son état, dont la liste seule occupe deux pages.

28 *Juin* 1786. Le Mémoire du Comte *de Cagliostro* est intéressant : voici les faits les plus important à en extraire.

Ce fut le 23 Août que le Commissaire *Chenon*, fils, se transporta chez lui, suivi d'un Exempt & de huit hommes de la Police ; il lui dit qu'il avoit ordre de le conduire chez le Lieutenant de Police : le Comte de Cagliostro lui demanda secrétement s'il n'y avoit point d'ordre contre son épouse : le Commissaire lui donna sa parole d'honneur qu'il n'y avoit d'ordre que contre lui seul. Il exige ses clefs, & l'oblige d'ouvrir son secrétaire.

L'Exempt, nommé *de Brugnieres*, s'empare devant le Comte des objets qui lui conviennent, notamment de quatre bouteilles d'un beaume, dans lequel il entre de l'essence de rose, de l'essence de canelle & d'autres aromates très précieux. Les sbires qu'avoit amené le Commissaire, suivent son exemple & le pillage commence. Le Comte de Cagliostro vouloit refermer son secrétaire ; le Commissaire l'en empêche : il demande d'être conduit dans son carosse ; on le refuse, même de monter dans un fiacre chez lui. On le conduit par le collet, à pied, de chez lui à la rue des filles du

Calvaire, où l'on le fait monter dans un fiacre & l'on le transporte à la Bastille.

L'objet de cette promenade étoit de tromper la Comtesse & les gens de sa maison sur le lieu où l'on menoit le Comte. Desbrugnières revenu, le Commissaire resté auprès de Madame de Cagliostro, fait sortir tout le monde d'auprès d'elle, ferme la porte en dedans à double tour, fait tout ouvrir, fouille partout, met tout sans dessus dessous : il renferme dans un carton l'argent & les effets précieux, entoure le carton d'un ruban; il met un cachet d'un côté, en fait apposer un autre par la Comtesse & ne veut pas qu'elle se serve du sien; mais d'une tête seulement. On ne met point de scellés, on laisse les clefs, tant aux armoires qu'au secrétaire ; elle est aussi conduite à la Bastille & l'on remet à M. de Launay le carton, avec les clefs de l'appartement.

Le lendemain 24 Août la Comtesse est interrogée par le Lieutenant de Police, assisté du Commissaire Chénon. On lui représente le carton, on l'ouvre devant elle ; on lui fait quelques questions sur les diamans qui s'y trouvent, puis on le referme.

Le 26 & le 27 le Comte de Cagliostro est interrogé ministériellement; on lui fait passer le carton sous les yeux. Le Lieutenant de Police vouloit qu'on en fît l'ouverture en présence du prisonnier; mais le Gouverneur s'y oppofe, prétend que c'eft inutile, dit tout bas au Magiftrat quelques mots & le Comte de Cagliostro ne peut voir ce que le carton contient.

Pour mieux tromper le prifonnier on forçoit fa femme de lui écrire, comme fi elle eût encore été chez elle; on lui rapportoit les objets qu'il demandoit, comme fi elle les lui eût envoyé, tandis que c'étoit un officier de l'étatmajor qui fe tranfportoit chez lui, ouvroit fes portes & fes armoires en préfence d'un voifin, & fe chargeoit d'apporter à la Baftille les effets du prifonnier.

Ce manege dura jufques au mois de Février, que le Comte de Caglioftro ayant eu permiffion d'avoir un Confeil, apprit l'affreufe détention de fa femme, du même tems que la fienne. Alors effrayé du danger que couroient fes effets précieux, fur lefquels on n'avoit point appofé les fcellés, il fe rappelle l'argent comptant & les billets de caiffe qui devoient fe trouver chez lui & il en dreffe un état qu'il envoye à fon Procureur en date du 27 Février 1786.

Le même jour 27 Février il préfente une Requête au Parlement, pour qu'il lui plaife commettre un de Meffieurs à l'effet d'appofer les fcellés chez lui. En l'abfence du Premier Préfident, & le Parlement étant en vacances, le Préfident *d'Ormeffon* ne croit pas devoir refufer une ordonnance de *Committitur*. M. *Dupuis de Marcé*, commis par ce Préfident, ne juge pas à propos d'exécuter l'ordonnance, que la Requête ne foit communiquée au Procureur général & rapportée à la Chambre; mais celui-ci déboute le Comte de fa demande; fa Requête n'eſt pas même rapportée. Lors des confrontations, le prifonnier fait part à M. *Dupuis de Marcé* de fes inquiétudes; le Magiſtrat lui répond d'être tranquille, il l'aſſure que tous fes effets fe trouveront.

Dans cet intervalle arrive l'incident de la Requête préſentée au Parlement pour l'élargiſſement de la Comteſſe *de Caglioſtro*, qui fort de la Baſtille le 26 Mars.

Ici fe lient les faits contenus dans la Requête du Comte fur le refus de M. *de Launay* de rendre à Madame *de Caglioſtro* les effets, dont cependant il fe fait donner une décharge.

Enfin le 31 Mai, Arrêt qui décharge de l'accuſation le Comte *de Caglioſtro*, avec impreſſion & affiche de l'Arrêt; fupprime les Mémoires de la Comteſſe *de la Motte*, comme injurieux & calomnieux en ce qui concerne le Comte.

Le lendemain premier Juin à neuf heures du foir, le Comte de Caglioſtro reçoit la nouvelle de fa liberté; il defcend dans la Salle du Conſeil, il s'y trouve feul avec le Gouverneur & le Commiſſaire *Chenon* fils. Un carton enveloppé de rubans étoit fur la table: ici fe lit un paragraphe qu'il faut rapporter littéralement.

„ Le Commiſſaire a débuté par me répri-

,, mander d'une maniere peu civile, au sujet
,, des craintes que j'avois annoncées, & des
,, réserves que j'avois faites dans ma derniere
,, Requête. Je me trouvois par hazard avoir
,, ma canne à la main; une attitude énergi-
,, que que je pris involontairement dans l'in-
,, stant même, fit comprendre au Commissai-
,, re que tout prisonnier que j'étois encore,
,, je ne me laisserois pas insulter impunément:
,, le Gouverneur se mit entre nous & chacun
,, prit le ton qu'il devoit prendre."

Suit, au sujet du carton représenté, un Dialogue entre le Commissaire & le Comte de Cagliostro, très vif de la part de celui-ci: on ouvre le carton, on n'y trouve point l'état en regle des effets qu'il contenoit, suivant l'annonce du Gouverneur & du Commissaire: tous deux témoignent leur surprise...... Le Comte de Cagliostro donne une décharge détaillée & particuliere seulement de tous les effets qui lui sont rendus: il acquiert alors la certitude que le porte-feuille & les cent mille livres environ qu'il avoit laissées dans son secrétaire en partant, sont soustraits. Il rentre chez lui vers les onze heures & demie du soir, aux acclamations d'une multitude immense de curieux de tout état: on avoit fermé la porte; la cour, les escaliers, les appartemens, tout étoit plein: il est porté jusques dans les bras de sa femme au bruit des tambours & des fanfares: tous deux s'évanouissent dans leurs tendres embrasfemens ; le silence succédant à cette joye bruyante, ils renaissent enfin & tous les spectateurs avec eux.

Le lendemain à midi environ le Sieur *Desbrugnieres* apporte au Comte *de Cagliostro*, de la part du Roi, un ordre de sortir de Paris sous 24 heures & du Royaume sous trois semaines; avec défenses d'y rentrer dans quelque tems & sous quelque prétexte que ce soit, à peine de désobéissance.

En conséquence le Comte de Cagliostro a quitté Paris dans la matinée du 3 Juin, laissant à sa femme & à ses amis le soin d'arranger ses affaires; il s'est refugié à Passy, où il est resté renfermé pendant neuf jours. Le mardi 13 au matin, il s'est rendu à Saint Denis, où il a été rejoint par sa femme; ils en sont partis le même jour à travers deux haies d'habitans; ils sont arrivés à Boulogne le 15 & le lendemain se sont embarqués pour l'Angleterre.

Tel est l'historique à extraire du Mémoire du Comte de Cagliostro, toujours soutenu sur le ton de modération & de noblesse du premier: il est bien propre à causer aussi une grande sensation en sa faveur.

28 *Juin* 1786. La contestation du Parlement de Bordeaux avec la Cour, donne lieu aujourd'hui aux Publicistes d'agiter la même matiere. Ils trouvent tous que les principes présentés par le Procureur général de cette Cour sont fondés sur les Loix Romaines, qui forment

le

le droit essentiel de la Province de Guyenne; sur les Ordonnances du Royaume, sur la Doctrine des livres les plus accrédités, sur la Jurisprudence universelle de tous les tribunaux de la France. Que ces monumens de la saine raison & de tout ce que les connoissances humaines peuvent avoir de plus assuré, s'accordent à décider que les grandes rivieres sont le patrimoine public de l'Etat, parce qu'elles ne sont pas susceptibles d'une propriété particuliere; que si le Souverain en retire les droits honorifiques & utiles, ce n'est que pour le prix des dépenses qu'il fait pour leur conservation & pour les protéger dans l'intérêt commun; qu'il n'est pas possible de comprendre les rivieres dans la classe des objets domaniaux purement & des héritages ordinaires qui en font partie; qu'elles sont un attribut de la puissance royale, incessibles, incommunicables; qu'elles ne peuvent jamais sortir des mains de celui qui regne sur la nation.

Que cette propriété publique se réduit à l'eau, au terrein, sur lequel elle coule; au droit de pêche, aux isles qui se forment dans le sein de la riviere & aux revenus casuels qui en dépendent.

Que tout ce qui est étranger à l'eau & au lit sur lequel elle coule, demeure dans la classe des propriétés privées.

Que lorsque des terres, des sables & autres matieres forment insensiblement un accroissement le long des fonds contigus à la riviere, ce qui constitue l'alluvion proprement dite, elle appartient au propriétaire du fond auquel elle est accrue; que la chose publique n'est jamais exposée à en souffrir, parce que ce que la riviere perd d'un côté, elle le gagne de l'autre nécessairement; que si dans ce cas le particulier riverain agrandit sa possession, c'est au seul détriment de celui de la rive opposée; qu'il n'en résulte aucune injustice, parce que l'incertitude de la perte ou du gain, commune à toutes les propriétés qui avoisinent les rivieres, établit un équilibre parfait, qui impose silence à la raison elle-même.

28 *Juin* 1786. Lundi les comédiens Italiens, pour n'en pas perdre l'habitude, ont régalé le public d'une comédie parade en deux actes & en vers, ayant pour titre *la double clef, ou Colombine Commissaire*. Rien de plus plat, de plus froid, de plus triste & de plus ennuyeux. Cette misérable rapsodie n'auroit jamais été jusques au bout, si Mademoiselle *Renaud* n'y eût chanté.

29 *Juin*. On peut se rappeller un certain Comte *de Bussy d'Agonau*, un des plus grands roués de France, mais rempli d'esprit, faisant de jolis vers, & séduisant au possible auprès des femmes & même des hommes, deshonorant les unes & escroquant les autres. Il avoit été longtems tourmenté des suites affreuses de ses débauches & avoit pensé y succomber. De-

puis plusieurs années qu'on n'avoit point entendu parler de lui, on le croyoit mort. Il réveille enfin le public sur son compte par un petit pamphlet imprimé, où il lui apprend son sort. Il a pour titre : *le plus court & le plus vrai des Mémoires.* Quant à la premiere assertion, elle est très juste, car il ne contient pas une feuille petit in-12. Quant à la seconde, il fait valoir les attentions des corps où a servi M. de Bussy; des villes où il a habité; les remords de sa femme en mourant, qui avoit reçu une donation de 40,000 livres, pour prix de sa trahison; les déclarations au lit de mort des domestiques de sa mere; les Lettres de certains de ses parens désintéressés & impartiaux; les gémissemens exprimés dans une foule de Lettres de personnes très recommandables sur une vexation dont les prétextes sont ou faux, ou détruits.

Quelqu'un de ses amis, sans doute, zélé pour sa liberté, a fait imprimer cette feuille, & n'étant autorisée par aucune permission, on affecte de la répandre dans le Palais Royal, où les curieux la trouvent par terre & la ramassent. On lit dans une note que M. de Bussy est à Pierre en Cise.

Ce pamphlet porte pour épigraphe: *Brevis oratio penetrat cœlos.*

29 *Juin* 1786. La bonne fortune qu'à éprouvé il y a quelques années *la Veuve du Malabar*, a donné l'espoir à M. le Mierre de pou-

voir reſſuſciter ſucceſſivement quelques-unes de ſes autres piéces oubliées; c'eſt ainſi qu'il a fait reparoître le mercredi 21 de ce mois ſon *Guillaume Tell*, joué & tombé en 1766. On ſait que cet écrivain ſacrifie tout à l'effet théâtral & ſoigne peu ſon ſtyle. De-là encore une foule de vers que les plaiſans appellerent alors & appellent encore des *Vers Suiſſes*. Il n'y a point d'apparence que cette renaiſſance ſoit bien établie & aille loin.

29 *Juin* 1786. Extrait d'une Lettre de Pétersbourg du 24 Mai.... Nous avons ici des *Martiniſtes*, ſociété de fanatiques s'occupant de connoiſſances ſurnaturelles, d'alchymie; dont le langage eſt un galimathias inintelligible, mélangé de myſticité & de métaphyſique; en un mot, tels que les vôtres. Ils avoient trouvé des partiſans entre les hommes les plus conſidérables. Il s'étoit gliſſé, ſuivant l'uſage, dans cette ſecte des avanturiers, qui avoient déjà commencé & preſque achevé la ruine de quelques familles. On les a joués dans une piéce nouvelle en langue Ruſſe, intitulée *le Trompeur*, qui a eu beaucoup de ſuccès.

30 *Juin*. Le Comte *de Caglioſtro*, quoiqu'exilé de la France, n'a pas cru devoir s'abſtenir de demander juſtice dans ſes tribunaux. On l'avoit aſſuré qu'il étoit en droit de prendre la voie criminelle; il a préféré la voie civile, comme plus douce & plus conforme à ſon ſyſtême de modération.

En conséquence, par exploit du 21 Juin, il a fait en effet assigner au Châtelet de Paris, tant le Commissaire *Chenon*, que le Sieur *de Launay*, pour se voir condamner solidairement à lui restituer les effets mentionnés dans son état du 27 Février, ou la somme de cent mille livres pour la valeur desdits objets ; en outre à lui restituer des papiers importans, ou la somme de cinquante mille livres ; se voir encore ledit Mé. Chesnon condamné en 50,000 livres, de dommages-intérêts, résultans, tant de la maniere vexatoire dont l'ordre du Roi a été exécuté, que des préjudices immenses qu'a souffert le plaignant du défaut d'apposition des scellés, &c.

Ces demandes sont appuyées de moyens spécieux, auxquels il est difficile que les Magistrats n'aient point d'égard. Le Comte de Cagliostro requiert qu'en cette occasion, où il ne peut administrer des preuves suffisantes, le serment lui soit déféré, quoique demandeur, parce que ses adversaires se sont rendus indignes de l'avoir par la maniere dont ils se sont conduits.

Sans entrer dans les détails des reproches que peuvent mériter tant le Sieur Chesnon fils, que le Sieur de Launay, voici un fait constant qui rend le premier très suspect ; c'est à l'égard des quatre bouteilles de beaume, dont s'étoit emparé *Desbrugnierés* en présence du Commissaire & que, sur la réclamation de M. le Prince de Luxembourg au nom du Comte, le Lieutenant de Police a forcé son suppôt de rendre, après l'avoir fortement semoncé.

30 *Juin* 1786. Le Mémoire annoncé par le prisonnier de Pierre en Cise est conçu de la sorte.

„ La détention depuis sept ans, après tren-
„ te ans de persécution, de M. le Comte de
„ Bussy-d'Agoneau, fils unique, veuf, &
„ seul de son nom, Colonel au service étran-
„ ger avec l'agrément du feu Roi, arrête ses
„ actions en réparation d'honneur & en resti-
„ tution d'un million...... Elle est le délit
„ de la cupidité d'une partie de sa famille,
„ contre le vœu d'une autre, comme de celle
„ de certains étrangers, aussi artisans de frau-
„ des & d'impostures. Elle est l'effet de la
„ surprise faite à la religion du gouvernement.
„ Sa défaveur près du Ministere, & l'iniquité
„ des adversaires ont été particulierement vi-
„ sibles dans la retenue des sommes viageres
„ qui sont dûes."

Par la mere de M. de Bussy, qui, pour partie, contrevient à l'ordre signé du Roi lui-même de plus de neuf mille Livres. Elle a été sommée juridiquement à la Requête de son fils en payement & à l'aveu ou desaveu d'imputations qui déjà ont été prouvées aussi fausses qu'odieuses.

Par sa cousine-germaine sans enfans, qui retient encore des objets considérables en viager de plus de six mille livres.

Des débats de cette nature doivent être jugés par les tribunaux; M. le Comte de Buffy le demande, de concert avec ses créanciers pour cinquante mille écus, qui, sans droit de contrainte sur lui, le réclament par un acte judiciaire..

Presque à chaque mot il y a *multa in paucis*, le signe d'une note à joindre; mais on ajoute:
„ La modération a empêché la publication du
„ commentaire en rapport avec les lettres
„ alphabétiques."

30 *Juin* 1786. Extrait d'une Lettre de Pétersbourg du 1er Juin..... La comédie dont je vous ai parlé sous le titre du *Trompeur*, méritoit le succès qu'elle a reçu sur notre théâtre Russe: elle est très utile, en ce qu'elle attaque la folie dominante de la nation & du tems. L'intrigue, au resté, n'est pas neuve; elle est calquée sur celle de plusieurs comédies françoises & principalement sur le *Tartuffe*. Comme lui, le héros *Martiniste* s'est impatronifé dans une maison, où il est maître absolu: il la ruine le plus vîte qu'il peut: l'amant de la fille de la maison arrache le masque au trompeur & prévient ainsi les plus grand malheurs. Cette piece dialoguée avec facilité, écrite avec esprit, est remplie de traits qui apprendront aux étrangers à connoître les mœurs russes.

Premier Juillet 1786. Me. *Prévôt Desfourneaux* est un jeune Avocat, qui débute par tenter d'arracher au supplice une nouvelle victime de la calomnie, languissant injustement depuis près d'un an & demi dans les fers destinés au crime, au milieu des angoisses d'une mort non méritée. Il s'agit encore d'une jeune servante nommée *Anne Bouviés*, qui, après avoir eu la foiblesse de céder aux désirs impudiques de son jeune maître, & dans son répentir résistant ensuite à ses caresses, se trouve accusée d'avoir volé les propres effets qu'il lui avoit donnés pour prix de son déshonneur.

Condamnée à être pendue par les premiers juges de Bourbon les Bains, elle n'a vu prononcer contre elle au Parlement de Paris qu'un plus amplement informé d'un an, à la charge de garder prison. On n'a point acquis de nouvelles charges, cependant sa liberté ne lui est point rendue.

Le jeune orateur prouve très éloquemment qu'on ne peut la lui refuser : il l'appuye au surplus de la Consultation d'un ancien, Me. *Aved de Loizerolle*, en date du 20 Mai 1786, qui estime que la fille *Bouviés* est dans le cas d'être au moins mise hors de Cour; que ce feroit peut-être même le cas de lui accorder des dommages & intérêts contre l'accusatrice, mere de celui qui l'a corrompue & séduite, & par ses dons perfides l'a ensuite exposée au glaive de la justice, en se rendant l'instigateur secret de réclamations.

Ce procès est heureusement au rapport de M. *Dionis du Séjour*, le Rapporteur du procès de la fille *Salmon*, Magistrat plein d'humanité & de philosophie, & qui, sans doute, cherchera à se distinguer en cette occasion, comme dans l'autre.

1 *Juillet* 1786. On étoit fort embarrassé de connoître l'auteur de la derniere parade jouée aux Italiens & si vigoureusement huée. Il n'étoit pas empressé de se nommer; enfin on n'en doute plus aujourd'hui, on sait positivement que c'est M. *Desfaucherais*. On donnoit ce même jour aux François la quinzieme & derniere représentation du *Mariage secret* ; ainsi on l'applaudissoit d'un côté, tandis qu'on le siffloit de l'autre. Bien des gens doutent que le même homme ait pu composer deux ouvrages aussi différens : il en est qui assurent que le premier est absolument tiré de l'Anglois.

Un trait bien humiliant pour M. Desfaucherais arrivé le jour de la représentation de cette parade, c'est lorsqu'à l'arrivée du Commissaire on jette tout par les fenêtres, on s'est écrié *& l'auteur!*

1 *Juillet*. La compagnie des eaux de Paris, sentant l'insuffisance de son premier moyen, pour faire fortune & soutenir ses actions se retourne d'un autre côté : elle voudroit y joindre une autre branche de revenus & devenir aussi une compagnie d'assurance contre les incendies.

Un vigoureux adversaire s'est déjà mis sur les rangs & a composé un Mémoire, où il s'oppose à cet établissement & en démontre le danger.

2 Juillet 1786. Jeudi dernier il y a eu à la comédie Italienne, un début très brillant & qui mérite d'être annoncé. Il s'agit d'une Madame *Saint Aubin*, sœur de feue Madame *Moulinghen*. Le 26 Janvier dernier, elle avoit paru à l'opéra dans le rôle de *Colinette à la cour*. On lui avoit déjà trouvé une figure intéressante, une voix légere, des graces dans le chant, de l'esprit, de la finesse dans le jeu, & une habitude de théâtre fort rare en pareil cas. Ce succès ne s'étoit pas soutenu, on ne parloit plus d'elle; elle a cru qu'elle réussiroit mieux sur un autre théâtre, & en effet elle a produit la plus vive sensation. Le premier rôle qu'elle a joué, a été celui de *Marine* dans *la Colonie*, où elle n'a rien laissé à désirer généralement. Quant au second rôle de *Denise*, dans l'*Epreuve Villageoise*, comme le public est gâté par la légereté & la gaieté, tenant beaucoup de l'étourderie & de l'indécence, qu'y met Mlle. *Adeline*, la comparaison ne lui a pas été favorable aux yeux de tous les libertins du parterre : quant aux vrais connoisseurs, ils n'en ont pas pensé de même & regardent cette acquisition comme également précieuse dans les deux genres pour ce spectacle.

2 Juillet. La compagnie des eaux, dans son *Prospectus* des assurances contre les incendies, après avoir fort exalté l'avantage de cette contribution modique & volontaire, au moyen de laquelle la propriété des maisons est garantie des événemens désastreux du feu, prétend qu'elle est naturellement destinée à être chargée de l'établissement en question & peut en remplir l'objet à des conditions plus avantageuses au public, que celles qu'aucune autre compagnie pourroit accorder. Elle a déjà préparé à grands frais des secours pour les incendies; elle donne gratuitement toute l'eau nécessaire pour ce service & la sûreté publique en a ressenti l'heureux effet en plus d'une occasion.

Quoiqu'elle eût en vue, dès les premiers momens de son existence, le projet des assurances contre les incendies, la compagnie des eaux ne le met au jour qu'en ce moment, où les tuyaux de distribution & les bouches d'eau étant multipliées suffisamment dans la partie du Nord, & les machines qu'elle élève au fauxbourg Saint Germain & à la Garre, sur le point d'arroser toute la partie du midi, elle est en état d'effectuer son entreprise sur le champ & avec succès.

Il faut voir ensuite le détail des conditions pécuniaires dans un *Prospectus* qu'elle répand.

2 *Juillet* 1786. Extrait d'une Lettre de Cherbourg du 26 Juin..... Dès le samedi, dix-sept des premiers Commis de la Guerre & de la Marine étoient arrivés ici, précédant leur Ministre respectif; le lundi, les Maréchaux *de Ségur* & *de Castries* les ont suivis, & le jeudi le Roi s'est rendu dans ce Port, à 11.

heures du soir. Le tems paroissant favorable pour placer le lendemain un cône, Sa Majesté en donna l'ordre. La marée fixoit le départ de ce cône vers quatre heures du matin ; elle s'y rendit auparavant pour en suivre toute l'opération.

Lorsque ce cône fut à flot, le Roi s'embarqua & le suivit quelque tems ; après quoi Sa Majesté fut voir la disposition dans laquelle l'escadre d'évolution, commandée par M. le Comte d'*Albert de Ryom*, étoit mouillée. Elle monta sur le vaisseau *le Patriote*, se fit rendre compte de tous les objets qui parurent intéresser son service, & après les avoir tous examinés, elle se rembarqua pour aller s'asseoir sur le cône le plus voisin de l'emplacement destiné à celui qui alloit être établi. Sa Majesté vit de-là toute l'opération, qui fut exécutée avec la plus exacte précision. Elle fut au fort de l'isle pelée ; après l'avoir examiné dans le plus grand détail, le Roi se rembarqua pour l'Abbaye auprès de Cherbourg, où Sa Majesté est logée. Elle trouva, lors de son débarquement, toute la plage couverte de peuples ; elle y fut reçue aux acclamations les plus vives & accompagnée ainsi jusques à son logement.

On a surtout observé deux choses. L'une, c'est que le Roi est parfaitement instruit de tout ce qui concerne la marine & n'a paru étranger ni à la construction, ni à l'équipement, ni à la manœuvre des vaisseaux. Les termes même de cette langue barbare ne lui sont point nouveaux & il la parle comme un marin.

L'autre, c'est que le Roi a interpellé chaque officier de la Marine, qui lui a été présenté, lui a rappelé les actions auxquelles il avoit participé durant la guerre & a singulierement flatté ces Messieurs par un souvenir aussi précieux.

Les Officiers en doivent, sans doute, savoir aussi gré à M. le Maréchal de Castries, qui n'aura pas manqué de servir la mémoire de Sa Majesté en cette occasion.

3 *Juillet* 1786. On est occupé à recueillir maintenant toutes les particularités du voyage du Roi, à commencer par son départ.

Sa Majesté partit de Rambouillet le mercredi vingt un à cinq heures du matin; elle voulut se mettre tout-à-fait en habit de voyage. Celui qu'elle devoit porter à Cherbourg, étoit un drap écarlate, avec la broderie des Lieutenans généraux, entremêlée de lys brodés en or.

Le Roi étoit très gai au moment de son départ. Il avoit dans son carosse le Prince *de Poix*, son Capitaine des gardes; le Duc *de Villequier*, son premier Gentilhomme de la Chambre; le Duc *de Coigny*, son premier Ecuyer: & Sa Majesté a de plus pris à *Harcourt* le Duc de ce nom, Gouverneur-général & Commandant de la Province. Dans un second carolle étoient deux officiers des gardes du corps & deux écuyers: dans un troisieme un valet de chambre, deux valets de garderobe & un valet de chambre barbier; puis une voiture de suite en cas de besoin; un petit nombre de gardes du corps qui couroient: tel étoit à peu près tout son cortege.

Sa Majesté fût conduite par ses chevaux jusques à Houdan, où elle prit des chevaux de poste. Là étant descendue pour donner le tems d'arranger quelque chose dans la voiture, une femme se jetta à ses pieds; on dit que c'est la femme du chirurgien du lieu: elle lui témoigna sa satisfaction d'avoir le bonheur de voir son bon Roi. Le Monarque la releve avec bonté: ivre de joie, elle embrasse Sa Majesté qui, sensible à cette marque naïve de tendresse, l'embrasse à son tour. Le peuple applaudit par des acclamations unanimes. Le Roi demande à cette femme ce qu'elle desire? Elle ne veut rien pour elle; mais recommande à Sa Majesté une voisine qui a douze enfans. Le Roi promet de faire quelque chose pour cette bonne mere de famille.

Ce jour-là le Roi coucha à Harcourt, où il fut reçu par la Duchesse. A souper étoient six femmes de la Cour & dix-huit Seigneurs.

Le lendemain Sa Majesté a passé par Caen, où elle est arrivée à dix heures du matin. Sa voiture s'y est arrêtée sur la place. Le Maire, avec les Echevins, lui a présenté les clefs de la ville : on lisoit sur l'une ces mots *cordibus apertis inutiles*. Pour premier acte de bienfaisance, elle a fait publier un pardon pour les déserteurs du Régiment d'Artois en garnison dans la ville. Ensuite elle a fait traverser son carosse à petits pas, sans suite, sans faste, n'ayant que deux gardes qui l'escortoient & voulant qu'on laissât approcher tout le monde. *Ce sont mes enfans*, disoit le Roi : il avertissoit seulement la foule de ne point approcher du côté des roues.

4 *Juillet* 1786. Malgré l'ardeur du bel esprit qui s'est emparé de nos femmes, il en est encore de cette aimable ignorance, dont l'ingénuité leur fait peut-être plus d'honneur qu'une érudition déplacée. Dernierement une d'elles, impatiente de voir toujours sur l'affiche de la Comédie françoise, en attendant *Guillaume Tell*, avant qu'il fût joué, demanda quand cela finiroit, s'écria qu'il étoit enfin tems de nommer ce *Guillaume tel*.

4 *Juillet*. On connoît peu les jardins de la Reine à Trianon, parce que ce lieu étant destiné aux plaisirs intérieurs de Sa Majesté, il n'est pas beaucoup de profanes qui aient la liberté d'y entrer. Il s'y voit surtout un jardin de botanique très curieux & très nombreux en plantes étrangeres. Parmi les plus rares il vient de s'y trouver un nouveau genre de plantes, qui a fleuri pour la premiere fois & qui approche beaucoup du Rudbeck. M. *Buchoz*,

Docteur en Médecine, qui s'applique à ces matieres, a fait une Differtation fur cette plante qu'il a, dit-il, appellée *Breteuillia*, en honneur de M. le Baron de Breteuil, Miniftre & Secrétaire d'Etat, protecteur des fciences & des arts.

Comme on fuppofe que M. Buchoz n'a point fait ce baptême, fans l'agrément de la Souveraine du lieu, on en infere de-là avec plaifir, que M. le Baron de Breteuil eft toujours bien dans la cour de Sa Majefté, qui ne fe feroit pas fouciée de répéter ou d'entendre répéter à fes oreilles ce nom de *Breteuillia*, s'il lui en eût rappellé un défagréable.

4 Juillet 1786. Hier le fameux *Poulailler* a été pendu enfin à la porte Saint Antoine: il avoit un Secrétaire & un Valet de chambre, contre lesquels apparemment il ne s'eft pas trouvé affez de preuves. Quoiqu'il en foit, tout le peuple s'eft empreffé de l'aller voir à la potence. Il n'y a point témoigné cette fermeté qu'on s'attendoit à lui trouver, & il eft mort comme le vulgaire: ce qui a beaucoup diminué de la haute opinion qu'on en avoit conçue. Enfin il n'a point répondu à fa renommée. Cependant on a gravé fon portrait; on a fait des complaintes fur fon compte & il occupera encore quelques jours le fouvenir des Parifiens.

4 Juillet. On s'étoit imaginé que ce feroit M. le Dauphin qui, en l'abfence du Roi,

Roi, donneroit l'ordre aux différens chef des corps militaires de sa maison, & par conséquent que ce seroit Madame *de Polignac*, sa Gouvernante, qui jouiroit de cet honneur. Mais Sa Majesté en partant a dit à ces Messieurs qu'il n'y auroit rien de nouveau jusques à son retour.

Il n'en a pas été de même de la procession de la petite fête-Dieu, où c'est *Monsieur* qui a représenté avec tout l'appareil de la royauté.

5 *Juillet* 1786. M. *Pierres*, premier imprimeur ordinaire du Roi & membre de plusieurs Sociétés Littéraires, a imaginé une nouvelle presse d'imprimerie, approuvée par l'Académie des Sciences, & qui a obtenu les éloges du Roi, des Ministres & des personnes capables d'en juger.

Elle réunit, dit-on, quatre avantages principaux, relatifs au travail, au local, à la dépense premiere & à celle d'entretien.

5 *Juillet*. L'exposition de tableaux à la place Dauphine, qui a eu lieu cette année à l'ordinaire, le jour de la petite fête-Dieu, n'a offert rien de remarquable, que le spectacle d'une demi-douzaine de balcons chargés de jeunes personnes parées, les unes de leurs charmes naturels, les autres de tous les embellissemens de la toilette, & c'étoient toutes les Demoiselles dont les ouvrages étoient exposés & surtout les portraits; en sorte qu'il étoit fort facile de juger sur le champ de la ressemblance

en les comparant ensemble. Ce nouveau genre de coquetterie a attiré beaucoup d'amateurs, plus empressés de regarder les originaux que les copies.

Mesdemoiselles *Verrier*, *Alexandre*, *Rosemond*, *Bernard*, *Duvivier*, *le Roulx de la Ville*, & les deux Demoiselles *Gueret* étoient les principales coryphées, & la petite guerre excitée en bas entre leurs sectateurs, où la jalousie & l'envie jouoient déjà leur rôle, pouvoit servir d'amusement d'un autre genre aux philosophes qui rodoient aux environs.

5 *Juillet* 1786. On continue à s'entretenir du Cardinal & de Madame *de la Motte*. Après avoir fait un calembour sur le premier & dit que le Parlement l'a purgé & le Roi l'a envoyé à la chaise; on demande ce qu'il fait à la Chaise-Dieu? D'abord il n'est plus question des eaux, ni de sa santé. Il paroît que son mal de genou étoit ou feint ou exagéré, & l'on assure qu'il est très *ingambe* aujourd'hui. Du reste, il fait de nécessité vertu & se concilie ses moines, qui ne pouvoient le souffrir; il en a deux réguliérement soir & matin à sa table. Il va beaucoup économiser; on compte qu'il ne dépensera pas cent mille livres par an, & que le surplus sera appliqué au payement de ses dettes: les revenus de son abbaye de Saint Wast sont principalement destinés à acquitter le collier.

On fait aussi Madame de la Motte à la Salpêtrière, dont la Supérieure lui a proposé Madame *Desrues*, devenue un modele d'édification, pour exemple. On dit qu'elle se range & prend le parti de suivre ce conseil salutaire. Les plaisans, du reste, ne l'ont point épargnée, & prétendent qu'on ne l'a point condamnée au carcan, parce qu'elle auroit volé le collier.

6 *Juillet* 1786. On sait que M. le Marquis *de Villette*, cruellement compris dans la banqueroute du Prince *de Guemené*, décharge de tems en tems sa bile dans des lettres amères & vigoureuses. Il vient d'en faire paroître une nouvelle, à l'occasion de l'arrangement prétendu des affaires de ce Seigneur, par lequel on propose aux créanciers & la perte de leurs arrérages jusques à ce moment & celle de la moitié du capital. On assure qu'elle n'est pas moins énergique & violente que les précédentes. C'est une suite de Philippiques, remplies de sarcasmes mordans, & semées d'anecdotes scandaleuses, qui les font rechercher même par ceux qu'elles n'intéressent pas.

6 *Juillet*. Les défenseurs de l'autorité Royale blâment fort l'Arrêt & l'Arrêté du Parlement de Bourdeaux, qui porte le feu dans une affaire où Sa Majesté ne se conduit qu'avec une lenteur très réfléchie. Par de premieres Lettres-patentes du même jour 14 Mai, Sa Majesté commence, disent-ils, par révoquer la mission donnée au Chevalier *de Pestel*, qui avoit allarmé la Province de Guyenne; mis-

sion cependant dont l'unique objet étoit de recueillir des éclaircissemens sur divers terreins indiqués, comme ne pouvant appartenir au Domaine: elles annullent en même tems, il est vrai, la plainte rendue en cette occasion par le Procureur-général du Roi & toutes les procédures faites en conséquence; ce qui devoit être la suite du nouvel ordre des choses.

Dans les secondes Lettres patentes, Sa Majesté s'explique très paternellement. Elle déclare qu'elle n'a jamais entendu faire la concession des droits dans l'exercice desquels elle pourroit rentrer, à aucune Compagnie, ni à aucun Entrepeneur, comme on l'a supposé sans fondement; que loin d'avoir permis qu'on portât aucune atteinte aux propriétés, elle a seulement ordonné au Grand-maître des eaux & forêts de faire les recherches, levées des plans & arpentages nécessaires, pour reconnoître ce qui appartiendroit au Domaine; le tout aux frais de Sa Majesté & en présence des intéressés ou prétendans droit, dûment appellés pour représenter leurs titres & former leurs réclamations: se réservant Sa Majesté de statuer là-dessus ce que sa justice & sa bonté lui suggéreroient; qu'en outre elle veut bien, moyennant la soumission d'un cens au domaine, confirmer dans leur possessions, les détenteurs sans titres: & par rapport aux terreins qui ne sont encore possédés par personne, qu'elle recevra par préférence les offres des propriétaires rivérains qui voudront accepter les cens & redevances réglés; enfin que dans le cas où il résulteroit un bénéfice pécuniaire de cette opération, elle se propose de l'employer à l'avantage du pays & à diverses améliorations que son intérêt sollicite.

6 Juillet 1786. Le Parlement de Dijon est depuis quelque tems en grande fermentation au sujet d'un impôt illégalement établi: ayant vivement fait des remontrances à ce sujet, il a demandé à venir se faire entendre au pied du trône, &, malgré les défenses de s'y rendre, la grande députation, composée de douze membres, est toujours arrivée. Ils ont été dimanche à Versailles, & Sa Majesté ne leur a dit autre chose, sinon qu'ils eussent à retourner à leurs fonctions & qu'il leur feroit notifier alors ses volontés.

6 Juillet. On assure que M. le Duc *de Coigny*, pendant le voyage du Roi au Havre, a fait revenir Sa Majesté sur le compte du Cardinal; du moins l'a déterminée à ne point étendre sa disgrace aux autres Seigneurs de la maison de Rohan. En conséquence Sa Majesté a fait dire au Prince *de Soubise*, qu'elle le recevroit avec plaisir. Il est allé dimanche faire sa cour au Roi, qui ne lui a rien dit: il s'est transporté chez la Reine, qui l'a mieux traité, quoique froidement : mais il a été accueilli avec la plus grande amitié par *Monsieur* & par le Comte *d'Artois*. Le soir il est rentré au

Conseil, dont il s'étoit absenté depuis la malheureuse affaire du Cardinal, & là Sa Majesté lui a rendu toutes ses bonnes graces, lui a dit qu'elle le revoyoit avec autant de joie, qu'elle avoit eu de peine à l'éloigner.

7 *Juillet* 1786. Extrait d'une Lettre de Rouen du 2 Juillet.... Le Roi est parti de Cherbourg le lundi 26, après trois jours de séjour dans cette ville, est arrivé le 27 à Honfleur, où il a encore vu son Escadre d'évolution, & où il s'est embarqué pour le Havre. Il a couché dans cette derniere ville & le lendemain mercredi est arrivé à Rouen devant l'arc de triomphe élevé par les ordres de la ville, aux acclamations d'un peuple immense, & au bruit du canon du vieux palais, des navires ornés de leurs flammes & pavillons & au son de toutes les cloches.

Le Roi a fait arrêter sa voiture & a reçu les clefs de la ville, qui lui ont été présentées par le Duc d'Harcourt, auquel les a remis le premier Echevin: le Corps de ville étoit composé du Maire, de six Echevins & du Procureur du Roi.

Après cette cérémonie, escorté par cinquante jeunes gens de la ville, en uniforme rouge & à cheval, qui avoient demandé la faveur d'aller au devant de lui, le Roi est descendu à l'Archevêché.

Le Roi de-là s'est rendu à la cathédrale entre une file de bourgeois ayant la droite, &

une autre file du Régiment de *Turenne*. Le Chapitre en chappes l'attendoit au bas de la nef, où M. l'abbé *d'Osmon*, Chanoine, a présenté un carreau à S. M. qui s'y est agenouillée. Le Cardinal Archevêque lui a donné l'eau bénite, & lui a fait baiser la croix. M. *d'Avoult*, Grand-chantre, malgré son âge & ses infirmités, a voulu, dans cette pompeuse cérémonie, remplir toutes les fonctions de sa place.

On s'est rendu au chœur processionnellement, Sa Majesté marchant au milieu du clergé; elle s'est mise à genou sous le dais qui lui avoit été préparé & a prié Dieu pendant qu'on chantoit le *Domine, salvum fac Regem*. Les oraisons ont été récitées par M. le Doyen, & le Roi est rentré à l'Archevêché, où le Cardinal a présenté à Sa Majesté Messieurs du Chapitre. M. l'Abbé *de St. Gervais*, haut Doyen, a porté la parole, & son discours élégant & court a paru plaire au Monarque & aux auditeurs. Les Chanoines ont offert six pains & douze bouteilles de vin, suivant l'usage. Les Cours Souveraines ont été présentées par M. le Duc *d'Harcourt* & le Maréchal *de Castries*. Le Roi a mangé dans une salle à une table de vingt couverts. Trois autres tables de 16 couverts chacune avoient été dressées dans la salle des Etats. Les Vicaires généraux du Cardinal Archevêque en faisoient les honneurs. Tous les citoyens avoient la liberté d'entrer &

inondoient les falles du palais archiépiscopal. Après-dîner le Roi, pour fatisfaire le peuple, a descendu, à pied la rue grand-pont & eft allé ainfi fous la tente qui lui avoit été dreffée fur le pont, dont on a fait l'ouverture, & un navire a paffé en préfence de Sa Majefté. Sur les huit heures & demie du foir le Roi eft remonté en voiture pour aller coucher à Gaillon, maifon de plaifance de l'Archevêque qui, afin d'éluder le maigre & le jeûne de la veille de faint Pierre, n'a fait fervir à fouper qu'à minuit fonné. Une nouvelle falve d'artillerie avoit annoncé le départ de Sa Majefté de Rouen.

7 Juillet 1786. On peut fe rappeller que le Marquis *du Creft*, le Chancelier actuel de M. le Duc *d'Orléans*, avoit obtenu du Roi la permiffion de faire conftruire au Havre une fregate, nommée *la Profélyte*, fur un nouveau gabarit de fon invention. Ce bâtiment devoit porter beaucoup de longueur fur un maître-bau très court. Il s'eft trouvé ne pouvoir aller & l'on a eu beaucoup de peine de le conduire à Breft, où M. *Guignace* a été obligé de le racommoder. Malgré fes foins, il écrit que ce fera toujours un mauvais bâtiment. Il étoit deftiné à être de l'Escadre d'évolution, s'il eût eu les qualitées defirées.

7 Juillet. Depuis la réfiftance vigoureufe du Parlement de Bourdeaux, on difoit que l'affaire des alluvions alloit s'arranger ; cependant

pendant l'affectation de la Cour de faire insérer dans tous les papiers publics à ses ordres, les fameuses Lettres-patentes, cause de tout le trouble, ne conduit pas à le croire; surtout aujourd'hui que tout le Parlement a ordre de se rendre à Versailles le 21, sans passer par Paris, ajoute-t-on.

8 Juillet 1786. Extrait d'une Lettre de Saint Germain en Laye, du 6 Juillet..... Jamais *Oreste* & *Pilade* n'ont été plus fêtés en Grece que ne l'ont été depuis leur mort les deux héros d'amitié moderne, *Dubreuil* & *Pechmeja*: par les ordres de quelques personnes de distinction, à la tête desquelles est M. le Maréchal *de Nouailles* vraisemblablement, leur tombeau placé dans le cimetiere de cette ville est devenu un monument.

Il consiste en deux belles pierres de marbre blanc veiné, formant ensemble un solide de deux pieds trois pouces de haut, sur six de long, & deux pieds & demi de profondeur.

La face antérieure présente cette inscription:

D. O. M.
ici
Reposent deux amis.
L'estime,
La reconnoissance
Et la plus tendre amitié
Leur ont élevé ce monument.
Priez pour eux.

Les deux faces latérales sont revêtues d'une table de marbre d'Egypte, de quatre pouces de saillie, où sont gravés, en lettres d'or, sur l'une :

Jean Baptiste Léon Dubreuil, Ecuyer,
Docteur en Médecine de la faculté de Montpellier,
Médecin du Roi & des hôpitaux de cette ville ;
Né à Ville-franche de Rouergue, le 19 Avril 1743,
Mort à St. Germain en Laye, le 17 Avril 1785,
Universellement regretté
Pour ses rares vertus & sa tendre humanité,
Ses profondes connoissances dans son art
Et le noble usage qu'il en a fait.

Et sur l'autre :

Jean Joseph Pechmeja,
Né à Ville-franche de Rouergue, le 25 Janvier 1741.
Aussi estimé par les qualités du cœur,
Que par les talens de l'esprit :
Il avoit consacré sa vie à son ami,
Et l'a perdue peu de jours après lui,
Le 8 Mai 1785.

Ce monument placé entre deux colonnes cruciferes, est porté sur un socle de marbre d'Italie de six pieds trois pouces de large, sur neuf pieds de longueur.

8 *Juillet* 1786. L'Académie Royale de musique est dans une si grande disette de sujets, en hommes surtout, pour la haute-contre, qu'elle imagine toutes sortes de moyens de s'en procurer. Elle propose aujourd'hui aux Maî-

tres de musique de Paris & des Provinces du Royaume, une pension de 300 livres de rente viagere pour chaque sujet ayant une voix décidée de haute-contre & certaines qualités requises ; comme de savoir la musique au point de solfier très couramment ; de ne point avoir plus de 22 à 23 ans & moins de 18 à 19 ; de n'être point pour la taille au dessous de cinq pieds trois pouces, ni au dessus de cinq pieds quatre à cinq pouces. Elle exige encore une figure agréable ou noble, sans défaut dans les yeux, dans les jambes ; en un mot, sans aucune difformité trop apparente. Au reste, une superbe voix feroit passer par dessus bien des choses.

Un pere qui présenteroit à l'Académie son fils, pourvu de la voix & des qualités exigées, pourroit également prétendre à la pension.

8 *Juillet* 1786. Dès le jour de l'Arrêt du Cardinal, le bruit se répandit qu'il y avoit un sursis & cette opinion soutenue par les faits étoit généralement accréditée. On voit là-dessus deux Lettres à M. le Procureur-général par M. *d'Eprémesnil*, très singulieres.

La premiere, du 9 Juin, fut portée par un exprès à Fleury, où ce Censeur des ordres de l'Etat étoit allé passer ses vacances de la Pentecôte : M. *d'Eprémesnil* le prioit de faire expédier l'Arrêt, au moins par extrait, en faveur du Comte *de Cagliostro*, qui, dans le cas du sursis même, uniquement pour les condamnés, étant innocenté, ne devoit pas en souffrir. Réponse du Procureur-général en date du même jour, qui répond en Gascon, & sans refuser élude de satisfaire M. *d'Eprémesnil*. Réplique de celui-ci, en date du 11 Juin, plus pressante & plus vigoureuse que la premiere; on ne dit pas si elle a eu plus d'effet : mais la correspondance à ce sujet en resteà. Elle est rare & curieuse.

9 *Juillet* 1786. Il passe pour constant que la cause portée au Châtelet par les assignations du Comte *de Cagliostro* au Marquis *de Launay* & au Commissaire *Chenon* fils, est évoquée au Conseil. On nomme déjà les membres de la Commission, où elle doit être discutée, & c'est M. *de Boisgibaut* qui en est le Rapporteur.

9 *Juillet*. Encore un *Mémoire pour un homme condamné aux galeres, sur le prétendu soupçon d'un homicide, sans que le corps de délit eût été constaté*. Me. Barré de Boisméan, l'Avocat de l'accusé, après avoir exposé les faits avec beaucoup d'ordre & de clarté, prouve très bien & la nécessité de décharger l'accusé & de réparer son honneur, & celle de le venger & de lui ouvrir une action pour les dommages-intérêts qui lui sont dûs.

Le Parlement vient en effet de reconnoître l'innocence de cette nouvelle victime prête à tomber, comme dit son défenseur, sous le sceptre de la Justice, transformé trop souvent aujourd'hui en Glaive meurtrier: mais par un ménagement inconcevable pour les premiers juges, n'a point voulu accorder la prise à partie contre eux; quoique leur impéritie, leur injustice, leur vexation, leur barbarie soient notoires.

C'est à Villosne-sur Meuse, en Clermontois, que se sont passé les horribles scenes dont l'Avocat fait la description révoltante.

9 *Juillet* 1786. Il nous tombe sous la main la copie d'une relation faite avec le plus grand soin & tous les détails possibles du voyage du Roi, destinée à l'amusement de la Reine, pour qui cette piece ne pouvoit être que très intéressante. En voici quelques circonstances plus remarquables.

Par une imagination aussi galante que bienfaisante, M. *de Calonne* avoit fait préparer secrétement pour le Roi, une carte de la route que Sa Majesté devoit suivre, d'après les nouvelles cartes de la France, qu'on fait contenir les villages, les châteaux, les fermes & jusques aux buissons. M. *de Calonne* y avoit fait ajouter les noms des propriétaires, avec un historique propre à en donner une idée au Roi, à faire valoir leurs services & à leur mériter les graces, les récompenses ou les éloges du Souverain; ce qui étonna les courtisans qui voyageoient dans le carosse du Roi & encore plus agréablement ceux qui se trouverent éprouver l'heureuse influence de son passage.

Pendant la manœuvre du cône lancé à Cherbourg, qui eſt le huitiéme depuis le commencement de l'opération, tout le monde a ſu qu'un homme avoit péri & que le Roi avoit fait 600 livres de penſion à la veuve; mais en outre pluſieurs ouvriers étoient bleſſés grièvement: le Roi l'ayant appris, & voyant un de ſes chirurgiens qui badaudoit, au lieu d'aller au ſecours de ces malheureux, l'en réprimanda vertement & en termes énergiques; indice de l'excès de ſa ſenſibilité.

Tandis que l'Escadre ſimuloit un combat, le Roi fut ſurpris de voir que le vaiſſeau *le Patriote*, à bord duquel étoit Sa Majeſté, ne fît pas feu. M. *d'Albert de Rioms* lui répondit, que l'étiquette ne permettoit pas qu'il y eût ni feu, ni poudre dans un bâtiment honoré de ſa préſence. Sa Majeſté le diſpenſa de la regle & voulut voir l'effet du ricochet des boulets ſur la mer: on tira à boulet; & les forts, ainſi que toute l'eſcadre, prirent ces coups de canon pour le ſignal de ſalut: auſſitôt toutes les batteries firent une triple ſalve.

Dans la diſtribution des Croix de Saint Louis, que Sa Majeſté a données pendant ſon ſéjour à Cherbourg à quelques officiers de la marine, le Roi s'en étoit réſervé une. Le Maréchal de Caſtries fit obſerver à Sa Majeſté qu'il avoit oublié M. *d'Orvilliers*, le neveu de l'ancien Général, auquel elle étoit deſtinée: ,, Oh! que non, je ne l'oublie pas," dit le

Roi: „ mais je veux la lui aller porter moi-
„ même à son bord."

Du reste, on a vu pendant le séjour du Roi à Cherbourg, combien il aimoit la marine, car il a été beaucoup plus longtems sur l'eau que sur terre. Il étoit si enchanté, qu'il a dit que le jour de son Sacre & celui de son arrivée à Cherbourg étoient les deux plus beaux jours de sa vie: mais ce que les habitans oublieront encore moins, c'est qu'aux cris de *vive le Roi!* retentissant souvent à ses oreilles, il répondit aussi souvent: *vive mon Peuple!*

10 *Juillet* 1786. M. le Comte *de Bussy d'Agonau* a trouvé le moyen de faire passer non seulement son petit Mémoire, mais tous ses papiers, à M. le Vicomte *de Toustaing*, Officier de Dragons, homme de Lettres, d'un caractere obligeant, qui, sans connoître M. *de Bussy*, a bien voulu lire tout ce fatras, en tirer un extrait, mieux qu'aucun Avocat ne l'eût fait, & avant de se permettre aucune démarche a écrit & au Premier Président du Parlement & à l'Intendant de Bourgogne, dont est M. de Bussy, & du témoignage desquels il se renommoit, pour savoir si ce prisonnier n'avançoit point de faussetés & s'il n'y avoit point d'imprudence de s'intéresser en sa faveur. M. *de Toustaing* ayant reçu une réponse favorable de ces chefs, s'est d'abord transporté chez M. le Baron *de Breteuil*, le Secrétaire d'Etat ayant le Bourgogne dans son Département: il l'a trouvé ex-

trêmement prévenu & n'ayant pu faire revenir ce Ministre, il lui a déclaré qu'il alloit remettre son extrait aux mains de M. *d'Eprémesnil*, pour que ce Magistrats fît au Parlement une dénonciation de la détention illégale depuis sept ans de M. de Bussy: dénonciation dont s'est en effet chargé le Magistrat, qui devoit avoir lieu avant les fêtes de la pentecôte; mais qui retardée par le procès du Cardinal & par les vacances, n'a pas encore été effectuée.

11 *Juillet* 1786. M. le Marquis *de Fulvy* a fait sur le voyage du Roi à Cherbourg le dialogue suivant, qui n'est pas sans sel :

Qu'écrit-on de Cherbourg ? — Que des Rois
  bienfaisans,
 Que des Rois bien aimés, Louis est le modèle;
 Que le bonheur le suit. — Parbleu! belle nouvelle,
  On sait cela depuis douze ans.

11 *Juillet*. M. le Marquis *de la Fayette* s'étant trouvé à Cherbourg, lors du voyage du Roi, Sa Majesté l'a pris dans son carosse pour le retour, ainsi que les Maréchaux de Castries & de Ségur, & le Duc de Liancourt, Grand-maître de la garde-robe de Sa Majesté.

11 *Juillet*. Sur les représentations de Madame *de la Rue*, qui ne croyoit pas ses jours en sûreté depuis que Madame *de Ste. Helene* étoit en liberté, celle-ci a été renfermée de nouveau.

11 *Juillet*. Quoique le Sieur *Marchand*, le

négociateur des emprunts du Prince *de Guemené*, soit en liberté depuis longtems, on l'ignoroit, parce qu'il reste toujours enfermé aux Minimes, où il a des bureaux & où il travaille à débrouiller le cahos des affaires de son maître. On y voit aussi celui-ci faisant semblant de s'en occuper, venu & resté à Paris sous ce prétexte.

11 *Juillet* 1786. Les parties adverses du Président *d'Abadie* font enfin paroître un Mémoire, où, en avouant qu'ils poursuivent l'interdiction de leur mari, frere & beau-frere, ils prétendent que non seulement c'est une action juste, digne de toute la faveur des loix, mais un devoir sacré, une obligation rigoureuse que la religion & l'humanité inspirent de concert. C'est Me. *Martineau*, leur Avocat, qui sans doute leur a suggéré cette tournure.

Les adversaires sont *Hilaire Rouillé*, Marquis *du Coudray*, Lieutenant-général des Armées du Roi, & Dame *Marie d'Abadie*, son épouse, beau-frere & sœur; & Dame *Marie de la Faurie de Monbadon*, épouse du Président.

Ce Mémoire volumineux, quelqu'adroitement qu'il soit présenté, décele pourtant, d'intervalle à autre, des motifs de cupidité qui le décréditent.

Du reste, le Président a répliqué; mais tous ces *Factums* n'offrent plus rien d'intéressant à joindre à ce qu'on en a dit.

12 *Juillet*. Extrait d'une Lettre de Vitré

en Bretagne du 6 Juillet..... Depuis quelque tems il rodoit dans cette province un homme qui publioit un *Prospectus* d'un ouvrage sous le titre d'*Annales du Citoyen*: ayant fait toute la récolte qu'il espéroit, il retournoit à Paris, mais sans argent : accablé de tristesse, il quitte entre cette ville & Rennes un *Quidam* qu'il avoit chargé de son porte-manteau & va se jetter dans une riviere voisine. Son cadavre a été retrouvé le samedi de pâques. On a mis le scellé sur son porte-manteau, & d'après la procédure & l'examen des papiers & titres trouvés, il a été constaté qu'il étoit natif de Laon, qu'il se nommoit *Fromage de Longueville*, qu'il étoit Avocat au Parlement de Paris; mais que, faute de cliens, il s'étoit constitué écrivain public dans cette capitale : que c'est le même, en un mot, dont les Journaux & surtout celui de Paris ont plusieurs fois inséré des Lettres & des morceaux de Littérature.

Quant à son ouvrage, il n'étoit point commencé : la souscription n'étoit point chere, elle n'étoit que de trois livres par tête, & à force d'en mendier, on a supputé d'après son Régistre qu'il avoit déjà reçu environ trente mille livres, qui sans doute étoient mangées. Au reste, il y avoit peut-être dix ou douze ans qu'il faisoit ce métier & leurroit le public de sa spéculation. Il avoit parcouru & fatigué plusieurs provinces & ne trouvoit plus personne qui voulût se faire inscrire.

12 Juillet 1786. Tous ceux qui ont sû l'Histoire Romaine doivent se ressouvenir du trait de *Virginie*, cette jeune beauté que son pere préféra d'immoler lui-même, plutôt que de la voir passer entre les mains du Decemvir *Appius*, par un jugement de ce Magistrat infâme, rendu en faveur d'un de ses cliens. Ce client, nommé *Claudius*, réclamoit Virginie comme sienne & comme lui ayant été ravie par une supposition, dont la nourrice convenoit. Toute cette trame étoit ourdie par ce ministre des plaisirs de son maître, devenu éperdument épris de *Virginie*. Elle fut la cause d'une grande révolution, dont l'effet fut d'abolir le Decemvivat.

Le sujet de *Virginie*, vraiment tragique, a déjà été traité par plusieurs poëtes, entr'autres par Campistron. Depuis peut-être vingt ans, on annonçoit une *Virginie* de M. de Chabanon ; elle étoit sur le répertoire, il y a quelques années ; elle avoit disparue depuis la suppression de ce répertoire, & il n'en étoit plus question.

Au voyage de Fontainebleu dernier, on vit reparoître une *Virginie* dans la liste des pieces à représenter devant leurs Majestés ; on l'attribuoit à M. *de la Harpe* & celui-ci en adressa dans le tems une dénégation formelle aux journalistes de Paris. Cette tragédie n'eut pas lieu à cette époque ; c'est hier qu'on l'a jouée pour la premiere fois. Quoi qu'elle ne soit pas sans défauts, elle a été applaudie conftamment: la marche en eft affez régulière, affez nette, & il y a des momens d'un grand effet: fans doute, la piece en eut produit davantage, fi elle eût été mieux jouée.

Après la repréfentation, on n'a pas manqué de demander l'auteur : l'incertitude qui regnoit à fon égard, augmentoit la curiofité. Le Sieur *Saint Fal* eft venu annoncer qu'on ne le connoiffoit pas. Grande fermentation de la part du public mécontent de cette réticence; on attend le moment où l'on leve la toile pour commencer la petite piece & le tumulte devient plus violent que jamais. Enfin le Sieur *Dugazon*, l'un des acteurs en fcene, s'avance fur le bord du theatre & dit: *Meſſieurs, on aſſure dans les foyers, que l'auteur étoit parmi vous dans le parterre*: des plaifans fe levent fur leur banquette, comme pour le chercher; les benêts fuivent & cela forme une petite farce, après laquelle le calme renaît infenfiblement & l'on ordonne aux acteurs de recommencer.

12 *Juillet* 1786. L'affaire du Comte *de Lally* revenue au Confeil pour la troifieme fois, eft fur le point de fe juger. M. *Courtois de Minutte*, le Maître des Requêtes chargé du rapport, l'a déjà commencé.

13 *Juillet*. Extrait d'une Lettre de Bourdeaux du 8 Juillet .... Toute la ville eft dans la confternation de voir notre Parlement mandé en entier, d'autant plus qu'on s'étoit

flatté un moment que la Cour reviendroit sur ses pas. On prétend ici que M. *de Calonne* se défend de la vexation dont on nous menace ; il dit qu'il n'est pour rien dans l'agression des Domaines ; que la premiere idée en est venue à M. *Necker* : ce qui nous feroit bien revenir de notre bonne opinion sur le compte de l'Administrateur général des finances, s'il étoit bien constaté qu'il fût l'auteur du projet.

Quoi qu'il en soit, notre Parlement, de cent vingt membres environ, se rendra par divisions pour ne point trop charger les postes. La premiere doit partir demain 9. On parle d'un Arrêté secret que Messieurs ont fait entre eux sur la maniere dont ils doivent se conduire envers les Ministres & sur l'unanimité qui doit regner entre eux. Tout cela est toujours beau dans le premier moment de fermentation & de zele, puis on se debande &c. Cependant, comme ils sont très intéressés à l'affaire, il y a plus à espérer qu'ils tiendront bon.

Notre Procureur-général a fait un beau Réquisitoire, où il s'élève contre la dissolution des mœurs de cette ville & propose les moyens d'y remédier. Le Parlement, qui a adopté une partie de ses vues, a en conséquence rendu, les chambres assemblées, un Arrêt le 21 Juin, concernant les loueurs de chambres garnies, les locataires & surtout les filles. Les dispositions en sont assez minutieuses, peu propres à remédier au mal & très difficiles à exécuter : ainſi c'eſt purement un Arrêt illuſoire....

13 *Juillet* 1786. Depuis longtems le théâtre lyrique n'avoit point joué de nouveautés : après avoir eſſayé & rebuté vingt ou trente ouvrages de ce genre, il a tout de ſuite adopté d'emblée un opéra intitulé *Roſine*, dont l'auteur des paroles, M. *Gerſin*, n'eſt point connu, & dont le muſicien, M. *Goſſec*, a peu d'influence dans le comité, & d'ailleurs n'a pas une de ces réputations qui ſubjuguent les ſuffrages. On a encore plus été ſurpris de cette faveur aux répétitions, où *Roſine* a paru très pitoyable. Enfin on explique cette énigme, en aſſurant que M. *Gerſin* n'eſt que le prêtenom de M. *Morel*, qui cette fois a voulu tâter le public & s'eſt défié de ſa production.

13 *Juillet*. M. *Anfoſſi*, célebre compoſiteur Italien, eſt arrivé tout récemment à Paris ; ce qui réjouit fort les amateurs de muſique : ils ſe flattent que ſon ſéjour en cette capitale nous vaudra quelqu' opéra de ſa façon ; ce qui pourtant n'eſt rien moins que ſûr.

14 *Juillet*. Pour ne rien omettre de tout ce qui concerne le Cardinal & ſon procès, voici les concluſions plus littérales des Gens du Roi :
„ Les approuvés déclarés faux & biffés, dépo-
„ ſés au Greffe, pour ſervir ce que de raiſon.
„ Le Cardinal tenu de déclarer à la Cour, la
„ Grand' Chambre aſſemblée, le Procureur-gé-
„ néral préſent, qu'il a cru témérairement à un
„ rendez vous nocturne ; qu'il a témérairement

„ conclu un marché au nom de la Reine; que
„ témérairement, après avoir reconnu de son
„ aveu la fausseté des écritures, il a entretenu
„ les jouailliers dans l'erreur, & leur a fait
„ donner une quittance de 30,000 livres au
„ nom de la Reine : tenu de se démettre de
„ sa charge de Grand-Aumônier, sans délais :
„ défense d'approcher de tout lieu, où seroit
„ la famille Royale, à moins d'une permission
„ expresse du Roi : condamné à une aumône,
„ telle qu'il plaîra à la Cour. Il tiendra pri-
„ son, jusques à ce qu'il ait fait sa déclara-
„ tion devant la Grand' Chambre &c."

Du reste, on lit les détails suivans dans une relation manuscrite & secrette des dernieres séances.

Il n'y eut pas de fort longs débats pour le Sieur *Villette* & la Demoiselle *d'Oliva* : ceux concernant la Dame *de la Motte* & son mari durerent davantage; c'est alors que l'affaire fût examinée & retournée sous toutes ses faces.

La prétention des Clercs forma un incident qu'il fallut lever. Ils ne vouloient pas se retirer, quoiqu'il eût déjà une opinion ouverte à peine afflictive; ils prétendoient que s'agissant d'un homme de leur robe & d'un Prince de l'église, ils devoient rester : on eut beau leur objecter les censures, les risques qu'ils couroient de rendre sur le champ par leur irrégularité leurs bénéfices impétrables; jamais il ne s'est vu telle obstination & il fallut que le

Premier Président menaçât de lever la séance.

Messieurs *Delpeche* & *Amelot* furent d'avis de trancher la tête à Madame *de la Motte*; mais ils resterent seuls & l'on se détermina à suivre les conclusions.

Quant au Cardinal, les avis se réduisirent à quatre.

Le premier étoit de suivre les conclusions du Procureur général : le second, de décharger le Cardinal de l'accusation, avec injonction d'être plus circonspect : le troisieme, de le mettre seulement hors de Cour : enfin le dernier, qui l'a emporté.

Ce dernier avis avoit été celui de M. *de Montgodefroy*, se trouvant le Doyen, par l'absence de M. *de Chavannes*. Il étoit fortement porté pour le Cardinal & traita les conclusions du Procureur-général de *sauvages*.

Du reste, ont été pour l'Arrêt, Messieurs les Présidens *de Saron*, *de Lamoignon*, *de Rosambo*, *Gilbert*, *de St. Fargeau* : les Conseillers *Montgodefroy*, *Duport*, *Glatigny*, *Dubois de Courval*, *Miniére*, *Heron*, *Pasquier*, *Oursin*, *Lambert*, *Freteau*, *Bretignieres*, *Langlois*, *Bertin*, *Delpeche*, *Saint Vincent*, *Amelot*, *la Guillaumie*, *Barillon*, *la Michaudière*, *Brevannes* & *Jouville*, (ce dernier Maître des Requêtes.)

Pour l'injonction, le Premier Président *d'Aligre*, les Présidens *d'Ormesson*, *de Gourgue*, *Fleury*, *Pinon* : les Conseillers *d'Amecourt*, *Titon*,

Titon, Dupuis de Marcé (les deux Rapporteurs.) Nouet, St. Roman, Laurès, le Mercier, Richard, Ferrand, l'Escalopier, Fredy, le Riche de Chevigné, Clément de Verneuil, Dionis du Séjour, Laverdi, Chenizot, Montelambert & Persan (ces trois derniers Maîtres des Requêtes.)

14 Juillet 1786. M. le Président *Dupaty*, quoiqu' absent depuis plusieurs années du Parlement de Bourdeaux & fort mal avec sa compagnie, est bien aise de profiter de l'occasion pour s'y bien remettre, s'il est possible. En conséquence il se propose de se rendre à Versailles & de se joindre à ses confreres pour aller à l'audience du Roi.

14 Juillet. Il paroît depuis quelque tems un Mémoire pour un Seigneur Polonois, qui lors des troubles de sa patrie, prétend s'être sacrifié pour la France & avoir mangé tout son bien: il se plaint non seulement de n'avoir pas été récompensé de son dévouement, mais encore d'être délaissé dans la misere. Quand on aura lu le Mémoire même, qui n'étant signé d'aucun Avocat, ne se donne que clandestinement, on pourra en parler plus pertinemment.

15 Juillet. Extrait du Havre du 6 Juillet...... Malgré les instances de la Reine pour que le Roi ne traversât point le bras de la Seine assez considérable, qui sépare Honfleur de ce port, le Roi a voulu s'embarquer sur une corvette qui lui étoit destinée; c'étoit

Tome XXXII. I

M. *de la Touche*, qui avoit l'honneur de la commander. L'équipage étoit formé d'officiers de la marine marchande. La traversée fut un peu orageuse & la manœuvre ne s'exécutant pas aussi bien que le Commandant le desiroit, il se mit à jurer: puis, observant qu'il étoit en présence du Roi, il en demanda pardon à Sa Majesté, qui lui répondit en riant: ,, il n'y a ,, point de mal, c'est la langue du métier; ,, j'en aurois bien fait autant."

Du reste, le Roi a répandu des graces sans nombre. Il a reçu lui-même Chevaliers de Saint Louis, sept Officiers de la Marine, auxquels il manquoit quelques mois de service; il a nommé Lieutenant de vaisseau le premier éleve de la premiere classe à bord du *Patriote*; il a distribué plus de 12000 livres de gratifications aux équipages de ce vaisseau & du reste de l'Escadre, & a fait des présens à tous les Chefs; enfin il a donné 600 livres au curé de Cherbourg, & il l'a chargé d'annoncer au prône à ses paroissiens combien il avoit été touché des marques d'attachement & d'affection de son peuple.

A Caen Sa Majesté s'est rendue à pied aux casernes qu'on y construit pour son Régiment d'infanterie & elle y a posé la premiere pierre; elle a accordé la grace de six déserteurs; elle a donné 8000 livres pour l'hôpital & doté une orpheline, que le corps de ville lui avoit présentée.

15 Juillet 1786. L'opéra de *Rosine* a été fort mal accueilli du public hier; principalement le second acte, froid, triste, ennuyeux, sans aucun divertissement, qui dédommage de la scene: il y a eu même des éclats de rire & des huées très désagréables pour les auteurs, mais surtout pour celui des paroles, qu'ils concernoient spécialement. Quant aux deux autres actes, au moyen des danses qui les occupent en grande partie, ils ont semblé plus supportables.

On prétend aujourd'hui que le poëme est bien d'un M. *Gersin*, éleve du Sieur *Gossec*, & qui a déjà paru comme tel en 1781 dans le Journal de Paris & lutté sous les auspices de son maître contre le Pere *Vito*. Ce qui a donné du crédit à son ouvrage auprès de l'Académie Royale de musique, c'est qu'il a été présenté ou appuyé du moins par un premier Commis de M. le Baron *de Breteuil*.

15 Juillet. M. le Marquis *de Launay* ne pouvant ignorer la sensation qu'a faite à Paris, dans les provinces & chez l'étranger le Mémoire du Comte *de Cagliostro*, a fort à cœur de ne point déchoir dans l'opinion du public: en conséquence il témoigne son désir que l'affaire soit jugée; on assure même qu'afin de se battre à armes égales, il a déterminé le gouvernement à faire expédier un passe-port pour son adversaire, qui lui a dû être remis à Londres par l'Ambassadeur de France. D'après ce passe-port, il lui est permis de se rendre en France & à Paris, & d'y rester en toute sûreté pour vaquer à son procès.

16 *Juillet* 1786. Le Seigneur Polonois dont on a annoncé la vive réclamation, est le Comte *Joseph Miaczinsky*, Maréchal de Betz, Généralissime de l'armée de la Sérénissime République des Palatinats confédérés de Pologne. Voici ce qu'il raconte.

M. le Marquis *de Paulmy*, Ambassadeur de France en Pologne, quoique travaillant sans cesse à croiser les intrigues des Russes, n'avoit pu réussir à empêcher que *Poniatowsky* ne fût élu Roi, au moyen de l'argent & des troupes de leur Souveraine; il se retira: cependant la France conservoit encore quelque influence & ce fut pour la détruire absolument que la *Czarine* forma le projet de faire entrer les Dissidens dans la Législation. Les Evêques de Cracovie & de Cujavie, le Palatin de Cracovie & un Nonce qui s'étoient opposés le plus fortement à cette entreprise, furent arrêtés par les troupes Russes & conduits en Sibérie.

L'atrocité de cet attentat indigna les vrais Polonois: la France instruite de ces dispositions envoya des émissaires pour entretenir la fermentation, ils promirent la protection & les secours de cette Puissance.

Le Comte *de Miaczinsky* se mit à la tête des Confédérés, & l'argent promis par la France n'arrivant point, il aliéna plusieurs de ses terres. Ces secours épuisés, les Confédérés alloient faire leur paix, lorsque M. *Dumourier*, Colonel de Cavalerie, actuellement Commandant à Cherbourg, arriva comme Envoyé secret de Versailles; il avoit été précédé de cinquante Officiers françois, & il déclara que son maître vouloit la guerre : il promit de sa part tout ce qu'il falloit pour la pousser avec vigueur & assura qu'il ne tarderoit pas à s'opérer une révolution qui procureroit à jamais l'indépendance aux Confédérés; dont il exigea qu'ils fissent publier l'interregne : formalité indispensable : elle se remplit à Cracovie; du reste les nouvelles promesses de la France s'évanouirent comme les autres. Le Duc *de Choiseul* fut disgracié; les Confédérés furent battus, dispersés & leur Généralissime fait prisonnier.

La Confédération se ranima un instant par l'arrivée du Baron *de Viomesnil*; il apportoit des secours d'argent; il amenoit avec lui un renfort d'Officiers françois, notamment M. *de Choisy*, si connu par l'attaque & la défense du château de Cracovie. Tant d'efforts valeureux ne suffirent pas pour maintenir le pouvoir de la France, pour empêcher le partage de la Pologne & pour sauver la Confédération à jamais anéantie par cet événement.

Cependant l'infortuné Comte *de Miaczinsky* erroit hors de sa patrie & auroit été arrêté à la cour de Vienne, sans le Cardinal de Rohan, qui le fit évader. La mort de son pere l'obligea de retourner en Pologne, où ne pouvant résister à ses créanciers il prit le parti de venir en France.

En 1780, ce fidéle Polonois fut présenté à Louis XVI, qui l'assura de sa protection & de sa justice. Le Comte *de Vergennes* lui promit de faire valoir ses titres auprès du Roi; cependant, ayant contracté pour se soutenir de nouvelles dettes à Paris, il fut mis en prison : dans son désespoir il en brisa les portes pour aller se jetter aux pieds du Roi. Son évasion fut suivie d'un décret de prise de corps, qui l'oblige depuis deux ans de rester dans le Temple. Il seroit fastidieux d'entrer dans tous les détails de ses sollicitations, de ses démarches auprès du Ministre des affaires étrangeres, qui, pour l'indemniser de deux cens mille florins de rentes mangés au service de la France, lui a fait accorder par le Roi une pension de 6000 livres, à courir du premier Août 1784. Ce qu'on apprend par une Lettre du Comte *de Vergennes* en date du 27 du même mois. Tant de rigueur étonne M. le Comte *de Miaczinsky* & il a recours à Sa Majesté elle-même par le Mémoire dont il s'agit, où il se plaint amérement du Ministre des affaires étrangeres.

Du reste, ce Mémoire est curieux par une analyse, quoique succinte, des troubles de Pologne & par la révolution des intrigues qui y ont donné lieu. On lit à la fin plusieurs lettres de M. *Dumourier* des années 1770 & 1771, qui viennent à l'appui du récit du réclamant. Il nous apprend qu'elles ne sont qu'une foible partie de la correspondance de l'émissaire de Versailles; le surplus a été enlevé au Généralissime de l'armée Polonoise, lorsqu'il fut fait prisonnier à la bataille de Landskroon.

17 *Juillet* 1786. Les amateurs de botanique vont voir en ce moment dans la serre de M. *de Saint Germain*, rue St. Nicolas, fauxbourg Saint Antoine, une plante, originaire de l'Amérique Méridionale, qui fleurit très rarement dans nos jardins : elle s'appelle *le Cierge à grandes fleurs*. Elle a commencé à fleurir ces jours-ci, & donnera de nouvelles fleurs pendant quelques jours. Les fleurs ne s'épanouissent que vers les six heures du soir & à six heures du matin elles n'existent plus. Cette superbe fleur a sept pouces de diametre; les folioles du calice sont aurores & les petales d'un blanc éclatant : l'odeur qu'elle répand, est semblable à celle de la vanille.

M. *de St. Germain*, du reste, est connu avantageusement des botanistes par un ouvrage qu'il a publié, il y a quelques années, à leur usage, intitulé *Manuel des Végétaux*.

17 *Juillet*. M. le Comte de *Sanois*, ancien Aide-Major du Régiment des gardes françoises, obligé de se retirer du service dès l'âge de quarante ans pour des raisons impérieuses de fortune, s'occupoit dans son loisir à cultiver

son esprit & à composer de tems en tems quelques opuscules sans prétention & anonymement. Il auroit mené une vie heureuse, s'il n'eût eu un intérieur fort désagréable par une femme acariâtre & une fille peu docile à ses volontés, & surtout si le dérangement de ses affaires ne l'eût inquiété par la difficulté de faire entendre raison à ces deux femmes & de les amener à l'économie qui étoit nécessaire. Las de ces tracasseries & de ces anxiétés, accablé d'infirmités avant sa vieillesse; à pâques de l'année derniere, il avoit pris le parti de quitter brusquement sa famille & de se retirer à Lausanne auprès du Docteur *Tissot* : il espéroit y vivre du produit de ses œuvres littéraires & il jettoit les fondemens d'un grand ouvrage dans son genre, ayant pour titre : *Histoire des Ministres de France*, depuis une certaine époque ; lorsqu'on est venu l'arrêter par ordre du Gouvernement & l'on l'a ramené à Paris & constitué prisonnier au secret : ce qui donne lieu à une Défense apologétique de sa part, intitulée : *Mémoire du Comte de Sanois, sorti de Charenton, où il a été renfermé pendant neuf mois ; contre ses calomniateurs*. Ce Mémoire assez volumineux est de Me. de la Cretelle & lui fait beaucoup d'honneur ; il est surtout précieux par une digression sur les Lettres de Cachet.

17 *Juillet* 1786. Il ne paroît que depuis peu un Arrêt du Conseil du 10 Juin, qui défend d'im-

d'imprimer aucunes cartes géographiques avant d'avoir été communiquées aux Départemens, d'après la permiſſion que les auteurs en auront dû demander à M. le Garde des Sceaux.

18 *Juillet* 1786. On voit déjà à Verſailles un nombre conſidérable de Conſeillers au Parlement de Bordeaux. Quelques-uns ont amené leurs femmes & leurs enfans.

18 *Juillet*. Quoiqu'on attribue le pamphlet ayant pour titre *un mot à l'oreille des Académiciens*, à M. *d'Epremesnil*; il eſt cependant difficile de croire qu'il ſoit de lui, à raiſon de ſon éloge qu'on y trouve, & l'on s'imagine qu'il auroit eu aſſez de pudeur pour ne pas s'encenſer ainſi lui-même ouvertement. Quoi qu'il en ſoit, cet écrit eſt vigoureux, rempli de reproches fondés; il peint à merveille tour à tour & la morgue & la baſſeſſe de ces illuſtres. Du reſte, il annonce un ardent apôtre du magnétiſme animal & du ſomnambuliſme : il ſemble avoir été fait principalement pour venger cette doctrine du mépris que les Académiciens ont affiché pour elle. Il ſeroit digne de M. *de Guibert*, ſi lui-même n'étoit Académicien aujourd'hui.

18 *Juillet*. On a annoncé le projet d'une nouvelle Compagnie d'aſſurance contre les incendies à Paris, dont le *Proſpectus* publié avec profuſion offroit une ſpéculation ſéduiſante, ſurtout en joignant cette compagnie à celle des

eaux, ou plutôt en confondant ensemble les deux établissemens.

Un Citoyen, digne émule de M. le Comte de Mirabeau, qui n'est pas plus crédule que lui, qui ne s'en laisse pas imposer par les phrases des Prospectus & des Préambules, a composé *Dénonciation au Public d'un nouveau projet d'agiotage, ou Lettre de M. le Comte de S*** sur un nouveau projet d'une Compagnie d'assurance contre les incendies à Paris ; sur ses inconvéniens, & en général sur les inconvéniens des Compagnies par actions.*

En lisant ce Mémoire, on est étonné de l'esprit lumineux de l'écrivain pour démasquer l'inutilité, le faux, les dangers, les vices d'une institution présentée comme patriotique, & qui le semble à ceux qui n'ont pas réfléchi comme lui sur la matiere.

Les raisons qui, suivant lui, s'opposent invinciblement à cette Compagnie d'assurance, sont :

1°. Qu'il seroit infiniment dangereux d'en unir le privilege à la Compagnie des eaux de Paris, qui l'a imaginé & le demande ; que ce seroit asservir les habitans de la capitale à un double monopole.

2°. Que Paris n'est point dans les mêmes circonstances où se trouve Londres, relativement à la nécessité, à l'utilité d'une semblable compagnie.

3°. Qu'il y a peu d'incendies à Paris, que leurs ravages ne sont jamais grands, & qu'une compagnie d'assurance en augmenteroit le nombre, en multipliant les causes des incendies.

4°. Qu'il est impossible d'avoir une base certaine pour fixer la prime d'assurance; mais qu'en la portant au plus bas prix possible, jamais on n'engagera beaucoup de propriétaires à assurer, parce que le risque est presque nul.

5°. Que la Compagnie ne réalisera jamais en dépôt les sommes énormes qui seroient nécessaires pour correspondre au nombre des maisons & à la valeur des meubles qu'elle supposeroit, par l'estimation de la prime, devoir brûler à Paris.

6°. Que, puisque la perte de la Compagnie est assurée, il doit y avoir un mobile secret qui dirige les auteurs du projet ; que ce mobile n'est autre que le désir de jetter de nouvelles actions dans le public, de les agioter & de le tromper.

7°. En envisageant ce projet d'assurance dans ses rapports politiques & moraux, qu'il doit encore mieux être proscrit, parce qu'il introduit une nouvelle Compagnie dans l'État, ce qui est un nouveau mal; une Compagnie qui n'ajoute rien à la richesse nationale, ce qui est un autre mal; & parce qu'il augmenteroit la fureur de l'agiotage.

8°. Que cette Compagnie occasionneroit une

perte certaine & irréparable de vraies richesses.

9°. Qu'en rendant les hommes indifférens les uns aux autres, elle brise un des grands liens de la société.

10°. Qu'elle dépouille les Municipalités d'un devoir paternel, dont elles s'acquittoient mieux que toutes les Compagnies d'assurance.

11°. Qu'en substituant le service du calcul au service de l'humanité désintéressée, elle feroit disparoître de la société la sensibilité générale, qui en est une des bases.

12°. Enfin que cette Compagnie exposeroit davantage la tranquillité & la sûreté des citoyens, par rapport à la justice; qu'elle feroit naître une foule de procès, qu'elle donneroit lieu à un nouveau genre de crimes, à un nouveau genre d'accusations, à de nouvelles erreurs judiciaires; ce qu'on doit éviter avec soin dans un pays gouverné par une jurisprudence criminelle, dont la méthode & les principes sont défectueux.

19 *Juillet* 1786. Dans l'assemblée générale des Actionnaires de la Caisse d'Escompte tenue hier, il a été arrêté que le dividende des actions des six premiers mois de cette année seroit payé à bureau ouvert à raison de 230 livres par action; ce qui est un accroissement énorme.

19 *Juillet*. On ne peut douter de la protection éclatante dont jouit M. *Gerfin*, par la maniere dont son opéra de *Rosine* a repris: la dimanche, où l'on n'a pas fait plus de quinze

cens livres de recette, le parterre étant garni de souteneurs, il a été fort claqué & l'on s'est écrié en sortant que *Rosine* avoit éprouvé un succès décidé; que des changemens peu considérables, mais très bien entendus, avoient fait disparoître les longueurs & donné plus de rapidité à l'action; que les beautés musicales dont cet ouvrage est rempli, avoient été vivement senties, & qu'il avoit obtenu, presque sans interruption, des applaudissemens universels. Ces rapports exagérés, répétés dans les journaux, en ont imposé à la multitude, & dès le mardi la recette a monté à 3500 livres.

19 *Juillet* 1786. Les habitans & négocians de la ville de Rouen sollicitoient depuis long-tems l'extinction d'un droit sur la cire & le sucre très onéreux & très injuste; M. *de Calonne* a pris occasion du voyage de Sa Majesté dans cette ville pour leur accorder leur demande.

Ce droit a été établi en 1638, à la requisition des habitans, afin de payer une taxe que l'on leur avoit imposée pour la subsistance des gens de guerre. Cette taxe montant à cent mille livres, levée & payée, le droit avoit toujours subsisté sous différens prétextes; il étoit devenu indestructible.

Le 28 de Juin le Roi leur avoit annoncé lui-même, qu'ayant égard à leurs représentations, & voulant leur donner une preuve de sa bienveillance, ainsi que de la protection qu'il accorde à leur commerce, dont il a vu avec satisfaction l'activité ; il étoit résolu d'éteindre & de supprimer ce droit. En effet il l'est à dater de ce jour mémorable.

19 *Juillet* 1786. On ne sait si ce sont des ennemis de Me. *Ader*, qui ont réveillé le souvenir de son aventure scandaleuse du Temple, dont on a rendu compte dans le tems ; mais on voit des exemplaires du Mémoire manuscrit répandu contre lui dans le tems. Il est daté du 22 Avril & a pour épigraphe : *qui se laisse outrager, mérite qu'on l'outrage.* Il est en forme de Lettre, signée de *Bresson Vanoosterom.* La suppliante, vulgairement connue sous le nom supposé de Mlle. *Martin*, désigne ici son vrai nom & se dit fille de condition, femme d'un ancien négociant de Bayonne. Elle fait le rouge de la Reine, celui de Madame, de Madame la Comtesse d'Artois, de Madame Elisabeth, de Madame la Duchesse d'Orléans : elle donne à entendre qu'elle n'est point mal de figure, & que Me. *Ader* étoit en rut, quand il se porta aux excès dont elle se plaint. Ce Mémoire est plaisant & original.

20 *Juillet.* Rien de plus vrai que la publicité des différentes délibérations, la Grand'-chambre assemblée, concernant l'affaire du Cardinal de Rohan : tout cela est imprimé en un volume assez gros, sous le titre de *Compte rendu de ce qui s'est passé au Parlement, relativement à l'affaire de M. le Cardinal de Rohan.*

Mais cette relation n'eſt rien moins qu'impartiale; il eſt aiſé de juger à ſa lecture qu'elle a été écrite par un affidé de cette maiſon, &, qu'il en a retranché tout ce qui pouvoit lui être déſagréable : enſorte qu'elle mérite peu de croyance & par-là-même n'eſt pas auſſi curieuſe qu'elle devroit l'être.

On y voit que dès le commencement du procès, Meſſieurs Abbé *Sabathier*, *Freteau*, de *Miniere*, de *Bretigniere*, *Robert de Saint Vincent*, *Jouville*, Me. des Requêtes, ont été pour le Cardinal, même lorſqu'il y avoit contre lui les charges les plus graves & avant qu'il acquît aucune preuve en ſa faveur; c'eſt ſurtout aux dernieres ſéances qu'a éclaté la partialité de ces membres, vendus aux *Rohans*. Ce qui s'obſerve particulierement dans la maniere indécente & furieuſe, avec laquelle ils diſcutent les concluſions du Procureur général, les plus ſages & les plus raiſonnables qu'il ait peut-être rendues depuis qu'il eſt chargé du miniſtere public.

20 *Juillet* 1786. Le Comte *de Cagliostro* a en effet reçu le paſſe-port dont on a parlé, qui lui permet de ſe rendre à Paris pour ſuivre ſon procès; à la charge de repartir auſſitôt que ſon affaire ſera terminée : mais on croit qu'il n'en profitera pas quant à préſent.

20 *Juillet* 1786. Les *Mémoires de Madame de Warens*, dont on parloit depuis pluſieurs mois, ſont enfin publiés ici: *pour ſervir d'A-*

pólogie aux *Confeſſions de J. J. Rouſſeau*, eſt il mis dériſoirement dans le titre. Certes, telle n'a pas été l'intention de l'éditeur, qui dans la préface fait une ſortie des plus violentes contre le Philoſophe Genevois & ſes *Confeſſions*, qu'il qualifie de libelle. Si *Diderot* vivoit, à ce ton déclamatoire on croiroit qu'il ſeroit l'éditeur du nouvel ouvrage.

Du reſte, ces Mémoires de Madame *de Warens*, qu'on peut regarder comme fictifs, ſont peu de choſe; ils ſont accompagnés de *Penſées diverſes*, attribuées à cette Dame, n'ayant rien de neuf au fond, ni de piquant pour la tournure.

Après ſe trouvent encore les *Mémoires de Claude Anet*, écrits par lui-même, pour ſervir de Suite à ceux de Madame *de Warens*; Mémoires non moins vuides & non moins controuvés que les premiers. Il faut ſe rappeller que *Claude Anet* étoit un payſan devenu le maître Jacques, le *factotum* de Madame *de Warens*, jouant auſſi un rôle dans les *Confeſſions*.

Enfin le volume eſt terminé par quelques Lettres prétendues de Madame *de Warens*, & par des réponſes & autres piéces peu importantes.

On peut regarder le tout comme un ouvrage de libraire, imaginé pour gagner de l'argent à la faveur du nom célèbre de *Rouſſeau*, & ne répondent nullement à la curioſité des Lecteurs.

21 *Juillet* 1786. Le Mémoire du Comte *de Sanois* fait un bruit étonnant & le mérite par l'intérêt que son auteur, Me. *de la Cretelle*, y a répandu : il a 190 pages, sans compter un *Supplément*, contenant les pièces justificatives.

Après un exorde d'un genre neuf, en forme de dialogue avec son client qui se présente, sortant de Charenton, dans le cabinet de cet Avocat, sans le connoître & sans en être connu, Me. *de la Cretelle* intimement convaincu de l'innocence de son client, se détermine à en prendre la défense ; il établit :

1. Que le Comte *de Sanois*, jusques à l'outrage qu'il vient d'essuyer, a toujours vécu aussi estimé qu'estimable.

2. Que l'action malhonnête qu'on lui impute, celle de s'être enfui comme un banqueroutier frauduleux, d'avoir emporté avec lui 400,000 livres, faisant la plus grande partie de la dot de sa femme & formant le gage de leurs créanciers, qui n'auroit été, sous aucun aspect, un délit punissable, ni par les loix, ni par le gouvernement, non seulement n'est pas prouvée, mais n'est pas même possible ; que les accusateurs n'ont jamais pu la croire, au moins qu'ils ont dû être désabusés dès les premiers momens.

3. Qu'il ne lui a jamais été permis de faire entendre sa défense, quoiqu'il n'ait pas passé un jour sans réclamer ses juges naturels, sans

produire des preuves de la calomnie qui avoit préparé son malheur.

4. Que sa détention a été aggravée de rigueurs, qui seroient encore intolérables dans la supposition d'un délit réel.

5. Enfin, que toute cette affaire offre une des plus terribles oppressions de ce genre, dont on ait encore entendu parler.

C'est à l'occasion de ce dernier article, qu'on lit un paragraphe *des Lettres de cachet*, contenant cinquante pages in 4to. petit traité, sur la matière, où Me. *de la Cretelle*, après les *Linguet*, les *Mirabeau* & autres écrivains qui l'ont agitée, tire encore de sa manière propre de l'envisager & d'en être affecté, des vues, des combinaisons particulieres & quelques apperçus nouveaux, qui ne sont pas susceptibles d'être analysés. Mais, comme le sujet étoit délicat, avant de mettre au jour ce morceau, il l'a communiqué à M. *de Malesherbes*, cet Ex-ministre du Département de Paris, qui n'y a rien trouvé de répréhensible &, au contraire, lui a déclaré que c'étoit sa façon de penser. C'est pourtant de ce paragraphe que les fauteurs du despotisme se prévalent pour accuser Me. *de la Cretelle* d'une audace punissable, & requérir même, à ce qu'on assure, la suppression de son Mémoire.

21 *Juillet* 1786. C'étoit hier à six heures du soir que le Parlement de Bordeaux rendu à Versailles devoit avoir audience du Roi; mais

le Garde des Sceaux lui a fait savoir qu'elle étoit remise à aujourd'hui. Bien des gens présument que les Ministres effrayés d'un tel éclat & de la fermeté de ces Magistrats, ont déterminé le Roi à changer de résolution, à accorder quelque chose à ce Parlement, & que c'est pour rédiger le nouvel arrangement qu'ils ont eu besoin de vingt-quatre heures.

21 *Juillet* 1786. On peut se rappeller la faillite de M. *Quatremer d'Isonval*, qui s'est retiré en Espagne ; il paroît qu'il n'y a point de ressource, puisque le Ministre de Paris a écrit à Messieurs de l'Académie des Sciences, qu'ils pouvoient rayer ce membre de leur catalogue & lui nommer un successeur : ce à quoi ils ont procédé.

22 *Juillet.* Les comédiens Italiens ont joué hier une comédie nouvelle, intitulée *le bon Parent*. Elle est en un acte & en prose ; elle a paru d'abord écrite avec quelque soin ; mais l'intrigue en est si commune, que la pièce a fini par recevoir un très mauvais accueil du public. On n'en parle que pour mémoire.

22 *Juillet.* On assure que l'Empereur, satisfait des écrits de Me. *Linguet* dans la querelle concernant l'ouverture de l'Escaut, lui a donné en récompense des Lettres de Noblesse : lui a fait avoir un sauf conduit pour se rendre à Paris y suivre des affaires importantes ; on veut qu'il soit même déjà arrivé.

22 *Juillet.* Extrait d'une Lettre de Ver-

failles du samedi 22..... Hier entre midi & une heure nous avons été chez le Roi en corps de cour, introduits par M. le Comte *de Vergennes*, comme Secrétaire d'Etat ayant la Guyenne dans son Département: nos Régistres & Procédures, dont l'apport avoit été ordonné, & qui depuis notre arrivée étoient restés en dépôt chez ce Ministre, à la garde toutefois du Greffier, ont été mis aux pieds de Sa Majesté.

Le Roi a ordonné que nos Régistres fussent portés à la Chancellerie & serrés dans une armoire, dont le Greffier conserveroit la clef.

Ensuite Sa Majesté a commis deux Conseillers d'Etat, Messieurs *de Sauvigny* & *Vidaud de la Tour*, pour en faire le dépouillement, en présence de M. le Premier Président & du Procureur-général, & lui en être rendu compte; nous enjoignant d'attendre ses ordres à Versailles.

Cette forme singulière de procéder a été vraisemblablement la suite d'un Conseil tenu avant la séance, qui a fait changer quelque chose aux résolutions rigoureuses du Monarque; elle annonce qu'on commence à sentir le danger & l'injustice de la conduite qu'on lui a fait tenir & nous espérons qu'au moyen de l'admission du Premier Président & du Procureur général aux conférences, l'affaire va être mise en négociation & que la cour reculera: il ne s'agit plus que de sauver, autant qu'il sera possible, le ridicule

& l'inconséquence de ce despotisme mitigé....

22 *Juillet* 1786. Outre le gros Mémoire du Comte *de Sanois*, il y en a un autre de Me. *l'Esparat*, Avocat versé dans les matières contentieuses, dont l'objet est de défendre à la demande en séparation de biens, formée contre lui, à la requête de la Comtesse *de Sanois*, son épouse. Il y relève tous les vices de la procédure monstrueuse, bâtie pendant la détention du Comte *de Sanois*; il y prouve que la Comtesse *de Sanois* n'a aucune raison valable de justifier la demande en séparation de biens : enfin elle doit se faire à elle-même les reproches les plus amers sur l'indécence des moyens par lesquels elle a voulu y suppléer. Il exhorte cette Dame, abusée jusques à présent par des conseils incendiaires, à prévenir, par un retour à des sentimens honnêtes, les justes réparations qu'un mari si persévéramment outragé, ne pourroit se dispenser de requérir contre elle & qui ne lui seroient certainement pas refusées.

Ce Mémoire, fort de choses, est assez plat quant au style; il est dénué absolument de toute éloquence & n'a de mérite que sa solidité.

23 *Juillet*. Me. *Linguet* est en effet arrivé à Paris. On juge que fatigué de son inaction & de son repos, il veut de nouveau causer du bruit & du scandale; on dit généralement que l'objet principal de sa venue est de

renouveller ſes anciennes réclamations contre le Duc *d'Aiguillon*, auquel il demande 150,000 livres pour ſes honoraires, lorſqu'il prit ſa défenſe en 1770. On veut qu'il ait déjà fait aſſigner ce Duc & Pair.

On imagine qu'il n'abandonnera pas auſſi ſes prétentions contre le Sieur *le Quesne*, & qu'il doit également pourſuivre ſon infidele agent.

23 *Juillet* 1786. M. le Marquis *de Launay*, Gouverneur de la Baſtille, a pour frere un Chevalier *de Launay*, attaché au Prince *de Conti*. On raconte que ce Prince a parlé au Chevalier du Mémoire qui ſe répandoit depuis quelque tems dans le public contre ſon frere, & lui a demandé ſi l'accuſé ſe propoſoit de ſe juſtifier? Le Chevalier *de Launay* ayant répondu au Prince, qu'il croyoit que ſon frere ne feroit point de Mémoire.... ,, Tant ,, pis, a répliqué le Prince, pour lui & pour ,, vous; je verrois avec peine auprès de moi ,, un Gentilhomme dont le frere inculpé auſſi ,, gravement aux yeux de tout Paris, reſte ,, ſans répondre." Comme le Prince aime beaucoup le Chevalier *de Launay*, on imagine que cette eſpece de menace n'aura aucune ſuite.

23 *Juillet*. Vendredi dernier M. *d'Eprémesnil* a dénoncé aux chambres aſſemblées un nouvel Arrêt du Conſeil concernant l'adminiſtration des Quinze-vingts, enſemble des ordres illégaux donnés au Sieur *Maynier*, Maî-

tre & Administrateur de cet hôpital, destitué par le Cardinal *de Rohan*, de déguerpir, ainsi qu'à un nommé *Laugier* &c. Dans le récit des faits, M. *de Tolozan*, Maître des Requêtes, s'est trouvé fortement inculpé; en sorte qu'un de Messieurs a ouvert l'avis d'inviter ce Magistrat de venir prendre place en la Cour pour répondre aux renseignemens qu'on auroit à lui demander. Un de Messieurs a dit que M. *de Tolozan* étant aux eaux ne pouvoit se rendre à l'invitation. On a d'ailleurs rappellé l'exemple de M. *Chardon*, qui en pareil cas avoit reçu défenses de se rendre au Parlement; ce qui feroit engager une nouvelle querelle avec la Cour: les gens foibles de la compagnie, en grand nombre, ont craint cet éclat & l'on s'en est tenu à la tournure triviale & stérile des Remontrances.

24 *Juillet* 1786. Extrait d'une Lettre de Bourdeaux du 18 Juillet.... Nous attendons avec impatience le retour de notre Parlement, qu'on se dispose à recevoir avec des acclamations & un concours de monde qui ne feront point agréables à la cour.

Tous Messieurs se sont fait un devoir de se rendre à l'audience du Roi; il n'y a que les infirmes & les malades qui s'en soient dispensés; ils sont partis au nombre de quatre-vingt-seize: comme ce voyage auroit gêné les facultés de plusieurs, la compagnie a emprunté en commun 200,000 livres pour subvenir aux frais: on assure que le corps des négocians avoit offert un million au Parlement, qu'il n'a pas voulu accepter.

Cette absence de nos Magistrats sur la fin d'un Parlement, fait un grand tort aux affaires, surtout pour la Tournelle: on prétend que la Compagnie a arrêté en conséquence de demander au Roi la permission de ne point prendre de vacances.

Si le Parlement continue à se comporter aussi bien qu'il a fait, à se tenir ferme, nous ne doutons pas qu'il ne l'emporte & ne revienne triomphant. Que de bénédictions il va recevoir! Ce retour équivaudra à celui de 1775.

24 *Juillet* 1786. L'Abbaye de Remiremont étant venue à vaquer par la mort de la Princesse *Christine de Saxe*, ce Chapitre instruit du désir qu'avoit autrefois Madame *Elisabeth* de renoncer au monde & d'embrasser la vie religieuse, désiroit élire cette Princesse & l'a fait prévenir de son vœu. Madame *Elisabeth* a répondu que son projet étoit changé; qu'elle remercioit les Chanoinesses de leur bonne volonté; mais que le Roi verroit avec plaisir Mademoiselle *de Condé* élevée à cette dignité: ce qui a eu lieu. La Princesse a accepté & doit se rendre incessamment à Remiremont.

24 *Juillet*. Le *Baron de Fages*, sur les plaintes en escroquerie des Bijoutiers *Vaucher & Loque*, auxquels s'est joint le Procureur du Roi, a été décrété de prise de corps par le Châ-

Châtelet & en conséquence constitué prisonnier dans ses prisons : c'est de ce décret dont il est appellant aux deux chambres assemblées, comme gentilhomme : l'affaire doit être plaidée ; mais il n'y a pas d'apparence que ce puisse être avant les vacances.

24 Juillet 1786. Les reproches faits à *Rousseau*, à l'occasion de Madame *de Warens*, sur le compte de laquelle on a publié les Mémoires justificatifs dont il a été parlé, ont excité un des enthousiastes les plus ardens de ce Philosophe, non seulement à venger sa mémoire à cet égard, mais encore à beaucoup d'autres. Sa brochure est intitulée : *Réflexions philosophiques & impartiales sur J. J. Rousseau & Madame de Warens.*

On a accusé *Rousseau* d'orgueil & de misanthropie, d'avoir porté & nourri dans son sein un germe de folie, qui est devenue à la fin de ses jours une véritable démence ; enfin, d'avoir outragé la nature, en envoyant ses enfans à l'hôpital. L'apologiste du célebre Genevois discute ces différens points avec beaucoup d'onction & d'intérêt, &, sans le justifier absolument, oblige au moins de le plaindre, plutôt que de le blâmer. Ce qu'il dit par rapport à Madame de Warens est aussi plus spécieux que solide : du reste, peu de faits & beaucoup de bavardage.

On juge que l'auteur a surtout en vue M. *Servant*, cet ancien Avocat-général du Parlement de Grenoble, homme de lettres & philosophe, autant que grand Magistrat, qui, après avoir été l'ami de Rousseau, l'on ne sait pourquoi, est devenu son détracteur après sa mort.

25 *Juillet* 1786. On ne cesse de poursuivre *Cagliostro* par des pamphlets: il en paroît un nouveau, intitulé *Cagliostro démasqué à Varsovie, ou relation authentique de ses opérations alchymiques & magiques, faites dans cette capitale en 1780, par un témoin oculaire*. C'est un journal fort ennuyeux de toutes ses manipulations, depuis le sept Juin jusques au 27, où l'imposteur trahit lui-même son ineptie. C'est de-là qu'il passe à Strasbourg, où il arrive le 7 Septembre 1780. Qui prouve trop, ne prouve rien. A force de vouloir faire passer le docteur Cagliostro pour un ignorant, l'historien décrédite son récit. Il faut bien supposer à ce fourbe au moins quelques connoissances, avec lesquelles il puisse en imposer.

25 *Juillet*. Dans le *Supplément au Mémoire du Comte de Sanois contre ses accusateurs*, parmi les pieces extraites du journal qu'il a écrit durant sa détention, on en trouve de singulieres; comme un *résumé de divers fragmens des Pseaumes de David*, dont il nous apprend qu'il avoit composé la priere qu'il récitoit tous les jours pendant sa captivité; comme une *Sommation* du 24 Juin, envoyée ce jour-là par la voye de

la police, à sa femme, à sa fille, à son gendre, piéce encore très religieuse ; comme un *dernier Codicille* de la même date & du même genre ; comme un *Ajournement au jugement dernier*, du 2 Septembre. Quand on a témoigné à Me. *de la Cretelle*, la surprise qu'il eût entre tant d'autres préféré ces morceaux, qui pouvoient prêter à rire à certaines gens & qui étoient tout au moins inutiles dans cette contestation judiciaire ; il a répondu qu'il avoit écrit pour toutes les espèces de lecteurs, même pour les dévots, auxquels ces pieces plairoient, si elles étoient tournées en ridicule par les impies & les grands du monde.

Une autre piece qu'on lit avec plus de plaisir, c'est la lettre qu'a écrite le Comte *de Sanois* le 25 Janvier dernier, au moment de son élargissement, à Besançon, à plusieurs officiers du Régiment du Roi qui, lors de son passage par cette ville, comme captif pour être ramené en France, ne l'avoient pas moins accueilli avec toutes sortes d'amitié & de distinctions. On y trouve l'effusion de la reconnoissance la plus vive & surtout une digression très énergique sur les Lettres de Cachet. On y admire le patriotisme dont est animé ce généreux citoyen, qui oublieroit tous ses maux, si son oppression pouvoit contribuer à faire reconnoître & supprimer, diminuer du moins, un tel abus du pouvoir despotique.

25 *Juillet* 1786. Extrait d'une Lettre de

Rouen du 15 Juillet..... Le 10 de ce mois la troupe de nos comédiens a exécuté une représentation pour les pauvres: Mlle. *Adeline* de la Comédie Italienne, qui se trouvoit ici lors de l'affiche, déclara qu'elle vouloit prendre part à la bonne œuvre, mais sans aucune rétribution pour elle. Elle a fait en effet les rôles d'Amoureuse dans *l'Epreuve Villageoise*, dans *le Droit du Seigneur*, & a été singuliérement applaudie. On lui a décerné une couronne & jetté des vers sur le théâtre. Voici les meilleurs:

  Jusqu'à préfent, chere Adeline,
 Ton œil vif & malin, ta figure coquine,
  Te rendoient du monde galant
   Et l'idole & l'héroïne:
Sur la scene on vantoit ton aimable talent;
 Mais tu vas réunir encore les suffrages
  Même des dévots & des sages,
De tout homme, en un mot, par ton cœur excellent.

26 *Juillet*. Par une nouvelle faveur envers l'Académie des Belles-Lettres, M. le Baron *de Breteuil* a fait porter à quinze le nombre des pensionnaires, qui n'étoit que de dix: en conséquence le 20 Juin la compagnie a nommé pour remplir les nouvelles places, Messieurs *Ameilhon*, *Bouchaud*, *Gautier de Sibert*, *de Rochefort* & *le Roy*.

26 *Juillet*. *Rosine*, nom bien galant pour celui d'une paysanne, est femme de *Germond*,

laboureur: *Saint Fal*, Seigneur du village & Colonel, devient amoureux de cette beauté rustique, trop attachée à son mari: *Delorme*, valet-de-chambre de ce Seigneur & l'intendant de ses plaisirs, enivre *Germond* & profite de son état pour le faire s'engager: alors le Seigneur libertin veut consoler la femme & a toute facilité de s'en approcher; mais elle résiste à ses séductions d'une maniere si vraie & si touchante, qu'il éprouve des remords, qu'il fait rendre l'engagement de *Germond* & promet sa protection aux deux époux. Tel est le sujet de l'opéra nouveau, tombé d'abord, relevé ensuite & qui va comme tant d'autres. Son immoralité doit nécessairement révolter tous les gens honnêtes: d'ailleurs le plan, la conduite & le style en sont également défectueux. Ils sont en outre d'une foiblesse, qui ne lui permet pas de trouver grace aux yeux des gens de goût.

Au moyen des coupures & des retranchemens durant les représentations, qui ont suivi la premiere, la musique a été mieux sentie, tels qu'un *cantabile* & une espèce d'air de bravoure, parfaitement chantés par le Sieur *Lainez*; tels que le chœur du premier & du troisieme acte, la romance si connue de M. *Berquin*: *dors, mon enfant*; le duo de *Rosine* avec *Germond* par Mlle. *Dozon* & le Sieur *Lais*, & tous les airs de ballet, qui sont d'une tournure neuve & piquante. En général, cependant, on pourtoit reprocher à M. Gossec d'être sorti des bornes du genre & d'avoir quelquefois trop prodigué les grandes beautés musicales, à réserver pour la scene tragique : ce qui est mieux encore le défaut du poëte, qui prend tantôt un ton trop élevé, & tantôt un ton trop bas, sans garder jamais un juste milieu.

M. *Gardel* le jeune, qui commence à devenir le rival de son frere pour la composition des ballets, est auteur de celui du premier acte, où l'on trouve de tout, une escarpolette, un tape-cul, un jeu de dames, un jeu de pharaon, un concours pour le prix de l'arc : du reste, tout l'appareil & tout le mouvement d'une fête de cabaret.

Le divertissement du troisieme acte est de M. *Gardel* l'aîné, qui a cherché à y mettre de l'esprit par une pantomime analogue à l'action. On applaudit surtout dans ce ballet un soldat ivre, une espèce de *Montauciel*, dont le rôle est rempli par le Sieur *Goyon*, un de ces nouveaux danseurs de Bourdeaux, qu'on commence à goûter ; celui-ci, plein d'aisance & de naturel.

26 *Juillet* 1786. Ce qui a déterminé à ordonner la communication aux Départemens des cartes géographiques, avant de les publier, c'est la négligence avec laquelle certains artistes les faisoient graver d'après les étrangers ; ce qui pouvoit consacrer ou du moins fortifier les erreurs sur les limites respectives des

Etats; ce qui pouvoit préjudicier au commerce par de fausses notions & peut-être occasionner la perte des bâtimens & des navigateurs.

27 *Juillet* 1786. Le Sieur *Vestr'Allard* a reparu hier dans l'opéra d'*Alceste*: tous les *Vestris* & leurs adhérens, suivant l'usage, ont reparu avec lui: ils s'abstiennent de s'y montrer, tant qu'il est absent.

27 *Juillet*. Extrait d'une Lettre de Vienne du 5 Juillet..... M. l'Abbé *de Storck*, le digne éleve de M. l'Abbé *de l'Epée*, dans une séance publique de institution des sourds & muets en cette capitale, a dédommagé ainsi son maître des persécutions de M. *de Nicolaï*; après avoir célébré les bienfaits de l'Empereur dans un discours il a dit: ,, avec quelle re-
,, connoissance n'adresserons-nous pas nos
,, vœux au ciel pour la conservation de cet
,, homme précieux, qui a préparé la naissance
,, de cet établissement, qui, le premier, vive-
,, ment touché de la triste condition des sourds
,, & muets, inventa les moyens de les in-
,, struire; de M. l'Abbé *de l'Epée*, mon in-
,, stituteur & mon ami, dont la postérité ne
,, prononcera jamais le nom qu'avec amour &
,, respect, & n'oubliera jamais que sa méthode
,, fondée sur des principes certains, & éprou-
,, vée par une longue expérience, a ouvert
,, aux sourds & muets la carriere du bonheur
,, qui leur étoit fermée pour toujours: en vain

„ quelques envieux se sont efforcés de dimi-
„ nuer le mérite de son invention, il en a sou-
„ tenu contre eux victorieusement les avanta-
„ ges, en grammairien & en philosophe: leur
„ silence a été l'aveu de son triomphe."

27 *Juillet* 1786. Ce n'est que depuis peu qu'on voit dans ce pays-ci une *Instruction de Monseigneur l'Evêque Duc de Langres, sur l'excellence de la Religion*. Cet écrit volumineux est divisé en deux parties. La premiere est le texte même, occupant quatre-vingt-quinze pages in 4°: la seconde renferme les notes, c'est-à-dire toutes les citations de l'Ecriture Sainte, sur lesquelles il est appuyé; celle-ci a cent soixante-dix-sept pages. Depuis quinze ans que le Prélat est à la tête de son Diocese, il laissoit mûrir ce grand ouvrage, qu'il a publié enfin le quinze Avril dernier.

Son objet est moins de faire voir combien la religion est vraie, que de faire sentir combien elle est aimable; de détruire les imputations de ses ennemis qui, pour la rendre odieuse, peignent sa doctrine absurde, sa morale outrée, son culte minutieux.

Quant aux raisonnemens de l'apologiste, ce sont des raisonnemens de théologiens, c'est-à-dire très foibles, très obscurs, très variables; ce sont continuellement des pétitions de principes: mais si l'on regarde son ouvrage comme oratoire, il est parfaitement bien digéré; le plan en est bien suivi, toutes les parties en sont

arran-

arrangées & présentées dans un bel ordre : & de tous les paragraphes des écrivains sacrés qu'il cite, paragraphes qui, isolés, sont peu satisfaisans, il en a formé un ensemble lumineux & enchanteur pour le Chrétien : il y a beaucoup d'onction aussi dans cette dissertation vraiment éloquente ; elle est très capable d'ouvrir les portes de l'Académie françoise à M. de *la Luzerne*, qui a déjà fait des preuves dans d'autres morceaux & passe parmi ses confreres les Evêques pour un faiseur.

28 *Juillet* 1786. La détention de M. *de la Reyniere* qui continue, ne laisse pas que de former un vuide dans l'existence de quelques auteurs, qui assistoient régulièrement à ses déjeûners, quoiqu'il ne les qualifiât lui-même que de *semi-nutritifs*. Comme toutes les actions de ce personnage sont marquées à un coin d'originalité piquante, il ne sera pas hors de propos de rendre compte de ces assemblées, d'après le récit de ses commensaux affidés.

Les déjeûners de M. *de la Reyniere* avoient lieu deux fois par semaine, le mercredi & le samedi : pour peu qu'on connût l'Amphytrion on avoit droit de s'y présenter, & dès qu'on y avoit été admis une fois, on pouvoit amener un second ; ce qui auroit singulierement aggrandi le cercle des convives, si beaucoup, y allant par simple curiosité, n'en avoient été dégoûtés dès la premiere fois. En effet, l'introduction, la durée de la séance, les formules bizarres qu'il y falloit remplir & surtout la nature des estomacs dont il étoit nécessaire d'être pourvu, écartoient beaucoup de membres ineptes.

Dès qu'on arrivoit, un introducteur, après avoir vu si vous n'aviez rien d'exclusif suivant les réglements, tels que des décorations de toute espece, des cordons, une Croix de Saint Louis, s'emparoit de votre épée, de votre canne, de votre chapeau, levoit une barre de fer énorme qui sçelloit la porte, & après vous avoir laissé passer, la remettoit; ce qui annonçoit qu'on ne seroit pas libre de ressortir à son gré.

Au milieu de la salle du festin se voyoit une table de bois d'acajou en long, entourée de siéges tous égaux, sauf un seul plus élevé pour le Président, à la maniere des clubs Anglois. A chaque séance la place restoit vacante jusques à ce qu'il se trouvât quelqu'un digne de la remplir; & cet illustre chef étoit celui qui le premier avoit bu dix-sept tasses de caffé. Du reste, les Réglemens écrits en lettres d'or se présentoient aux yeux des convives, qui avoient tout le tems de s'en pénétrer avant l'arrivée du maître.

M. *de la Reyniere* ne sortoit de son cabinet qu'à midi un quart; il arrivoit accompagné d'une espece de Jockey remplissant plusieurs fonctions, entre autres celle de son Clerc, comme Avocat; alors ce petit bon-homme devoit se couvrir le chef d'une grande perruque & endossoit un habit noir. Aidé de ce Clerc, M. *de la Reyniere* apportoit une pyramide très élevée de tartines de beurre toutes préparées, qu'il posoit sur la table. D'autres valets suivoient avec deux brocs, l'un de caffé, l'autre de lait. De chacune de ces liqueurs on remplissoit le ventre de deux satyres accompagnant les côtés de la pyramide, & ils rendoient par divers robinets celle dont ils avoient été faits dépositaires.

Quand on avoit préludé par cette boisson & élu le Président, il arrivoit un aloyau de l'espece la plus forte; on lui faisoit faire trois fois le tour de la table; puis on le plaçoit au milieu & le repas s'achevoit plus à fond avec ce mets substantieux: du reste rien autre chose que du pain; point de vin, de la bierre ou du cidre.

Lorsque les convives étoient bien pansés, on faisoit des lectures, on dissertoit sur les ouvrages nouveaux, & l'on ne se séparoit qu'après avoir épuisé la matiere. Au surplus, M. *de la Reyniere* étoit fort honnête dans ces assemblées; il ne trouvoit point mauvais qu'on critiquât ses ouvrages nouveaux & recevoit sans humeur les conseils qu'on lui donnoit, mais aussi sans les suivre.

28 *Juillet* 1786. Extrait d'une Lettre de Hambourg du 15 Juillet.... M. *Blanchard* est arrivé dans cette ville le dix de ce mois; il

y a reçu un accueil très favorable; il s'eſt rendu au ſpectacle, où il a été fort applaudi, & nous eſpérons qu'il ne tardera pas à nous donner l'amuſement de quelque machine aëroſtatique, ſur laquelle il voyagera dans les airs.

29 *Juillet* 1786. On doit exécuter aujourd'hui aux Italiens la premiere repréſentation du *Mariage d'Antonio*, divertiſſement en un acte & en proſe, mêlé d'ariettes. Cette nouveauté attirera beaucoup de monde, parce que la muſique eſt ſous le nom d'une des filles de M. *Gretry*, âgée de treize ans. Il convient, dans une lettre adreſſée ce matin aux journaliſtes de Paris, que c'eſt lui qui a écrit la partition, qu'elle n'étoit pas en état de faire, & qui a rectifié les morceaux d'enſemble: il annonce indirectement que c'eſt une compoſition que, à cauſe de ſa foibleſſe, il a miſe ſur le compte de cet enfant. Du reſte, par occaſion, il fait part au public de la maniere dont il initie ſa fille aux ſecrets de ſon art: *Capiat qui capere poteſt*; car cette Lettre ne laiſſe pas que d'être très amphigourique.

29 *Juillet*. Suivant des Lettres reçues nouvellement du Comte *de la Peyrouſe*, apportées par un bâtiment Eſpagnol & datées de Sainte Catherine du Breſil le 16 Novembre; à cette époque il n'y avoit point de malades à bord, ce qui prouve l'efficacité des précautions priſes par cet officier & eſt d'un bon augure pour l'avenir. On a lieu d'eſpérer qu'il

aura doublé le Cap *Horn* dans le mois de Décembre, qui, dans ces parages, est la meilleure saison de l'année.

On suppose que les frégates, après s'être rassemblées à Otahiti, auront navigué vers la Californie & à des latitudes encore plus Nord, où elles doivent être actuellement.

29 Juillet 1786. Le Roi d'Espagne désirant faire vérifier, confirmer ou rectifier les notices que les navigateurs nationaux & étrangers ont donné jusques à présent du Détroit de Magellan, a profité du tems de paix: il chargea l'année dernière de cette expédition Dom *Antonio de Cordoba è Laso*, Capitaine de vaisseau, qui partit le neuf Octobre dernier avec la frégate la *Sainte Marie* de Cadix, & soixante-dix jours après arriva au Détroit, & y resta trois mois sans avoir pu le franchir tout-à-fait, soit impéritie, soit contrariété constante des élemens: se trouvant en mauvais état, il a pris le parti, le onze Mars, de revenir & est arrivé à Cadix le 11 Juin.

Pendant son séjour au Port Saint Joseph, dans le Détroit, Dom *Antonio de Corduba* découvrit à terre sur une hauteur une espece de monument, où il trouva deux bouteilles que le Comte *de Bougainville* y avoit déposées: les officiers Espagnols copierent la note, y joignirent une autre en six langues & replacerent les bouteilles.

30 Juillet. Les Administrateurs de la compagnie des eaux, désirant entretenir l'illusion des dupes qui ont fait monter si excessivement l'agio de ses actions, ont jugé qu'une cérémonie imposante ne pourroit qu'y contribuer & même s'accroître. En conséquence le lundi 24., d'après leur invitation, les Prévôt des marchands, Echevins & Officiers du bureau de la ville, ont posé la premiere pierre du second établissement des machines à feu, destinées à fournir d'eau la ville de Paris, situé au gros Caillou, à l'entrée de l'isle des cignes.

La pierre posée contient deux grandes médailles d'argent au portrait du Roi: sur le revers de l'une sont gravés les noms de tous les membres du corps municipal, & sur le revers de l'autre, ceux des Administrateurs actuels de la compagnie des eaux: un grand médaillon de cuivre doré & gravé, explique les motifs & donne l'époque de la fondation de cet établissement.

Des Dames en grand nombre avoient assisté à ce spectacle sous des tentes dressées à cet effet; des buffets garnis de fruits & de raffraîchissemens de toute espece & en quantité; le bruit des boîtes de la ville & des cris répétés de *vive le Roi!* ont donné à cette cérémonie un air de fête & ont frappé la multitude.

Le Corps de ville s'est ensuite transporté à Chaillot, pour y visiter le grand établissement des premieres machines à feu, ainsi que leurs vastes atteliers de fonderie & de forges. Ce spectacle & le détail des machines & de leur application ont excité la curiosité générale & l'on ne s'est retiré qu'à la nuit : alors on a vu partir du milieu de la riviere un bouquet d'artifice qui a couronné la fête.

Il seroit bien tems que la compagnie, qui depuis huit ans verse des fonds immenses dans cette affaire, commençât à retirer quelque dividende, & malheureusement il faut encore une grande mise dehors avant d'y parvenir.

30 *Juillet* 1786. Sur le compte que le Contrôleur-général a rendu au Roi des talens de M. *Reveillon* pour l'art de la papeterie, ainsi que de ses services en ce genre, & de l'utilité de l'établissement qu'il a formé d'une manufacture de papiers peints & veloutés, Sa Majesté a autorisé ce Ministre à lui faire remettre la médaille d'or, fondée par l'ordonnance du 28 Décembre 1777, dont il a été parlé dans de tems.

Il est à remarquer, par occasion, que cette manufacture, établie rue de Montreuil, fauxbourg St. Antoine, a été le berceau des ballons & que c'est-là que M. *Pilâtre de Rosier* a fait ses premieres expériences.

30 *Juillet*. Le *Mariage d'Antonio* offroit une autre singularité ; c'est que le poëme est aussi d'une personne du sexe, mais personne accoutumée à être favorablement traitée du public, Madame *de Beaunoir*. Il est peu de

chose : cependant il a été bien accueilli, grâces à la musique, où le pere & la fille ont également brillé. On a surtout applaudi ces deux vers d'un couplet, relatif à la circonstance :

>Il est des fleurs de toute saison,
>Il est des talens de tout âge.

31 *Juillet* 1786. Le Roi ayant fait dire à son Parlement de Bourdeaux de se rendre à son audience le samedi 29 à onze heures, ces Messieurs ont d'abord trouvé un superbe déjeûner que Sa Majesté avoit fait préparer pour eux; comme on les avoit prévenus que l'audience seroit longue, ils se sont mis à table & se sont disposés à soutenir la séance.

Introduits devant Sa Majesté, elle les a reçus avec une bonté vraiment paternelle. On ne sait pas encore tous les détails de la séance, qui a duré jusques à *six* heures. Le Roi avoit ordonné que ses équipages de chasse fussent prêts pour trois heures ; mais à cette heure, elle a fait savoir à Madame *Elisabeth*, qu'elle pouvoit partir, qu'il n'avoit point fini & ne vouloit pas retenir plus longtems son Parlement de Bourdeaux éloigné de son ressort.

Pendant la séance, comme il faisoit très chaud, le Roi a fait dire à Messieurs qu'ils pouvoient sortir un moment & respirer dans l'œil de bœuf consigné exprès pour eux. Le Premier Président, le Procureur-général & cinq ou six autres sont les seuls qui soient restés constamment en place & n'aient pas profité de la permission.

31 *Juillet* 1786. Le Président *d'Abbadie* a enfin gagné son affaire au Châtelet, & le Lieutenant civil, sur le compte qu'il a rendu des interrogatoires subis par ce Magistrat, a fait reconnoître à la chambre l'injustice de son interdiction.

31 *Juillet*. Le procès honteux intenté, il y a un an, entre le Comte *de Morangies* & son fils, qu'on croyoit assoupi & terminé, se renouvelle. On voit deux Mémoires dans cette affaire : l'un, intitulé *Supplément d'instruction pour le Comte de Morangies, contre le Marquis de Morangies son fils*; celui-ci n'apprend rien de plus, il n'est qu'une extension de l'ancien, & est suivi d'une Consultation du 15 Juillet, de Me. *Plaisant de la Houssaye*.

L'autre, *Mémoire pour Demoiselle Marie de Noblair, fille naturelle de Jean-François-Charles de Molette, Comte de Morangies, Maréchal des Camps & Armées du Roi; légitimée par mariage subséquent avec Marie-Louise-Josephe de l'Espinière, sa mere, en* 1781: *contre Pierre-Hypolite-Louis-Charles de Molette, Marquis de Morangies, son frere.*

Par ce Mémoire, il paroît assez clairement que le Marquis de Morangies a fait un enfant à sa sœur, ou du moins a couché avec elle & que cet événement a été la cause de ses bienfaits, qu'il veut rétracter aujourd'hui. On conçoit combien cette matiere délicate à traiter pouvoit devenir intéressante; mais elle ne l'est nullement entre les mains de Me. *Plaisant de la Houssaye*, aussi l'Avocat de la fille; il y jette plutôt du ridicule & du burlesque, par un style plat & dolent.

Il est fâcheux que Me. *Martineau*, l'auteur du premier Mémoire, ait sans doute refusé de se charger de ceux-ci.

1 *Août* 1786. A l'ouverture de l'espece de Lit de justice tenu à Versailles pour le Parlement de Bourdeaux, Sa Majesté a dit:

„ Je me suis fait rendre compte des Re-
„ gistres & autres pieces que j'avois ordonné
„ qui me fussent apportés. Je n'ai pu voir
„ sans surprise & mécontentement que mon
„ Parlement de Bourdeaux se soit ingéré dans
„ des affaires qui lui sont étrangeres & se soit
„ permis de donner des Arrêts de défense con-
„ tre ce que j'avois ordonné, après que je lui
„ avois fait connoître mes intentions de la ma-
„ niere la plus solemnelle. Je vais faire biffer
„ sur vos Registres ce qui est contraire au
„ respect qui m'est dû, ce que mon Parlement
„ n'auroit jamais dû se permettre: je vous ferai
„ ensuite connoître ma volonté sur les affaires
„ pour lesquelles je vous ai mandés."

Ensuite a commencé la lecture de tous les Arrêts & Arrêtés, dont les Commissaires avoient rendu compte comme répréhensibles, ou concernant des objets d'administration, dans lesquels on ne veut pas que s'immiscent les Magistrats; tels que celui des *Alluvions*, celui des *Corvées*, &c. & le Roi a ordonné successivement qu'ils fussent biffés sur les Registres, dont voici en gros le résultat.

1o. A l'égard des *Alluvions*, il a été enrégistré des Lettres-Patentes interprétatives de celles du 14 Mai, qui les détruisent absolument & où l'on fait reconnoître au Roi le principe invoqué par les Parlemens concernant la propriété acquise aux Seigneurs rivérains des alluvions & atterrissemens &c.

2o. A l'égard des *Corvées*, Sa Majesté a dit qu'elle s'occupoit de cet objet & a promis un Réglement général pour tout le Royaume.

3o. Le Roi est convenu de retirer l'Arrêt du Conseil concernant l'assujettissement des Billets de change au contrôle.

4o. Le Parlement a eu aussi gain de cause sur le centieme denier & autres impositions, contre lesquels il réclamoit, soit au fond, soit dans la forme.

5o. A l'égard des troubles excités dans la compagnie, à l'occasion du Président *Dupaty*, on étoit convenu préalablement à l'amiable que ce Magistrat ne resteroit point dans la compagnie.

6o. Enfin la maniere énergique dont le Procureur-général, pere, s'est conduit en dernier lieu, a déterminé les Magistrats d'oublier tout ce qui concernoit son fils, de l'agréer pour son survivancier, à condition qu'il effaceroit par des mœurs plus irréprochables le scandale de sa jeunesse.

Le Roi a terminé la séance par ces paroles :

„ Vous venez d'entendre mes volontés. Je
„ compte que mon Parlement se conformera
„ exactement à ce que j'ai prescrit, avec la
„ fidélité & le respect qu'il me doit. Le Do-
„ maine est un des patrimoines de la Cou-
„ ronne, qui lui est le plus inhérent. Je dois
„ être attentif à veiller à la conservation de ses
„ droits; mais je ne souffrirai jamais que l'on
„ en porte les prétentions jusques à vouloir
„ dépouiller de leurs biens les possesseurs lé-
„ gitimes ; mon Parlement connoît l'amour
„ que j'ai pour mes Sujets & le désir que
„ j'ai de leur rendre justice. J'ai permis à mes
„ Cours de me faire des représentations sur
„ ce qui intéresse le bien de mes sujets; mais
„ je ne souffrirai jamais qu'elles osent défendre
„ ce que j'ai ordonné. Il ne vous appartient
„ pas de peser dans la balance de la Justice mes
„ Droits & ceux de mes Sujets. Je suis seul
„ le gardien suprême des intérêts de mon Peu-
„ ple, qui ne peuvent être séparés des miens.
„ Vos Arrêts & vos Arrêtés ne peuvent ja-
„ mais vous faire des titres pour résister à
„ mon autorité ; c'est d'elle que vous tenez
„ des fonctions honorables ; vous ne sauriez
„ la méconnoître, sans affoiblir la portion que
„ je vous en ai donnée.

,, Retournez à vos fonctions ; ne perdez
,, point de vue que votre premier devoir est de
,, rendre justice à mes sujets ; je sais qu'il y a
,, un nombre d'affaires considérables en retard ;
,, je vous ordonne de prendre des mesures
,, pour en accélérer l'expédition. Que votre
,, zele pour mon service fasse enfin cesser en-
,, tre vous des divisions nuisibles au bon or-
,, dre, que je veux maintenir.

,, Voilà mes intentions, je compte que vous
,, vous y conformerez & vous mériterez ma
,, confiance & ma protection.

,, Je vous ordonne d'être tous réunis à
,, Bordeaux le 21 du mois prochain."

1 *Août* 1786. Depuis que le Roi a visité le Port de Cherbourg, les travaux redoublent d'activité & le Ministre de la marine fait verser les fonds en plus grande abondance en cette partie. Il a dû en conséquence être lancé encore un cône le 25 de ce mois & on se promet d'en lancer un dernier vers l'équinoxe. Les forts seront bientôt garnis d'une artillerie suffisante pour défendre ces travaux. M. *de Gribeauval* doit partir dans peu pour Cherbourg, s'il n'est déjà parti, afin de disposer cette artillerie selon les ordres que le Roi a donnés.

1 *Août*. Le 15 de Juillet on a découvert dans l'église des Carmes de la place Maubert, un monument auquel on travailloit depuis quelques années : il s'agit d'un tombeau que

Messieurs *Boulenois* fils ont fait élever à leur pere, Avocat, auteur d'un traité *de la perſonnalité & de la réalité des Loix*, & mort il y a vingt-quatre ans.

Ce monument très compoſé, chargé d'inſcriptions & de vers, attire la curioſité des amateurs : quand les critiques auront fixé le jugement général, on en parlera plus au long. Juſques à préſent on trouve d'une vanité ridicule que des particuliers aient conſacré plus de cinquante mille écus à cette eſpece de dépenſe. On voudroit qu'un tel honneur funéraire ne fût réſervé qu'aux Princes, aux Héros ou aux grands hommes dans tous les genres.

On dit que l'artiſte eſt un M. *Poncet* de Lyon, demeurant à Rome.

2 Août 1786. Les Mémoires de M. le Comte *de Sanois* excitent beaucoup de bruit juſques à la cour : la Reine ſe les a fait lire : Mesdames auſſi. Le Roi a dit : „ & moi je „ veux les lire auſſi ; on me fait donner à „ droite & à gauche comme cela des Lettres „ de cachet, ſans que j'en ſache le premier „ mot : je veux arrêter ce brigandage." Du moins tel eſt le propos de Sa Majeſté, que rapportent des courtiſans & qu'on cite volontiers comme faiſant infiniment d'honneur à l'excellence de ſon cœur.

2 Août. On a vu que le Roi a ordonné au Parlement de Bordeaux d'être réuni le 2 de ce mois. C'est une astuce des Ministres, qui ont craint l'explosion du retour de ces Magistrats, & ont imaginé en conséquence de laisser passer la premiere ivresse des Peuples & de ne faire repartir ces Messieurs que lentement & par petites divisions, pour ne pas trop fatiguer les postes. Envain le Parlement a représenté que la distribution de la justice que le Roi leur recommandoit en ce moment plus que jamais, étoit instante à la fin du Palais; que tous les membres pouvoient être réunis beaucoup plutôt: les Ministres ont pris la tournure de leur faire prescrire par Sa Majesté même, le moment de leur jonction.

 2 *Août* 1786. *La derniere piéce du fameux Collier.* Tel est le titre d'une espece de Mémoire in 4to. ayant trente-sept pages & roulant encore sur le procès du Cardinal. Il n'est signé d'aucun Avocat; c'est un pamphlet attribué à un homme de qualité: il semble spécialement destiné à venger M. *de Launay* & à dégrader le Comte *de Cagliostro.* C'est un véritable amphigouri. On compare, quant au style, ce Mémoire à la fameuse oraison funebre de M. le Dauphin, par le Pere *Fidele* de Pau.

 3 *Août.* Le Sr. *Sultzman* vient d'établir à Strasbourg une *Librairie académique:* par ce titre assez tudesque il désigne un point de réunion pour faire connoître aux Allemands les nouveautés françoises, & aux Fran-

çois les productions de l'Allemagne & du Nord. En conséquence, pourvu de tous les livres qui paroissent annuellement aux deux foires de Leipsick & de ceux qu'on publie en France, le Sr. Sultzman fournit un catalogue raisonné de ceux-ci, écrit en Allemand, & un autre de ceux-là, écrit en François.

3 *Août* 1785. M. l'abbé *de Saint Léger*, ci-devant M. *Mercier*, Bibliothécaire de Sainte Genevieve, nous apprend que pendant son séjour à Amsterdam, M. *de Chaufepié*, auteur du *Dictionnaire historique & critique* pour servir de Supplément à celui de *Bayle*, vient d'y mourir le 3 Juillet, âgé de près de 84 ans. Outre son Dictionnaire, il a composé & traduit en françois, différens ouvrages : chargé du Ministere dans les Eglises Protestantes, il prêchoit encore il n'y a pas dix-huit mois, & malgré son grand âge & la foiblesse de sa voix, son auditoire ne perdoit pas un mot de ce qu'il disoit & l'on admiroit dans ses discours une réunion de talens fort difficile à trouver dans les orateurs.

4 *Août*. Hier on a lancé à l'eau vers les Invalides un petit bâtiment de carton, construit sans doute suivant la méthode du Chevalier *de Monfort* : quoiqu'il en soit, ce bâtiment qui appartient à M. le Duc d'Orléans, n'étant pas lesté suffisamment, n'a pu prendre assez d'eau pour faire manœuvrer des especes de rames

mes ou de cuillieres dont il étoit armé. Il y avoit beaucoup de monde à cette expérience, qui s'eſt faite avec une grande pompe, mais doit ſe renouveller dans un autre tems avec plus de ſuccès.

4 *Août* 1786. M. le Bailly *du Rollet* vient de mourir : c'étoit un homme de beaucoup d'eſprit, mais un médiocre auteur. Il avoit débuté en 1754 au théâtre françois par une comédie en vers & en cinq actes, intitulée *les effets du caractere.* Elle n'eut pas de ſuccès. La grande obligation qu'on lui a, c'eſt d'avoir excité le Chevalier *Gluck* à ſe faire connoître en France, & d'avoir compoſé les paroles d'*Iphigénie en Aulide,* le premier opéra de ce muſicien, joué ſur notre théâtre lyrique. Du reſte, le Bailly *du Rollet* étoit encore un petit-maître, un agréable, ce qu'on appelle un *vétéran de la fatuité.*

4 *Août.* *Nina,* ou *la folle par amour,* bien loin d'exciter le dégoût qu'elle mériteroit, attire du monde de plus en plus. Il eſt vrai qu'on attribue ce ſuccès, auſſi incroyable que celui du *Mariage de Figaro,* au jeu de la principale actrice : quelqu'un a dit plaiſamment, que c'étoit M. *Desvivetieres* qui avoit fourni les paroles, M. *d'Alleyrac* la muſique, & Madame *Dugazon* qui avoit fait la piece.

Quoi qu'il en ſoit, cette comédie prétendue eſt tellement à la mode, que dans les ſociétés les plus relevées on joue à la folle ; c'eſt à qui variera, nuancera mieux ce rôle; c'est à qui composera des historiettes dans ce genre.

4 Août 1786. Il paroît que M. le Duc *d'Aiguillon* n'a point voulu laisser au Châtelet l'affaire que Me. *Linguet* est venu lui intenter : elle est déjà au Palais, & soit par égard pour l'Empereur dont il s'est fait en quelque sorte le sujet & le stipendiaire, soit, pour se débarrasser le plutôt possible de ce turbulent personnage, sa cause est placée sur le rôle & elle est indiquée au mercredi 9 de ce mois, où il doit la plaider; mais afin de rendre le concours moins nombreux, s'il est possible, elle est mise seulement à l'audience de sept heures.

C'est Me. *de Laulne*, Secrétaire de la Pairie, qui lui répondra en deux mots: il rendra compte des sommes payées par le Duc *d'Aiguillon* & dira que son client s'en rapporte à la Cour, pour décider si ce n'est point assez, qu'il est prêt à satisfaire à ce qu'elle ordonnera.

4 Août. Le rapport de la Requête de M. *Tullendal* contre l'Arrêt du Parlement de Dijon, est en effet commencé au Bureau des Cassations, & comme les séances n'ont lieu qu'une fois pas semaine, il durera encore quelques mois. Me. *Courtois de Minutte* en est sur les dents; il a parlé dernierement pendant quatre heures de suite. Si la Requête est admise à ce Bureau, c'est-à-dire, n'a pas une seule voix contraire, elle sera portée ensuite devant le Conseil assemblé solemnellement & il faudra que le Rapporteur recommence son travail.

Quoi qu'il en soit, M. *d'Eprémesnil* est furieux de la tournure favorable que prend de nouveau cette affaire: en conséquence il s'est permis d'écrire une Lettre aux membres du Bureau des Cassations, pour prévenir ces Messieurs contre, & les Conseillers d'Etat en sont très mécontens: ils l'ont jugée indécente & injurieuse pour eux ; ils ne s'en cachent pas, ensorte qu'ils n'en seront que mieux disposés à casser l'Arrêt, s'il y a lieu.

En général, cet acharnement de M. *d'Eprémesnil* produit un très mauvais effet dans le monde.

5 Août 1786. M. *Saliéri*, Maître de musique de l'Empereur, l'auteur de celle des *Danaïdes*, vient d'arriver à Paris. Il a apporté avec lui un nouvel opéra intitulé *les Horaces*, qu'il se propose de faire exécuter.

5 Août. Les badauds qui n'avoient point encore eu le spectacle du couronnement d'une Rosière, se disposent à se rendre demain en foule à Suresne, où la cérémonie doit avoir lieu avec beaucoup de pompe. On procédera d'abord à l'élection par scrutin de la Rosière. C'est M. l'Abbé *d'Heliot*, ancien Secrétaire de la feuille des Bénéfices, qui en est le fondateur. L'Evêque de Fréjus présidera l'assemblée. M. *Blanchard*, premier vicaire de la paroisse, prononcera un discours. Madame *Marchal*, grosse financiere, fera la quête pour les pauvres de la paroiffe. Mlle. fa fille, âgée de fept ans, pofera la couronne fur la tête de la Rofiere.

On n'entrera que par billet, afin d'exciter davantage la curiofité, & ils feront délivrés à prix d'argent par le Tréforier des pauvres de Surefne, à leur profit. Les chaifes même feront payées cher, toujours en vue de la même bonne œuvre.

5 *Août* 1786. Jeudi dernier, l'Académie françoife s'eft affemblée pour procéder au jugement définitif concernant les différens Prix: ils font en fi grand nombre, qu'on a peine à s'y reconnoître.

1º. Le Prix *d'Encouragement* ; on ne dit point encore à qui celui-là doit être décerné.

2º. Le Prix de *Vertu* : c'eft Jofeph Chrétien, cet enfant de Verfailles dont on a parlé dans le tems, qui l'a obtenu. On vient de graver fon portrait avec la médaille, dont Sa Majefté l'a décoré.

Il avoit pour concurrente une femme de chambre, qui depuis 1771, non feulement ne reçoit point de gages de fa maîtreffe, hors d'état de lui en donner, mais la nourrit de fon pécule & du travail de fes mains. Il paroît que celle-ci auroit dû l'emporter à beaucoup d'égards, & c'étoit l'avis de Me. *Target*, qui a reprefenté qu'il ne s'agiffoit point ici d'une fimple action héroïque, qu'un moment d'enthoufiasme pouvoit produire, mais d'une vertu foutenue pendant quinze ans, fans fe démentir.

3°. Le Prix *d'Utilité*. Il y en avoit deux à donner. On a trouvé que l'ouvrage de M. de la Cretelle *fur les préjugés des peines infâmantes*, méritoit l'un ; & l'autre a été accordé au livre *des Synonymes*, de l'*Abbé Roubaud*. Ce dernier choix a paru très mal fait & tout-à-fait ridicule.

4°. Le Prix *d'Eloquence* remis, dont l'objet étoit *l'Eloge de Louis XII*, eft remis encore une fois.

5°. Le Prix de *Poéfie*, remis auffi.

6°. Enfin le Prix de *Poéfie extraordinaire* en l'honneur du dévouement héroïque du Prince *Léopold* de *Brunswick* eft également remis.

On affure que toutes les pieces envoyées au concours de ces deux Prix font tellement foibles, qu'on a eu peine à en trouver deux qui méritaffent une exception pour en lire quelques fragmens à l'affemblée du 25 Août.

6 Août 1786. On parle depuis quelque tems d'une *Lettre de Caglioftro à un ami*, fi violente contre le Baron *de Breteuil*, qu'elle eft fort rare, parce que l'on n'ofe pas l'imprimer.

6 Août. Si l'on en croit des Lettres de Metz, le Prince *de Vaudemont*, dont le Régiment eft en garnifon dans cette ville, s'y eft fait une affaire très grave. On prétend que non seulement il n'a point voulu faire payer un fournisseur d'une somme qui lui étoit due; mais qu'il a déchiré son titre & que ce malheureux s'en étant plaint dans le public avec les qualifications que méritoit ce Colonel, il l'a excédé de coups, au point que l'artisan en est mort ou bien malade. Quoi qu'il en soit, le peuple furieux est allé chez M. le Procureur-général pour lui dénoncer le délit & le forcer à en rendre plainte au Parlement; ce qui a eu lieu & provoqué un Décret contre ce Seigneur. Toute sa famille est en mouvement pour arranger l'affaire.

6 *Août* 1786. L'assemblée du Clergé qui depuis le 3 du mois dernier a repris ses séances, est occupée de quatre objets principaux.

1°. Son grand procès avec le Gouvernement pour la foi & hommage : malgré tous ses efforts on croit que le Clergé succombera.

2°. L'éducation publique. Dès 1780 l'assemblée générale du Clergé avoit invoqué l'assistance de tout l'Episcopat, pour trouver des moyens d'arrêter le mal: on lui a fourni beaucoup de mémoires à ce sujet, sans aucun bien satisfaisant.

3°. L'augmentation des portions congrues. L'Assemblée est fort embarrassée à cet égard. Il est des Provinces où le haut Clergé jette les hauts cris & prétend qu'il est ruiné par la moindre augmentation en cette partie prise sur ses revenus.

4°. Les pensions & gratifications à donner aux écrivains travaillant dans les vues du Clergé. On compte environ huit cens Mémoires de demandeurs. Il s'est opéré à cet égard une grande révolution. Les Evêques administrateurs l'ont emporté sur les *Zelanti*, & l'on est convenu d'écarter tous les pédans ecclésiastiques, tous les cagots, fanatiques ou autres auteurs de cette espece, traitant du dogme de la liturgie, de la controverse & de toutes ces matieres trop rebattues ; on n'aura égard qu'aux écrivains qui s'occuperont de la Morale, de la Philosophie, de l'Education & des points vraiment utiles, toutefois choisis entre ceux de la compétence ecclésiastique.

7 Août 1786. L'objet de Me. *Linguet* dans le procès qu'il intente au Duc *d'Aiguillon*, étant principalement de faire du bruit & de réveiller le public engourdi sur son compte, afin d'occuper même ceux qui ne pourront pas l'entendre, il se proposoit de rendre public son plaidoyer ; mais comme il n'est plus sur le tableau des Avocats & qu'il est conséquemment privé du beau privilege de faire imprimer sur sa signature, il a trouvé partout des défenses de se prêter à son projet. On lui a déclaré qu'il falloit que son manuscrit fût auparavant soumis à la Censure. Il a fait des démarches auprès de M. le Garde des sceaux dans l'espoir d'obtenir plus de facilité ; mais le Chef de la justice lui a répondu qu'il ne

pouvoit le fouftraire à cette formalité, feulement qu'il lui éviteroit le désagrément de paſſer par un fubalterne & examineroit lui-même fon plaidoyer. Me. Linguet n'a pas voulu fe foumettre à cet examen & eſt reparti brufquement pour Bruxelles, d'où il rapportera fon Mémoire, à ce qu'on imagine, tout imprimé : par égard, fans doute, à la recommandation de l'Empereur, la caufe eſt renvoyée au mercredi 30.

M. le Duc *d'Aiguillon*, comme de raifon, trouve très mauvais que, pour contenter la fantaifie de fon adverfaire, on interverliſſe ainfi le cours de la juſtice.

7 Août 1786. Il s'eſt élevé depuis peu un orage contre M. *d'Aligre* : il a déplu à la Cour, qui jufques à préfent en avoit été fort contente. On parle de fon déplacement. M. le Préfident *de Lamoignon* redouble d'intrigue pour avoir cette place & fupplanter M. *d'Ormeſſon*. Il s'eſt jetté abfolument dans le parti de la Reine & efpere par-là mieux réuſſir. Il feroit naturel & jufte, fans doute, que M. *d'Ormeſſon* qui depuis plufieurs années partage les fatigues de la premiere Préfidence, en eût enfin les honneurs ; mais on parle de deux défauts phyfiques qu'on exagere ; on dit qu'il eſt fourd & n'a bientôt plus d'yeux.

7 Août. M. *Cochin*, Curé de Saint Jacques du haut pas, avoit établi peu avant fa mort un hofpice de charité pour les pauvres malades de fa paroiſſe. Par fon teſtament, il a légué tout son patrimoine à ce monument charitable. M. son frere, bien loin de réclamer contre, afin d'entrer dans les vues du Pasteur, vient de faire imprimer les *Prônes* &c. du défunt. Le produit de l'édition doit être consacré en entier au profit du même hospice; ce qui pourra contribuer à faire vendre l'ouvrage, qui autrement couroit risque de rester chez le Libraire.

7 Août 1786. La lecture du fameux requisitoire de M. *Seguier* contre le Mémoire de M. *Dupaty*, qui devoit avoir lieu demain, seulement a commencé aujourd'hui. Ce Magistrat s'est avisé d'aller ce même jour à l'Académie françoise & d'en parler; mais il s'est fait moquer de lui. Il se trouvoit-là le Marquis *de Condorcet*, qui l'a surtout houspillé de la bonne maniere. On observera en passant au sujet de cette petite anecdote, qui a transpiré dans le public, combien Messieurs les Jettonniers gagnent mal leur argent: ils sont-là comme dans un cercle & font la belle conversation, plutôt que de s'occuper d'études sérieuses, objet de leur fondation.

3 Août. La *Lettre du Comte de Cagliostro à un ami*, datée de Londres le 20 Juin, doit être regardée comme absolument fictive. Elle ne peut être de cet étranger, qui ne connoît pas assez notre langue pour l'avoir écrite & entre d'ailleurs dans des détails qu'il ignore certainement: elle n'est pas non plus de M. *d'Eprémesnil*, auquel on l'attribue; il auroit fait mieux que cela. On seroit tenté de la croire de plusieurs mains, à raison du mélange qui s'y rencontre de paragraphes plats, ignobles, & d'autres plus décents & mieux écrits. On juge que l'auteur est surtout un ennemi du Baron *de Breteuil*, qui ne mérite point les reproches dont on l'accable. Le destructeur du donjon de Vincennes exigeoit plus de ménagement; & il faut ignorer toutes les bienséances en parlant d'un homme de qualité, d'un grand Seigneur, d'un Ministre du Roi, pour le traiter de *cet homme*. Ce qui arrive deux ou trois fois au prétendu Comte de Caglioſtro dans sa Lettre mortellement longue. Du reste, on n'y observe que du verbiage; une répétition de ce qui a été dit dans les Requêtes & Mémoires du Comte. Une seule anecdote est noyée dans ce fatras; reste à savoir si elle est vraie, ou du moins racontée exactement. Le Comte *de Caglioſtro*, en preuve de la haine que lui portoit dès le principe le Baron *de Breteuil*, à raison de son attachement au Cardinal, dit que ce Ministre, voyant le buste du Docteur dans le palais de son Eminence, grommela avec colere entre ses dents: *On voit partout cette figure; il faut que cela finiſſe: cela finira.*

8. *Août* 1786. Depuis quelque tems un phénomene d'histoire naturelle attire les amateurs à Villiers le Bel, distant de quatre lieues de Paris. Il s'agit de Mlle. *Victoire le Tellier*,

fille du Procureur fiscal. Cette jeune personne, âgée de vingt-deux ans, n'a plus depuis quatre ans & demi l'infirmité propre à son sexe. Cet accident lui a été causé par une frayeur; mais depuis trois ans, son appétit étant fort diminué, elle a cessé d'aller à la garderobe; depuis un an elle a cessé d'uriner; enfin depuis plus de cinq mois elle n'a ni bu ni mangé.

Chaque nuit elle transpire un peu; ses mains & ses jambes se retirent. Il faut que chaque jour, en se réveillant, elle les remette dans leur état naturel, & cela s'opère sans douleur: du reste, elle est fraîche & elle a l'air de la santé: tout son extérieur annonce un corps sain & bien portant; elle se promène & peut faire par jour jusques à une lieue.

On prétend que dans l'histoire de France de Mezerai, sous le Regne de Henri IV, année 1599, cet historien rapporte un exemple semblable.

9 *Août* 1786. On annonce un ouvrage fort singulier de M. *Monvel*, arrivé depuis quelque tems aux comédiens. Il a pour titre *Bayard*; c'est une *Macédoine* littéraire; il y a de tout ce que comporte le théâtre; opéra, tragédie, comédie, drame, ballet.... Les acteurs ont déjà fait nombre de répétitions.

9 *Août* 1786. Cette année, M. le Contrôleur général a autorisé la Société royale d'agriculture à disposer d'une partie de la plaine des Sablons, pour juger jusques à quel degré le

terrein le plus aride & le plus ingrat pourroit être propre à la culture de la pomme de terre. Malgré les circonstances les plus défavorables & beaucoup de contrariétés, elles y sont venues dans un espace d'environ quatre arpens; cependant on convient que toute espece n'y réussiroit pas. Cette expérience prouve qu'il n'est point de sol, dans lequel on ne puisse tenter avec avantage cette culture, qui offre une nourriture saine & abondante aux hommes & aux animaux.

9 Août 1786. Depuis 1776 un M. *Coulon de Thevenot* avoit adressé à l'Académie des Sciences un Mémoire sur une découverte de sa façon, qu'il appelloit scientifiquement *Tachygraphie*; il s'agit de l'art d'écrire aussi vîte que la parole.

Un M. *Dupont* réveille cet art aujourd'hui, qu'il prétend avoir perfectionné en réduisant la méthode à quarante lettres ou notes; c'est l'objet de la curiosité du moment.

9 Août 1786. M. *d'Eprémesnil* a fait aux chambres assemblées la dénonciation, annoncée il y a longtems, concernant la détention à Pierre en cise, depuis sept ans du Comte *de Bussy d'Agonau*. Il paroît que l'affaire prend couleur; car la procédure a été portée chez un Procureur au Parlement.

10 Août. Le Roi vient de signer un des projets de place pour l'érection de sa statue à Brest. C'est le Sieur *Jallier de Savault*, archi-

tecte, ancien pensionnaire de Sa Majesté, qui s'en déclare l'auteur.

10 *Août* 1786. La Lettre du Comte *de Cagliostro* étant toujours fort rare & point imprimée, il est bon d'en extraire les paragraphes principaux & à conserver.

„ Mon courage a, dit-on, irrité le Minis-
„ tre; il n'a pu digérer qu'un homme dans les
„ fers, qu'un étranger sous les verroux de la
„ Bastille, sous sa puissance, ait élevé la voix,
„ comme je l'ai fait; pour le faire connoître,
„ lui, ses principes, ses agens, ses créatures,
„ aux tribunaux françois, à la Nation, au
„ Roi, à l'Europe entiere.......

„ Mon ami, tirez-moi d'un doute; le Roi
„ m'a chassé de son Royaume : mais il ne
„ m'a pas entendu...... Est-ce ainsi que s'ex-
„ pédient les lettres de cachet en France? Si
„ cela est, je plains tous vos concitoyens.....
„ Quoi, mon ami, vos personnes, vos biens
„ sont à la merci du Ministre de Paris tout
„ seul? Il peut impunément tromper le Roi;
„ il peut, sur des exposés calomnieux & ja-
„ mais contredits, surprendre, expédier &
„ faire exécuter...... des ordres rigoureux
„ qui plongent l'innocent dans un cachot &
„ livrent sa maison au pillage......

„ Quand le Roi signe une Lettre d'exil ou
„ d'emprisonnement, il a jugé le malheureux
„ sur qui va tomber sa rigueur toute-puis-
„ sante ; mais sur quoi a-t-il jugé ? Sur le

„ rapport d'un Ministre, & ce Ministre sur
„ quoi s'est il fondé? Sur des plaintes incon-
„ nues, sur des informations ténébreuses, qui
„ ne sont jamais communiquées; quelquefois
„ même sur de simples rumeurs, sur des bruits
„ calomnieux, semés par la haine & recueillis
„ par l'envie. La victime est frappée sans sa-
„ voir d'où le coup part: heureuse, si le Mi-
„ nistre qui l'immole, n'est pas son ennemi!
„ Je le demande, sont-ce là les caracteres d'un
„ jugement? & si vos Lettres de cachet ne
„ sont pas au moins des jugemens privés, que
„ sont-elles donc?.....

„ Toutes les prisons d'Etat ressemblent-elles
„ à la Bastille? Vous n'avez pas d'idée des
„ horreurs de celle-ci. La cynique impuden-
„ ce, l'odieux mensonge, la fausse pitié, l'iro-
„ nie amere, la cruauté sans frein, l'injustice
„ & la mort y tiennent leur empire. Un si-
„ lence barbare est le moindre des crimes qui
„ s'y commettent.

„ J'étois depuis six mois à quinze pieds de
„ ma femme & je l'ignorois. D'autres y sont
„ ensévélis depuis trente ans, réputés morts,
„ malheureux de ne pas l'être! n'ayant com-
„ me les damnés de *Milton* de jour dans leur
„ abîme, que ce qu'il en faut pour apperce-
„ voir l'impénétrable épaisseur des ténébres
„ qui les enveloppent: ils seroient seuls dans
„ l'univers, si l'Eternel n'existoit pas. Oui,
„ mon ami, je l'ai dit captif, & libre je le

„ repete: il n'eſt pas de crime qui ne ſoit ex-
„ pié par un mois de Baſtille....

„ Vous avez tout ce qu'il faut pour être
„ heureux, vous autres François : ſol fé-
„ cond, doux climat, bon cœur, gaieté char-
„ mante, du génie, des graces : vous êtes
„ propres à tout; ſans égaux dans l'art de
„ plaire; ſans maîtres dans les autres : il ne
„ vous manque, mes bons amis, qu'un pe-
„ tit point; c'eſt d'être ſûrs de coucher dans
„ vos lits, quand vous êtes irréprochables.
„ Mais l'honneur ! mais les familles ! Les let-
„ tres de cachet ſont un mal néceſſaire. Que
„ vous êtes ſimples ! on vous berce avec ces
„ contes. Des gens inſtruits m'ont aſſuré que
„ la réclamation d'une famille étoit ſouvent
„ moins efficace pour obtenir un ordre de dé-
„ tention, que la haine d'un Commis ou le
„ crédit d'une femme infidele.... L'hon-
„ neur ! les familles ! quoi, vous penſez que
„ toute une famille eſt deshonorée par le ſup-
„ plice d'un de ſes membres ? quelle pitié !
„ mes nouveaux hôtes penſent un peu diffé-
„ remment. Changez enfin d'opinion & mé-
„ ritez la liberté par la raiſon."

On aſſure aujourd'hui que le Comte *de Caglioſtro* avoue la Lettre.

10 *Août* 1786. Une anecdote fâcheuſe qu'on
conte ſur M. *d'Aligre*, eſt vraiſemblablement la
cauſe des rumeurs qui ſe ſont répandues de ſa
diſgrace prochaine. Il avoit fait faire ſa ſou-

miffion pour deux cens mille francs dans un des Emprunts derniers du tréfor royal. En conféquence on lui avoit expédié fon bordereau & il avoit déjà touché deux ou trois années d'arrérages. Cependant il ne payoit point le capital. Le Garde du tréfor royal d'exercice cette année lui a fait demander cette fomme: M. *d'Aligre* a répondu que c'étoit un oubli de fon Notaire; au bout de quelque tems n'ayant pas fatisfait, le Garde du tréfor royal l'a fait inviter de nouveau & n'en a pas tiré meilleure raifon. Il a pris le parti d'en parler au Contrôleur général: celui-ci enchanté de trouver une occafion de rendre défagréable à Sa Majefté le Magiftrat dont il avoit à fe plaindre, a rendu compte du fait au Roi. Cette anecdote qu'on ne vouloit pas croire, eft fi généralement fue & atteftée par des gens tellement dignes de foi, qu'on ne peut gueres déformais la révoquer en doute.

11 *Août* 1786. Me. *de Seize*, cet Avocat dont on a parlé plufieurs fois, à raifon de fon début brillant, foit au Châtelet, foit aux Enquêtes, foit aux autres Tribunaux, où il s'eft montré, n'a fait que d'hier fon entrée à la Grand'Chambre dans le procès de la Marquife *de Cabris* contre fa belle-mere; il a plaidé pour le mari pendant deux heures & demie. L'affemblée étoit brillante & nombreufe; beaucoup de femmes de qualité y affiftoient: il a enlevé tous les fuffrages. Il a fait à Meffieurs un compli-

ment noble, très bien amené & dont ils ont été on ne peut pas plus satisfaits. On est convenu que nous n'avons point au barreau d'orateur qui possède autant de qualités réunies; profond dans les loix, pressant dans les raisonnemens, adroit dans les citations, il ne s'écarte jamais de son sujet & il sait pourtant en tirer toutes les ressources qui peuvent fournir à son éloquence ; pathétique, nerveux tour à tour, il est hardi sans impudence, & insinuant sans bassesse, ou sans flatterie. On craignoit seulement que son organe ne pût suffire à l'immensité du vaisseau & cependant sa voix s'est très bien soutenue. Il est vrai qu'il regnoit le silence le plus parfait, interrompu de tems en tems seulement par les applaudissemens du public, par les *bravo*, les *bravissimo* de l'enthousiasme.

11 *Août* 1786. Me. *Feral* est un Avocat connu par un soufflet qu'il reçut dans la nouvelle halle aux bleds le jour des fêtes de la paix; on en parla beaucoup dans le tems ; il désiroit que son Ordre prît fait & cause pour lui : l'Ordre s'y est refusé & vraisemblablement l'affaire s'est arrangée pour de l'argent.

Cet Avocat revient sur la scene, à l'occasion d'une autre affaire qui n'est gueres moins honteuse. Il est accusé de braconnage. C'est en Normandie que s'est commis le délit qu'on lui impute. Le fait de peu de conséquence au fond, s'est aggravé par les circonstances. Il en est résulté un procès immense, porté d'abord aux Jurisdictions inférieures, ensuite au Parlement de Rouen, de-là au Conseil, enfin renvoyé au Parlement de Paris. Depuis quelque tems, il occupe des audiences très courues de la Grand'Chambre & Tournelle assemblées, à raison de l'Abbé *de Poudens*, le principal adversaire de Me. *Feral*; il s'y rencontre en outre d'autres parties, telles que plusieurs garde-chasses : ensorte que Me. *Feral* a cinq ou six Avocats en tête, & résiste à tous avec une constance, ou plutôt avec une opiniâtreté merveilleuse.

On prétend que l'Abbé *de Poudens* a peut-être déjà dépensé cent mille francs dans ce procès.

11 *Août* 1786. Le Réquisitoire de M. *Seguier* a occupé trois séances & neuf heures de lecture ; les Avocats-généraux, ses confreres, se relayoient pour le lire d'heure en heure & les chambres assemblées l'écoutoient dans le plus profond silence & avec la plus grande admiration. On dit que c'est un chef-d'œuvre de logique, d'érudition, de critique & même d'éloquence en plusieurs endroits : on compte qu'il aura plus de trois cens soixante pages d'impression in-4º.

Messieurs se sont rassemblés hier au soir à sept heures pour rendre l'Arrêt en conséquence, & ne se sont séparés qu'à onze heures.

LI *Août*. On a dit que M. *Dupaty* se proposoit de se réunir à sa compagnie lors de l'audience du Roi; mais sa compagnie l'a traité comme une brebis galeuse : personne ne lui parloit & l'on s'écartoit de lui tant que l'on pouvoit.

12 *Août* 1786. La correspondance entre M. *d'Espremesnil* & le Procureur général au sujet du Comte *de Cagliostro* n'étant point imprimée, étant peu connue & cependant essentielle pour completter l'affaire, on va la placer ici.

Lettre de M. Duval d'Epremesnil à M. le Procureur général.

Je me suis assuré, Monsieur, que vos ordres arrêtoient l'expédition, soit entiere, soit même par extrait, de l'Arrêt rendu en faveur de M. le Cardinal de Rohan, & de M. le Comte de Cagliostro, jusques à l'exécution des condamnés : de pareils ordres supposent un sursis & je n'en doute plus. Mais j'ai l'honneur de vous représenter qu'il n'est pas dans l'intention du Roi, que le sursis préjudicie aux droits des innocens; en voici deux pourtant qui souffrent de vos ordres; M. le Cardinal & M. le Comte de Cagliostro. Je ne vous parlerai pas du premier, il reste en France; mais le second empressé de prouver son respect pour la personne sacrée du Roi, par une prompte obéissance à des ordres supérieurs, qui l'éloignent pour jamais de la France, se dispose à partir avant l'expiration du délai que ces ordres lui laissent: le réduirez-vous, Monsieur, à partir sans son Arrêt, devenu son passe-port en pays étranger? C'est une question que je prends la liberté de vous soumettre. Daignez écouter votre justice, daignez consulter votre prudence, & je me persuade que, par prudence, autant que par justice, vous excepterez M. le Comte de Cagliostro du sursis de l'Expédition. J'ai l'honneur de vous en prier, au nom des loix, au nom de cet étranger illustre & innocent, qui m'honore de son amitié. Cicéron disoit que les étrangers étoient confiés par les Dieux à la garde des citoyens: c'étoit s'expliquer en Procureur-général du genre humain; c'étoit, Monsieur, tracer d'avance une des maximes de votre ministere admirable, qui, toujours pur & toujours indépendant, comme les loix, peut rectifier par leurs secours toutes les erreurs, les siennes même & celle de la justice: Ministere surtout si bien constitué, qu'il ne peut jamais manquer d'organe. J'ose, Monsieur, vous supplier en conséquence de donner au Greffe des ordres, pour que M. le Comte de Cagliostro, prêt à partir, puisse avoir son Arrêt, du moins par Extrait, &c.

Réponse de M. le Procureur-général, du 9 Juin.

J'ai reçu, Monsieur, la Lettre que vous m'avez fait l'honneur de m'écrire, en date de ce jour: je l'ai lue avec toute l'attention qu'elle mérite. J'aurai l'honneur de vous obſerver, qu'avant de partir pour ma campagne, je me ſuis fait repréſenter la minute de l'Arrêt, & je n'ai trouvé aucune dispoſition qui puiſſe m'autoriſer à accéder à ce que vous déſirez. Je ne manquerai pas de mettre votre Lettre ſous les yeux de M. le Premier Préſident & de M. le Rapporteur à mon retour à Paris. Je vous prie d'être perſuadé des ſentimens reſpectueux, avec lesquels j'ai l'honneur d'être &c.

Réponſe de M. d'Epremesnil à la Lettre de M. le Procureur-général.

11 Juin 1786.

J'ai reçu, Monſieur, avec autant de douleur que de ſurpriſe la réponſe dont vous avez honoré ma Lettre du 9 de ce mois. Daignez, je vous ſupplie, ne point prendre en mauvaiſe part mes obſervations, & trouvez bon que je réclame pour tous Meſſieurs contre l'uſage que vous feriez de cette Lettre, en la mettant ſous les yeux de M. le Premier Préſident & de M. *Titon*: ſi par cette communication, vous ſoumettiez ma prière à leur jugement, mon reſpect pour ces deux Magiſtrats ſubordonné à celui que j'ai pour la Cour, ne va pas jusques à les reconnoître pour juges de l'exécution d'un Arrêt: un Arrêt rendu, le miniſtère du Premier Préſident & du Rapporteur eſt borné, ce ſemble, à le ſigner; & le vôtre, Monſieur, permettez de vous le dire, à le faire exécuter; à moins que la bonté du Roi n'ait accordé un furfis; je dis la bonté, car il est tout au moins inutile de recourir pour un furfis à fa juftice. La juftice du Roi étant toujours défarmée par une abfolution même erronnée, & fa bonté n'étant jamais enchaînée par une condamnation même fondée. Les principes, Monfieur, qui vous font auffi chers qu'à moi, m'autorifent à vous repréfenter que dans l'efpece dont il s'agit, le furfis exifte ou n'exifte pas: s'il n'exifte pas, l'Arrêt doit être expédié; l'opinion à cet égard de M. le Premier Préfident & de M. le Rapporteur eft indifférente: s'il exifte, l'exécution de l'Arrêt doit être fufpendue pour les condamnés, non l'expédition pour les abfous. L'opinion de M. le Premier Préfident & de M. le Rapporteur eft encore indifférente, & l'une des preuves, entre bien d'autres, de cette vérité, eft que le furfis ne s'adreffe qu'à vous, Monfieur, parce que le foin de le faire exécuter ne s'adreffe qu'au Procureur-général du Roi. Au furplus, Monfieur, votre Lettre me donneroit à croire, que vos doutes fur l'expédition ne proviennent pas d'un furfis, mais des difpofitions de l'Arrêt même. Vous n'en trouvez aucune, me dites-vous, qui puiffe autorifer votre acceffion à mes défirs: cependant il eft notoire & l'un de Meffieurs de la Grand' Chambre me l'a bien expliqué, que la permiffion de faire imprimer & afficher, étoit accordée par l'Arrêt à M. le Cardinal & à M. le Comte de Cagliostro. Ceci trancheroit toute difficulté. Quoi qu'il en soit, Monsieur, j'apprendrois de vous-même, si j'ignorois, que tout homme accusé par le Ministere public & déchargé d'accusation, encore que le jugement ne porte pas la permission de faire imprimer & afficher, a très certainement le droit de se le faire expédier. Ce jugement est sa propriété. Ainsi, Monsieur, principes, circonstances, droit naturel, droit positif, tout assure à M. le Comte de Cagliostro qu'il a le droit de se faire expédier son Arrêt, soit en entier, soit par extrait, indépendamment de l'opinion de M. le Premier Président & de M. le Rapporteur, & je respecte assez M. le Procureur-général pour oser lui dire, indépendamment de la vôtre même. Je prends donc la liberté d'insister auprès de vous seul, sur la révocation de vos ordres, révocation d'autant plus urgente, que, sous trois jours peut-être, M. le Comte de Cagliostro aura manifesté sa prompte soumission au Roi, par son départ. Excusez ma franchise; il est possible, Monsieur, qu'elle déplaise : ce ne fut jamais mon intention; mais enfin, quand ce malheur m'arrive, ma consolation est d'abord dans mon cœur, & bientôt dans celui des autres. Je vous supplie d'agréer l'hommage &c.

12 *Août* 1786. Il y a eu dix avis différens au sujet du Requisitoire de M. *Seguier* : enfin

on s'est résumé à deux; l'un de M. *Ferrand*, Conseiller de la seconde chambre des Enquêtes, qui n'étoit que pour la simple suppression du Mémoire dénoncé en faveur des trois hommes condamnés à la roue: l'autre, de M. le Président *d'Ormesson* pour la lacération & la brûlure.

L'avis de M. *Ferrand* porté à la douceur, étoit motivé sur la circonstance du Parlement, juge dans sa propre cause. Ce qui le mettoit dans le cas d'user d'une modération plus grande; en conséquence il faisoit précéder l'Arrêt de *considérant* &c. où il faisoit sentir combien cet écrit étoit susceptible d'être jugé plus sévèrement, & rapportoit à la sagesse des Magistrats l'indulgence dont ils usoient envers l'écrit & ses auteurs.

Cet Avis avoit beaucoup de faveur, lorsque M. *d'Ormesson* opinant l'avant-dernier, a fait voir l'inconséquence qu'il y auroit dans la conduite du Parlement si, en adoptant le requisitoire de M. *Seguier*, il n'en adoptoit pas les conclusions nécessaires; inconséquence qu'avoit pu se permettre le Ministere public, mais à laquelle s'opposoit la justice inflexible de la Cour. La crainte d'être accusé de partialité n'étoit pas un motif pour mitiger l'Arrêt; ce ne sont pas les Magistrats qui jugent; c'est la Loi: jamais le Roi n'a mis de restriction dans les fonctions du Parlement, & il ne doit pas plus s'abstenir de venger ses injures que celles

des

des autres particuliers; puisque c'est au Roi, qu'il a l'honneur de représenter, qu'elles s'adressent; puisque l'attentat contre son autorité est un attentat contre l'autorité royale.

Cet avis motivé avec beaucoup de jugement & d'énergie l'a emporté. Il a eu 59 voix & celui de M. *Ferrand* 39 seulement.

Comme M. *Fretteau*, beau-frere de M. *Dupaty*, s'étoit absenté de la séance, M. *d'Eprémesnil*, en opinant, lui a fait un compliment de condoléance; il a témoigné son regret, qu'il ne siégeât point entre Messieurs un membre qui auroit sans doute ouvert un avis lumineux, ainsi qu'il l'avoit fait tant de fois; il a gémi sur ce que ce membre étoit actuellement malade dans son lit & peut-être à la veille de ne plus reparoître dans la compagnie.

L'Arrêt condamne le Mémoire à la lacération & brûlure par la main du bourreau, avec les qualifications les plus fortes. Du reste, Messieurs qui en connaissent les auteurs, comme hommes n'ont point voulu précipiter rien; ils ont ordonné qu'il seroit informé contre les auteurs, distributeurs & colporteurs du Mémoire, pour en être rendu compte aux Chambres assemblées le vendredi suivant & être statué & ordonné ce qu'il appartiendroit.

13 *Août* 1786. L'Archiduchesse, Duchesse de Saxe-Teschen, Gouvernante des Pays-Bas Autrichiens & sœur de la Reine, est ici avec

son mari. Comme ils ont eu plusieurs conférences avec M. *Necker*, on se réveille sur le compte de celui-ci & l'on prétend que ces augustes étrangers pourroient le remettre dans les bonnes graces de la Reine & le faire rappeller au Ministere.

13 *Août* 1786. On reproche aux Italiens d'avoir mis trop de recherches dans leur musique d'église, approchant beaucoup de celle du théâtre & par cette raison attirant les profanes avec autant d'affluence. En France, au contraire, la musique d'église est dénuée des instrumens; ce qui en rend les compositions très bornées, pauvres & sans effet dans leur exécution; de-là la solitude de nos temples.

Messieurs de Notre-Dame, sur les représentations de M. l'Abbé *le Sueur*, nouveau Maître de Chapelle, ont senti les causes de l'imperfection de la musique de cette église, quoique renommée entre les autres, &, par une délibération capitulaire ont arrêté que, dans toutes les grandes fêtes de l'année, à commencer de la prochaine de l'assomption, il seroit joint désormais un orchestre à la musique vocale, qui jusques à présent n'a jamais été accompagnée que de basses & de bassons.

Tous les amateurs instruits de cette innovation, se disposent à se rendre demain à Notre-Dame & à jouir de ce spectacle.

On se doute bien que les vieux chanoines ont grommelé beaucoup contre cette proposition; ils ont prétendu que c'étoit déroger au caractere grave, simple, touchant & majestueux qu'exigent les cérémonies augustes de la religion, & les transformer en un spectacle purement mondain. Qu'on attireroit sans doute la foule, mais une foule scandaleuse, & qu'on troubleroit, au contraire, les vrais fideles dans leur recueillement.

13 Août 1786. Il paroît que la querelle suscitée à M. *d'Aligre* a tourné à la confusion de ses ennemis; c'est dans un emprunt de M. *Necker* que, sollicité par cet Administrateur général des finances, il avoit placé la somme en question en rentes viageres, en donnant effectivement son billet à acquitter par son Notaire, le Sieur *le Pot d'Auteuil*. Celui-ci étant mort, ayant laissé une succession fort chargée d'affaires, M. *d'Aligre* n'a point encore eu l'état de la gestion de cet agent & se persuadoit que cette dette étoit soldée depuis long-tems. Tel est du moins la maniere dont le Premier Président s'est justifié auprès de Sa Majesté, lorsqu'il en a été mandé sur les plaintes du Ministre des finances. Il a même profité adroitement de la circonstance, pour observer à Sa Majesté quelle confusion il regnoit dans son Trésor royal, où l'on laissoit depuis longtems en arriere une dette de cette espece. Le Roi, satisfait de cette justification, a écrit de sa main une Lettre à M. *d'Aligre*, où il lui témoigne le retour de sa bienveillance & lui dit, qu'il n'eſt indigné que contre ceux qui l'ont calomnié auprès de ſa perſonne.

Du reſte, M. *d'Aligre* s'eſt piqué d'un beau déſintéreſſement &, en faiſant porter au tréſor royal les deux cens mille francs, y a fait reſtituer tous les intérêts qu'il avoit touchés juſques à ce jour.

14 *Août* 1786. M. *Bertholet*, de l'Académie des Sciences, a rendu compte le mercredi 9 à l'aſſemblée de la Compagnie d'une Lettre qu'il venoit de recevoir de M. *Blagden*, Secrétaire de la Société Royale de Londres, dont voici la ſubſtance.

Le premier Août, il a été découvert une petite comete entre la chevelure de *Bérénice*, & la dernière patte de la *grande ourſe*, à 174 dégrés d'aſcenſion droite & 31 dégrés de déclinaiſon boréale.

On doit cette annonce à Miſs *Caroline Herſchel*, ſœur du célèbre aſtronome de ce nom, qui a découvert une nouvelle planete : elle a coutume de parcourir le ciel avec ſon frere, & quoiqu'il fût parti pour Hanovre, elle n'a pas diſcontinué de s'en occuper & le fait avec ſuccès, comme le prouve ſa découverte....

14 *Août*. *Moulin-joli* eſt un endroit délicieux, chanté par l'Abbé *de Lille* dans ſon poëme des *Jardins*. Il eſt en quelque ſorte de la création de feu M. *Watelet*, qui avoit choiſi ce lieu pour le theâtre de ſes amours avec ſa maîtreſſe, Madame *le Comte*, femme d'un Procureur au Parlement.

Depuis la mort de M. *Watelet*, Madame *le Cointe* a sans doute été dans le cas de vendre ce séjour enchanté, devenu pour elle insupportable par le souvenir des plaisirs qu'elle ne pouvoit plus y goûter avec son *Medor*. Il n'y a pas longtems que M. *de Calonne* y a conduit Madame *le Brun*, qui ne connoissoit pas le *Moulin-joli*. Après lui en avoir fait parcourir tous les détails charmans, il lui a demandé comment elle s'y trouvoit? si elle s'y plairoit? Madame *le Brun* ayant répondu avec les exclamations de l'enthousiasme.... ,, Eh bien, ,, Madame ; *Moulin-joli* est à vous," lui a répliqué le galant Ministre des finances, & il lui a remis en même tems les titres d'acquisition.

14 *Août* 1786. Me. *le Grand de Laleu*, tandis qu'il se prépare au Parlement & dans son Ordre un orage violent contre lui, n'en poursuit pas moins ses honorables fonctions & publie encore un Mémoire à consulter & une Consultation en date du 24 Juin dernier. Son objet est de soustraire six accusés à des peines injustement prononcées par la Cour des Aides de Paris. Un sursis obtenu de M. le Garde des sceaux donne lieu de présumer que les motifs de cassation ont déjà fait quelque impression sur ce Chef de la justice.

La Loge des neuf sœurs, qui ne pense pas tout-à-fait comme l'Ordre des Avocats & le Parlement sur Me. *le Grand de Laleu*, par une délibération *ad hoc*, a arrêté de faire graver à ses frais le portrait de Me. *le Grand de Laleu* & celui de M*. Dupaty*. Tous deux sont en vente depuis quelque tems & très ressemblans.

14 *Août* 1786. Le 10 Juillet dernier le Parlement a rendu un Arrêt, dont l'énoncé seul est très plaisant; il fait défenses à toutes personnes, de quelque qualité & condition qu'elles puissent être, d'exiger que les nouveaux mariés, habitans de la paroisse de Verrages, sautent, le jour de la pentecôte, ni aucun autre jour, dans aucun trou. Fait pareillement défenses aux nouveaux mariés de se présenter pour faire le saut.

Sans en savoir davantage, on conçoit que cette grotesque & indécente cérémonie doit vraisemblablement se rapporter aux tems barbares de la féodalité.

15 *Août*. Dans le marché fait avec les entrepreneurs du démolissement des maisons du Pont Notre-Dame & de la construction du parapet des deux côtés en leur place, la ville étoit convenu que celui du côté de la Greve seroit achevé pour le jour de la Vierge, où elle se rend à Notre-Dame, afin d'y assister à la procession usitée depuis le vœu de Louis XIII. La convention a été tenue & le parapet est terminé & approprié; il est spacieux & gardé des deux extrémités, afin que personne ne puisse le profaner en ce jour, que le corps de ville

n'en ait en quelque forte fait l'inauguration par
fa marche.

15 *Août* 1786. M. le Marquis *de Falvy* eſt un
poëte aimable, qui ſe conſacre ſurtout à chanter les événemens du jour. Il n'a pas manqué
de célébrer l'heureux accouchement de la
Reine. Un habitant de Falvy, terre dont il
porte le nom, ſituée en Bourgogne, qui lui
appartenoit autrefois, aiguillonné par une noble émulation de concourir avec ſon ancien
Seigneur, a enfanté le couplet ſuivant en patois villageois, & qui ne manque pas de naturel & de ſel. Il eſt ſur l'air: *ton humeur,
Catherine.*

  De Louis & d'Antoinette
  C'qui nous vient eſt toujours bon,
   Not' cœur a ce qu'il ſouhaite,
  Que ce ſoit fille ou garçon;
   Frer' com' ſœur & ſœur com' frere
  C'eſt un enfant à cherir:
   Tous, du côté du pere & & d' mere,
  Pour être aimés, ont d'qui tenir.

16 *Août*. Depuis un mois que le *Mauſo'és* de M. & de Madame *de Boulenois* eſt découvert dans l'égliſe des Carmes de la place
Maubert, on a eu le tems de recueillir les
différens avis des artiſtes & des amateurs
impartiaux.

Tout le monde convient d'abord que l'idée
d'un pareil monument eſt trop giganteſque
pour un ſimple particulier, pour un Avocat

peu connu ; enfuite que fon exécution & fa magnificence font ridicules par la même raifon; enfin que la compofition n'en eft point affez religieufe pour une églife & que dans tous les cas l'allégorie en eft obfcure & énigmatique.

Examinant alors le monument en lui-même, on le trouve vraiment beau. Une fuperbe tombe de Portor en fait la maffe principale : la Juftice arrêtée dans fa marche par le bruit qu'excite le battement des aîles de l'aigle offrant dans fes ferres les Portraits du mari & de la femme, s'appuye fur le farcophage, & par les mouvemens de fa main & de fa tête femble déplorer la perte d'un auteur dont elle a adopté l'ouvrage, & qui s'explique par le titre tracé en lettres d'or fur un rouleau qu'elle tient.

Cette figure, la feule du Maufolée, eft févere, telle que doit l'être celle de la Juftice : elle répond à l'idée qu'en fait concevoir le pinceau fublime de Raphaël dans le Vatican, où le Sculpteur, qui eft à Rome, a fans doute puifé fes idées principales fur cette Divinité. Sa draperie eft une imitation fidele des draperies & de leurs plis, fi juftement admirés dans les figures antiques.

Une Urne fépulchrale, vraiment antique, furmonte le farcophage & ajoute à la richeffe de ce maufolée, qu'on éleve aujourd'hui jusques au prix de 200,000 & même de 300,000 livres.

Quant à fon auteur, M. *Poncet*, il eft François & de Lyon, mais réfide effectivement à Rome;

Rome; il jouit d'une haute réputation dans cette patrie des arts, où l'on a mal à propos fait courir le bruit que ſes talens l'avoient élevé, quoiqu'étranger, à la Préſidence de l'Académie Romaine. C'eſt une place qui eſt toujours remplie par un Artiſte. On le nomme *il Signor Principe*. Il n'a au-deſſus de lui, pour le département des arts, que le Cardinal Secrétaire d'Etat & premier Miniſtre du Pape. On juge que revêtu d'une ſemblable dignité, on peut facilement ſe paſſer d'être membre de l'Académie de Peinture & de Sculpture de Paris. Mais elle ne ſe confere, ſans doute, qu'aux nationaux.

Depuis longtems aucun attelier à Rome n'eſt plus occupé que le ſien, ſoit pour ſa Sainteté, ſoit pour les amateurs de tous les pays. Il exécute actuellement en marbre les Statues de leurs Majeſtés Britanniques : en outre, pluſieurs Lords l'ont chargé de différens ouvrages, l'un desquels ſera, pour le volume, auſſi conſidérable que le beau grouppe d'*Arie & Poëtus*; mais ſes chef-d'oeuvres ne ſont pas ſeulement en Angleterre, en Italie, en Ruſſie, on annonce quatre belles figures de ſa façon, qui décorent le ſallon de M. *de la Chapelle*, au garde de meubles du Roi, où elles attirent les amateurs patriotes & étrangers.

On ne ſauroit croire combien le haut prix de ce Mauſolée a éveillé la cupidité & excité la jalouſie de certains artiſtes, cherchant à le décrier. Suivant eux, M. *Poncet* s'est imposé une tâche au-dessus de ses talens & de ses connoissances; il n'a été dans son travail qu'un imitateur grossier de l'antique; affectant un enthousiasme pour le style sublime, afin de se faire des partisans, en fascinant des yeux peu connoisseurs. Il n'est aucune partie de la figure de la Justice, si noble & si majestueuse, qui ne leur déplaise; ils voudroient que cette Divinité eût la légereté, les formes sveltes & les proportions élégantes d'une Terpsichore, ou de quelque Nymphe. Ils regardent comme une *charge*, la draperie de linge mouillé qui produit, sans doute, un mauvais effet dans la peinture; mais en produit un fort beau dans la sculpture, en évitant la grandeur & la dureté des plis, en rendant les figures plus agréables & les contours plus marqués. Ils finissent par dire que M. *Poncet* n'est qu'un sculpteur médiocre, sans savoir, sans génie, sans principes; & cependant sa nouvelle production, exposée à Rome aux yeux du public, avant d'être envoyée ici, a obtenu les suffrages des Italiens si difficiles en ce genre. C'est la meilleure réponse qu'on puisse opposer à ses détracteurs.

16 *Août* 1786. Le vaisseau de carton trop fragile a pris facilement eau & coulé bas peu de tems après avoir été lancé; on a été obligé de le repêcher & de le retirer de la riviere en fort mauvais état. C'est un pur enfanti-

lage, dont on connoît aujourd'hui toute la frivolité. Il est des gens qui attribuent cette production à M. le Marquis *du Crey*, le Chancelier actuel de M. le Duc d'Orléans & qui se mêle un peu de mécanique, de marine & de construction.

17 *Août* 1786. M. *Dupaty* a écrit une Lettre au Premier Président du Parlement de Paris, où il lui dit qu'il est inutile de faire une information concernant l'auteur du Mémoire dénoncé au Parlement; que c'est son ouvrage, & qu'en conséquence il le prie de vouloir bien lui nommer un Procureur, afin de mettre opposition à l'Arrêt.

On ne dit point si Me. *le Grand de Laleu* a fait pareille démarche; mais on sait que la Deputation voulant prévenir l'Arrêt du Parlement, a décidé aujourd'hui que cet Avocat seroit rayé du tableau.

17 *Août*. Ceux qui ont assisté avant-hier au concert spirituel, où l'on a exécuté pour la première fois un nouveau motet de M. *Philidor*, un *Te Deum* de la plus grande magnificence, ont trouvé qu'il s'étoit surpassé, principalement dans le verset *Judex crederis*: il a peint, suivant ses admirateurs, le bouleversement de la nature avec les couleurs les plus effrayantes, & il a trouvé le secret de produire des effets absolument neufs.

18 *Août*. M. *Roucher* déclare être un des candidats qui ont concouru pour le Prix de

M 6

l'*Eloge du dévouement de Léopold de Brunswick*. Il a composé à ce sujet un poëme, dont il est enthousiasmé: malheureusement les juges ne l'ont pas été. Sachant qu'ils avoient décidé de remettre le Prix; par ses protecteurs & amis il a demandé la relure de la piece: on a eu cette condescendance, sans qu'elle ait paru meilleure. Piqué au vif, il a déchiré le voile de l'anonyme, il s'est montré à découvert, il a fait imprimer son poëme en grand nombre d'exemplaires & en a envoyé à toutes les portes cocheres: ce qui n'a tourné qu'à sa confusion. On n'a pu qu'applaudir à la sévérité de l'Académie; il n'y a pas un vers qu'on puisse citer que pour le ridicule.

18 *Août* 1786. Jeudi dernier Me. *Duveyrier* a plaidé à la Grand' chambre pour Madame la Marquise de *Cabris*, & Me. *Blondel* pour la fille. Cette audience a été honorée de la présence de M. le Duc & de Madame la Duchesse de *Saxe-Teschen*; ensorte que le premier Avocat qui a parlé, s'est trouvé obligé de leur faire un compliment *ex abrupto*, dont il s'est pourtant fort bien tiré. Du reste, ces confreres n'ont servi qu'à rehausser le triomphe de Me. *de Seize*, qui ayant dans son plaidoyer enlevé toute la fleur du sujet, ne leur a laissé, pour ainsi dire, qu'à glaner après lui.

Le plaidoyer de Me. *Duveyrier* a été remarquable par un épisode sur le Comte *de Grasse*, immiscé dans ce procès, comme on l'a dit autrefois, & l'orateur a fait une sortie des plus violentes contre lui, où il n'a pas oublié le combat du 12 Avril 1782; il a peint sa lâcheté & sa couardise, avec toute l'indignation d'un vrai patriote.

Un autre morceau du plaidoyer de Me. *Blondel* n'a pas produit moins de sensation, quoi qu'il ne concernât pas un personnage aussi fameux: il s'agit de l'Abbé *Desplasses*, Chanoine de Notre-Dame & Conseiller du Grand-Conseil, qui se trouve jouer un rôle de séducteur dans l'affaire: il est accusé d'avoir abusé du tribunal de la pénitence, pour avoir voulu maquignonner un mariage de Mlle. *de Cabris* avec le fils du Comte *de Morangies*; & n'ayant pu la déterminer par ses insinuations, de lui avoir remis une Lettre de l'aspirant, qu'elle a eu la prudence de ne point ouvrir & de porter à la Supérieure du couvent, dont cet Abbé est apparemment Directeur.

Ces détails curieux en eux-mêmes ont suppléé aux talens des orateurs & les ont fait écouter avec beaucoup d'intérêt & d'attention.

18 *Août* 1786. *Le Voyage des Papes* commence à faire bruit; on dit que c'est un ouvrage essentiel, très intéressant & surtout très caustique.

19 *Août*. Les Chambres se sont rassemblées hier pour entendre le rapport des gens du Roi concernant l'information dont ils étoient

chargés. M. le Premier Président a commencé par faire part de la Lettre de M. *Dupaty*: il a dit qu'il lui avoit nommé un Procureur, ainsi que le désiroit ce Magistrat.

M. *d'Eprémesnil* a déclaré que ce Procureur n'avoit point voulu se charger de la Requête de M. *Dupaty*, pour être reçu opposant à l'Arrêt, attendu qu'elle seroit irréguliere de la part de ce client, puisqu'il n'étoit pas encore accusé, ni faisant partie du procès. En conséquence M. *d'Eprémesnil* a fait lui-même lecture de cette piece, qui a été déposée sur le bureau.

Par le compte des Gens du Roi, il résulte des interrogatoires de l'imprimeur, du prote, de ses coopérateurs & autres, que le manuscrit a été apporté par M. *Dupaty*; que c'est à M. *Dupaty* qu'on envoyoit les épreuves à corriger; que c'est lui qui les renvoyoit & qu'enfin c'est à lui qu'ont été remis tous les exemplaires du Mémoire imprimé.

Me. *le Grand de Laleu*, aussi interrogé, a avoué qu'il étoit l'auteur de la Consultation; il a confirmé tout ce que les précédens témoins avoient dit, & oubliant la fermeté qu'il avoit témoignée devant son Ordre, il a semblé vouloir s'excuser, en disant qu'il s'étoit laissé aller aux sollicitations de M. *Dupaty*, qu'il avoit été entraîné par son éloquence, qu'il avoit eu tort de ne pas vérifier par lui-même l'exactitude des faits allégués.

D'après le récit des Gens du Roi & la lecture des Interrogatoires, M. *Dupaty* & Me. *le Grand de Laleu* ont été décrétés d'ajournement personnel.

Quant à la Requête de M. *Dupaty*, il a été ordonné qu'elle seroit jointe au fond du procès, pour servir de pièce de conviction.

L'assemblée a été longue & chaude & l'on ne s'est séparé qu'à cinq heures & demie.

19 *Août* 1786. On a parlé d'une Lettre de M. *de Laclo* à l'Académie françoise, où il dénigre M. *de Vauban*. Il paroît que cet officier d'artillerie n'étoit que l'organe du Marquis *de Montalembert*, un des plus ardens détracteurs de ce grand homme, parvenu même à faire adopter nombre de ses idées par des Ministres d'Etat. Plusieurs officiers du corps royal du génie ont cru devoir venger la mémoire du Maréchal *de Vauban* & publient un *Mémoire sur la fortification perpendiculaire*, dont le principal objet est de lui rendre l'honneur que lui conteste M. le Marquis *de Montalembert*, d'avoir enseigné la meilleure fortification même jusques à présent. Ils déclarent que leur serment d'officier les oblige de détruire des erreurs propagées sans réclamation, qui deviendroient dangereuses pour la défense du Royaume.

19 *Août*. Les comédiens françois ayant enfin terminé leurs répétitions de la production du Sieur *Mouvel*, l'annoncent pour jeudi, sous

le titre du *Chevalier Bayard sans peur & sans reproche*, ou *les Amours de Bayard*, comédie héroïque nouvelle, en trois actes, mêlée d'intermedes. Elle forme le second tome, mais dans un genre différent, du *Mariage de Figaro*. Elle occupera toute la durée du spectacle. Les comédiens en ont une si haute opinion, qu'ils ont fait pour cette piece quinze ou vingt mille francs de dépense.

La musique cependant n'est pas d'un auteur merveilleux: elle est de M. *Champein*.

20 *Août* 1786. Me. *Linguet* est déjà de retour & tout se dispose pour le grand jour où il doit plaider; c'est-à-dire pour le samedi 26 Août à l'audience de sept heures. C'est le Président *d'Ormesson* qui présidera.

Me. *Linguet* est allé le trouver dans le tems pour solliciter l'audience. Ce Magistrat lui a demandé s'il comptoit se servir du ministere de quelque Avocat? Me. *Linguet* a répondu que parmi les anciens, il ne croyoit pas qu'aucun voulût se charger de sa cause & qu'il la confieroit avec peine à l'un d'eux: que parmi les jeunes, c'est-à-dire, parmi ceux reçus depuis lui, il se trouvoit, sans doute, des orateurs de mérite, qui se feroient un devoir & un plaisir de défendre un *homme célebre*; mais qu'il craindroit qu'ils n'y missent trop de chaleur & de zele; qu'ils ne se départissent de l'esprit de modération & de sagesse qu'il a toujours montré & dont il faisoit profession plus que jamais: en conséquence il a demandé à plaider lui-même, non comme Avocat, puisqu'il est rayé du tableau, mais comme particulier: ce qui lui a été accordé.

Du reste, il a demandé la remise de sa cause, sous prétexte d'aller chercher à Bruxelles quelques piéces qui lui manquoient. Ce n'est que par le Duc *d'Aiguillon*, qui a commencé ses visites aux juges, qu'on a su que son véritable objet étoit de faire imprimer son *Factum*. Cet Ex-Ministre témoigne la plus grande humeur de cette remise, qu'on n'accorde jamais au demandeur, parce qu'il est censé devoir être prêt. Il lit aux juges une Lettre de Me. *Linguet*, datée de 1774, où il faisoit dès-lors des reproches vifs à ce grand Seigneur de ne l'avoir pas assez largement payé, & pour mieux motiver ces reproches, il le sembloit reconnoître coupable de tous les délits dont il étoit accusé; comme si ce client ne devoit sa justification qu'à l'éloquence de son défenseur. Rien de plus mal-adroit que cette Lettre, plus propre à faire tort à Me. *Linguet* qu'au Duc *d'Aiguillon*: puisqu'en se montrant convaincu que son client étoit réellement coupable de concussion, d'abus d'autorité, de vexations, d'empoisonnement; ces reproches en ce moment ont l'air d'être dictés uniquement par l'animosité, la vengeance, la méchanceté; au lieu que c'est volontairement que cet Avocat avoue s'être chargé d'une cause qu'il savoit mauvaise;

ce qui est contre la noblesse de la profession & même contre les principes de l'honnête homme.

Au reste, Me. *Linguet* a déclaré par maniere de conversation à M. le Président d'Ormesson, qu'il étoit encore attiré à Paris par deux autres affaires; celle contre *Pankouke*, auquel il redemande ses honoraires pendant dix à douze ans, pour la rédaction du *Journal de Littérature & de Politique*, dont il s'étoit chargé sur le pied de dix mille livres par an, & qui a rompu sa convention : enfin, celle contre *le Quesne*; mais il a ajouté que celles-ci étoient au Châtelet, & ne méritoient pas la même attention de la Cour que la premiere.

20 *Août* 1786. L'affaire du Comte *de Morangies* contre son fils est au Parlement; mais elle ne sera point plaidée pour éviter le détail des horreurs que renferme cette cause : car le pere déclare hautement aux juges, que le frere a couché avec sa sœur; en sorte que l'inceste fait le fond de ce procès scandaleux.

20 *Août*. On a parlé du projet du Sieur *Pankouke*, d'ajouter à son Mercure une feuille sous le titre de *Supplément au Mercure*, contenant les *Prospectus & Avis particuliers de la Librairie*; nouvelle source de lucre que s'ouvroit cet avide libraire. Les journalistes de Paris, non moins empressés d'augmenter leurs bénefices, ont réclamé cette insertion comme

l'appanage naturel de leur feuille, qui, se publiant chaque jour, pouvoit remplir plus promptement & plus utilement pour les auteurs l'objet de leurs annonces. On préfume que M. *Suard*, leur protecteur aujourd'hui, les aura appuyé de fon crédit & de fes intrigues, & il paroît que ces rédacteurs l'emportent fur le Sieur *Pankouke*.

20 *Août* 1786. Extrait d'une lettre de Bourdeaux du 15 Août..... Une partie de notre Parlement eft déjà arrivé & même a repris fes fonctions: ce qui eft bien éloigné des démiffions que tous fe propofoient de donner, s'ils n'avoient pas obtenu fatisfaction: la Grand' chambre eft rentrée d'hier. Le Premier Préfident a été accueilli de la maniere la plus flatteufe; on a répandu des fleurs fur le chemin des Magiftrats, on les a couronnés de lauriers, on leur a donné des fêtes: mais tout cela n'eft qu'un prélude de ce qu'on fe propofe de faire le 21, jour de la rentrée générale.

On ne fait comment les Miniftres prendront cela; on croyoit que le Parlement ne pouvoit pas dévancer pour fe réunir le lundi 21, jour indiqué par le Roi: mais oferoit-on faire un crime à nos Magiftrats de leur zéle à reprendre leurs pénibles fonctions?

En général, ils ont eu gain de caufe fur fept objets: les alluvions & l'affaire du Chevalier *de Peftel*; les corvées & l'affaire du Secrétaire de l'Intendant; le Contrôle des Billets à

Ordre; le Centieme denier, & l'affaire *Dudon*. Jamais peut-être Parlement n'aura joui d'un triomphe plus complet sur la cour.

21 *Août* 1786. M. *de Seine*, sourd & muet, l'un des éléves de l'Abbé *de l'Epée*, a composé pour être mis au bas du buste de son instituteur, un distique digne d'être conservé :

Il révele à la fois le secret merveilleux
De parler par les mains, d'entendre par les yeux.

21 *Août*. Le 28 Juillet dernier M. de Cessart a fait couler à Cherbourg un dixième cône avec le plus grand succès. Pour bien juger de la solidité de ces masses imposantes & de la résistance qu'elles doivent présenter à la fureur des flots, il est bon de résumer les calculs des gens de l'art, dont on a déjà esquissé certains détails au commencement, mais plus déterminés aujourd'hui par l'expérience.

Chaque cône a cent quarante-deux pieds de diametre à sa base & soixante à la partie supérieure, sur soixante de hauteur. La charpente qui compose le cône avec les tonnes qui le soutiennent sur l'eau, pese seule deux milliers huit cens cinquante mille livres & dès l'instant qu'il a été conduit au lieu où il doit être coulé, après l'avoir débarrassé des tonnes qu'il porte, on l'enveloppe extérieurement de trente toises de pierres, pour le fixer au fond de la mer, sans quoi la marée montante pourroit le déplacer. Cette première opération n'exige pas plus d'une heure de tems; ensuite on remplit l'intérieur, par trente sabords ménagés à différentes hauteurs & qui facilitent l'abord des barques chargées de pierres. Bientôt cette masse rendue solide par le gluten de la mer & par l'adjonction des coquillages, forme un seul rocher de deux cens cinquante toises cubes, dont le poids est alors de quatre-vingt-seize-milliers quinze mille livres.

On croit que ce cône sera le dernier qui sera coulé cette année.

On a commencé à placer de l'artillerie au fort royal, & cette nouvelle citadelle qu'on a construite sur l'isle pelée, sera garnie de cent dix bouches à feu, tant canons que mortiers.

21 *Août* 1786. Mlle. *Vanhove* qui n'a pas encore quinze ans, pour éviter les dangers que sa vertu couroit au théâtre dans son état de virginité, a été prudemment mariée par ses parens au commencement du mois au Sr. *Petit*, maître à danser. L'église a exigé préalablement une renonciation de l'actrice à son métier. Elle y a souscrit, & quatre jours après elle est remontée sur les planches.

21 *Août*. Extrait d'une lettre d'Amiens du 15 Août.... Le 27 Juillet, en venant à Paris, M. le Duc *de Saxe Teschen* & Madame la Duchesse *Christine*, Gouvernante des Pays-Bas, ont parcouru en bâteau la partie du Canal souterrein de Picardie, qui est percée vis-à-vis du village de *Magny la fosse*. Leurs Al-

cessés ont paru frappées d'admiration à la vue du morceau fini en grand, & ont daigné faire témoigner au Sieur *Laurent de Lionne*, Directeur de ce Canal, combien elles étoient satisfaites de leur visite & d'apprendre que le Roi eût ordonné la continuation d'un ouvrage aussi vaste & aussi hardi.

21 *Août* 1786. La fille *Salmon* doit bientôt terminer ses avantures, en épousant un soldat du Régiment de *Lorraine*, son amant & de la figure la plus intéressante. La célébration du mariage se fera le 26 à la paroisse de Saint Severin & la noce ensuite au Rincy, sous les auspices de Madame la Duchesse d'Orléans. Tout se dispose pour cette cérémonie, avec le plus grand appareil. On n'entrera que par billet dans le chœur. C'est Mademoiselle *de Chartres*, qui posera la couronne nuptiale sur la tête de la fille *Salmon*.

22 *Août*. Ces jours derniers Madame la Princesse *de Lamballe* est allée visiter l'hôpital général qu'elle ne connoissoit pas; après en avoir examiné tous les détails, elle a demandé à voir Madame *de la Motte*: Sœur *Victoire*, la Supérieure, lui a fait des excuses & a éludé cette visite. La Princesse a insisté & a fait valoir sa qualité de Princesse du Sang, qui lui donnoit le privilège de pénétrer partout. Sœur *Victoire* inébranlable, continuant à lui représenter que c'étoit impossible: ,, Mais, enfin, pourquoi ne puis-je pas voir Madame *de la*

,, *Motte ?"* a repris avec humeur Son Alteſſe: ,, *Madame, c'eſt qu'elle n'y eſt pas condamnée.*"

22 *Août* 1786. Extrait d'une Lettre de Lauſanne du 12 Août.... Les Mémoires du Comte *de Sanois* ont pénétré juſques ici & y ont cauſé la plus forte ſenſation, ou plutôt y ont excité une fermentation conſidérable. On veut ſavoir comment le Sieur *Fenot*, Lieutenant de police de cette ville, a laiſſé violer le droit des gens, au point de ſouffrir qu'on enlevât un François réfugié chez nous, de prêter même ſon miniſtere pour une ſemblable horreur; enfin de rendre ſes concitoyens les ſuppôts, les exécuteurs de la police de Paris, en donnant au priſonnier pour gardes deux Suiſſes, ces brutaux dont il ſe plaint, plus intraitables que le barbet monſtrueux qui les eſcortoit.

On dit bien dans ces Mémoires que l'ordre du Roi fut appuyé d'une négociation avec les Magiſtrats ſouverains du Canton de Berne; mais on n'ajoute pas s'ils y ont acquieſcé, & ſurtout ſi l'on a exhibé au priſonnier cet acquieſcement.

Des particuliers même dépoſent que le Comte *de Sanois* avoit demandé à être conduit chez le Miniſtre de France & à y défendre lui-même ſa cauſe; ce que lui avoit refuſé le Sieur *Fenot*, en le menaçant, au contraire, de le conſtituer priſonnier pendant qu'on rempliroit les formalités qu'il déſiroit, & l'effrayant par ſa dureté & ſa barbarie....

Nous voulons que ces divers faits soient éclaircis & qu'on traite avec M. le Comte de *Vergennes* de maniere à recevoir quelque satisfaction à cet égard, ou du moins à ce qu'on ne commette plus une infraction aussi marquée du droit des gens....

22 *Août* 1786. Il paroît un Arrêt du Conseil en date du 2 Juillet, provoqué & renouvellé vraisemblablement à l'occasion du Mémoire de M. *Dupaty*. Il défend à toutes personnes sans exception de publier aucuns Mémoires ou Requêtes dans les affaires portées ou à porter aux Conseils, sauf aux Avocats aux Conseils; & à tous Imprimeurs de rien imprimer, également en pareil cas, que la minute ne soit signée d'un Avocat aux Conseils. Ce Réglement n'est qu'un renouvellement des anciens, rendus en vingt occasions différentes. Il a été enrégistré le 2 Août au greffe du college des Avocats aux Conseils.

22 *Août*. Le Docteur *Deslon*, auteur de diverses Observations sur le magnétisme animal, & l'un des principaux professeurs & défenseurs de cette doctrine, vient de mourir à la fleur de l'âge. Comme son fanatisme pour la nouvelle doctrine l'avoit fait exclure du sein de la Faculté, elle ne lui a rendu aucuns honneurs, & dans les billets d'enterrement on ne lui a donné que la qualité de Médecin ordinaire de Monseigneur le Comte d'Artois.

Au.

Au reste, il est passé de la façon la plus agréable, ayant autour de lui cinq ou six jolies femmes de la cour, le magnétisant constamment & avec une grande ferveur.

22 Août 1786. Extrait d'une Lettre du château de la Roque du 8 Août.... Ce château, lieu de la naissance du feu Archevêque de Paris, vient d'être le théâtre d'une fête vraiment singuliere & unique. M. le Comte *de Beaumont*, Maréchal de camp, Commandant en Perigord, Seigneur du lieu, à l'occasion du renouvellement de la cinquantieme année de deux mariages, auquel ont assisté cinquante enfans, petits-enfans, ou arriere-petits-enfans des vieux époux, a donné un repas, où étoit entre autres choses remarquables une table de deux cens soixante-deux couverts, dont *Marie Diudet*, âgée de cent quinze ans, a fait les honneurs. Cette femme n'a jamais été malade; lorsqu'elle est attaquée de quelque légere incommodité, elle boit de l'eau fraîche. Elle a fait, pour assister à la noce, un trajet de quatre lieues, tantôt à pied, tantôt sur la Dordogne en bateau; lorsqu'elle s'est trouvée sur les terres de M. le Comte *de Beaumont*, on l'a conduite dans une des voitures de ce Seigneur, au son du tambour, des fifres & des haut-bois, jusques au château de la Roque....

23 Août. La prise de possession de la maison Royale de Saint Cyr, des Dames & Eleves qui avoient été nommées par Louis XIV, datant du premier Août 1686, on a célébré le premier de ce mois l'année séculaire de cette fondation.

La Reine vient de créer des Chapitres de Chanoinesses en faveur des éleves de Saint Cyr qui, après leur éducation, ne voudront contracter aucun engagement.

23 *Août* 1786. Extrait d'une Lettre de Cherbourg du 15 Août.... Dans les diverses relations que j'ai lues, très étendues de ce qui s'est passé en cette Ville, durant le voyage du Roi, on a omis un fait intéressant.

On a tenté en présence du Roi l'expérience d'une nouvelle maniere de chauffer les boulets. Ce procédé qui les rougit en moins de huit minutes & les met dans l'état d'incandescence nécessaire pour être lancés avec succès, est dû à M. *Meusnier*, officier du Génie & de l'Académie des Sciences.

Sa Majesté a paru fort contente de cette invention.

23 *Août*. On a déjà reçu des fruits du voyage de M. *de la Peyrouse*. Les Astronomes ont envoyé à l'Académie des Sciences les observations qu'ils ont faites sur le Pic de Teneriffe, & les Naturalistes ont enrichi le Jardin du Roi de quelques plantes & graines des Canaries.

Du reste, on dit qu'un navire Espagnol a

rencontré M. de la Peyrouse doublant le Cap de Horn & luttant contre les vents contraires. On en a peu d'inquiétudes, parce que dans la saison où il y étoit, il n'y a pas de longue & forte tempête.

23 *Août* 1786. A l'occasion de la piece du Sieur *Monvel*, qu'on doit exécuter demain, malgré la confusion des répétitions, on s'entretient de l'auteur & de sa fortune. Outre le spectacle de Stockholm dont il a la direction, il est attaché à la cour & est Lecteur du Roi de Suede; qualité qui n'est point incompatible avec la première: enfin il jouit de l'honneur de porter l'habit de cour; ce qui est une faveur très grande.

24 *Août*. Quelques Allemands ont reçu à Paris des exemplaires d'un écrit intitulé *Observations impartiales sur le crime & la punition du Lieutenant-Colonel de Szekely*. On est curieux de cette brochure par l'anecdote qui la concerne. On dit qu'ayant été envoyée à Sa Majesté Impériale, elle avoit de sa propre main écrit aux Censeurs qu'elle en permettoit la vente, parce qu'elle n'offensoit que sa personne; mais qu'elle défendoit la brochure concernant la punition de *Zalheim*, parce qu'elle offensoit ses tribunaux.

Depuis cette brochure, l'Empereur a rendu la liberté au Comte *de Szekely*.

24 *Août*. On écrit de Berlin qu'on a coulé à la fonderie royale la Statue colossale en

bronze de l'Impératrice de Russie, commandée par cette Souveraine en 1782 au célèbre sculpteur *Meyer*. La fonte a eu le plus grand succès à la fin de Juillet, & cette statue de dix pieds de hauteur passe pour être parfaitement exécutée.

24 *Août* 1786. Tandis qu'une grande Princesse s'intéresse à la fille *Salmon*, au point de la marier chez elle & de se l'attacher, suivant le bruit public, des gens cupides vont encore faire retentir son nom dans les tribunaux, en publiant un *Mémoire à consulter pour le Sieur le Cardé, ci-devant Concierge-greffier des prisons de la Conciergerie du Palais*, & par une *Consultation* de plusieurs Jurisconsultes du Parlement de Paris, en date du 4 de ce mois.

Par le fond du procès, qui n'est rien & ne roule que sur une remise de papiers que réclame le Sieur le Cardé contre Me. *le Cauchois*, Avocat au Parlement de Rouen & défenseur de la fille Salmon; on juge que c'est une misérable querelle intentée à celui-ci, dont l'objet est de le faire passer pour bête & pour fripon: ce sont les deux pivots de l'attaque de son adversaire, au contraire le plus généreux des hommes, puisque malgré sa qualité de Concierge-greffier, qui suppose & exige un cœur de bronze, il s'est laissé attendrir sur le sort de la fille *Salmon*, sa prisonnière, au point de lui donner des secours & des conseils, qui lui ont été reprochés comme des prévarications & en conséquence lui ont fait perdre sa place.

L'affaire portée d'abord au Châtelet par une assignation du 15 Juillet, donnée par le Sieur le Cardé à Me. le Cauchois, est aujourd'hui évoquée aux Requêtes du Palais: on ne sait si elle sera jamais jugée. On présume que c'est une spéculation de bénéfice de la part de quelques Avocats, qui ont imaginé de faire un Mémoire couru du public, en ce moment qu'il s'intéresse encore à la fille Salmon & à tout ce qui y a rapport. Dans le nombre de ceux qui ont signé, on ne trouve le nom d'aucun de marque: au surplus, ce *Factum*, assez plaisamment composé, est d'une méchanceté contre Me. le Cauchois, très propre à le faire lire & à lui donner de la vogue.

24 *Août* 1786. A l'occasion de l'affaire de M. *Dupaty*, il a pensé s'élever un schisme entre la premiere chambre des Enquêtes, dont M. *d'Eprémesnil* est membre, & le reste du Parlement, au sujet de la Requête dont s'étoit chargé ce dernier & qui a eu un si mauvais succès. Indigné que, loin d'y avoir égard, on ait ordonné qu'elle seroit déposée & jointe au fond du procès pour servir de piece de conviction, il s'est plaint à sa Chambre de cet abus de confiance; il a dit que c'étoit elle qui étoit offensée en sa personne, puisque, en se chargeant de l'aveu de Messieurs de rapporter cette piece, c'étoit leur vœu, autant que le sien, qu'il avoit porté à la compagnie entiere; en conséquence, mardi, avant que la cham-

bre se rendît aux chambres assemblées, il demanda qu'on mît en délibération de s'abstenir de s'y rendre, jusques à ce qu'on eût eu satisfaction. Cette nouvelle portée aux autres chambres assemblées, y jetta l'alarme & arrêta les opérations. Enfin heureusement il passa à la pluralité de 9 voix contre 7, qu'il n'y avoit lieu à délibérer sur la dénonciation de M. d'Eprémesnil, & Messieurs de la premiere des Enquêtes firent dire qu'ils alloient se rendre à l'assemblée.

24 *Août* 1786. Depuis quelques années & surtout depuis Me. *Linguet*, le barreau n'est plus une lice où combattent de généreux rivaux, mais une halle où, souvent adoptant l'animosité des parties, les Avocats se déchirent personnellement de la maniere la plus indécente. De-là la nécessité de ce tribunal toujours subsistant sous le nom de *Députation*, pour contenir les membres turbulens, ou du moins les punir, lorsqu'ils s'écartent. Une pareille censure autrefois inutile par le peu d'occasions qu'elle auroit eues de l'exercer, ne peut presque suffire à son institution.

Hier encore la Députation a été obligée de sévir contre un membre distingué, un Bâtonnier, ou du moins un ancien, qui en avoit acquis les honneurs & siégeoit en conséquence dans ce même tribunal: il s'agit de Me. *Delpech de Saint Denis*, âgé de soixante-quinze ans, qui, par une Consultation du 9 Août dernier, a donné la sanction en quelque sorte à un libelle violent d'un Sieur *de Gracieux*, Ecuyer, Seigneur de Puygobert, ancien officier de cavalerie, contre le Sieur *Colmont*, ancien Capitaine de cavalerie, Chevalier de l'Ordre royal & militaire de Saint Louis.

La Députation a arrêté que pour cette imprudence Me. *Delpech* seroit tenu dans l'*incommunication* pendant un an; en même tems l'a déclaré incapable de siéger jamais parmi elle.

Usant toutefois encore d'une sorte d'indulgence, Messieurs les Députés l'ont fait entrer, l'ont fait siéger parmi eux pour la derniere fois, & là lui ont appris son jugement flétrissant: il a gémi, il a pleuré, il a dit qu'il en mourroit de douleur & s'est montré aussi bas qu'il étoit insolent auparavant.

25 *Août* 1786. Toutes les brillantes espérances que les comédiens françois avoient fondées sur le bizarre assemblage du Sieur *Monvel* sous le nom de comédie, se sont évanouïes dès la premiere représentation de cette piece, qui n'en est pas une. Il s'agit du *Chevalier sans peur & sans reproche*, ou des *Amours de Bayard*. Indépendamment du peu de mérite qu'a le fond en lui-même, on prétend qu'il est de l'invention d'un autre; que ce drame, ou plutôt ce roman mis en scenes, est tiré tout en entier d'un, composé pour la Bibliotheque des Romans en 1780, par M. *de Mayer*. Quoi

qu'il en soit, le premier acte, le meilleur sans doute, avoit assez bien pris; une pantomime ingénieuse, analogue au sujet & qui en sortoit, formoit un intermède agréable, qui avoit disposé favorablement le public : le second acte, plus langoureux & plus triste, commençoit d'ennuyer, lorsque l'attention a été réveillée par le spectacle d'un tournois qui, peu neuf aujourd'hui, est toujours imposant en lui-même & dans ses accessoires. C'est au troisieme qu'a surtout éclaté l'humeur & le mécontentement général, & un misérable divertissement qui l'a terminé, n'a pu qu'augmenter l'ennui à son comble. Ce spectacle, d'une longueur effroyable, a duré jusques à neuf heures trois quarts. On en parlera plus amplement, si, contre toute attente, mais non contre tout exemple, cette rapsodie *tragi-co-ṇri-comique* reprenoit à un certain point.

25 *Août* 1786. Si le but unique de Me. *Linguet* en venant à Paris plaider lui-même sa cause, a été de faire du bruit & d'attirer la foule sur ses pas, il aura parfaitement réussi. Les préparatifs pour ce grand jour annoncent combien les Magistrats eux-mêmes le jugent digne de l'empressement du public. M. le Président *d'Ormesson* a fait doubler, tripler, quadrupler la garde; il a fait fermer toutes les avenues & poser des grilles partout: en outre il a délivré des billets & c'est une fureur pour en avoir; & tout cela peut-être envain, car

les

les Magistrats ont déclaré que, pour peu que Me. *Linguet* s'écartât de sa cause, ils lui imposeroient silence, ils mettroient l'affaire en déliberé & leveroient la séance.

25 *Août* 1786. On n'a pas manqué de gloser sur ce qui s'est passé au Parlement à l'égard de M. *Dupaty*. Il circule secrétement dans quelques sociétés un pamphlet manuscrit très court, où ces Messieurs sont fort mal accommodés : on l'attribue au Marquis *de Condorcet*.

25 *Août*. *Relation de la séance publique de l'Académie françoise, tenue aujourd'hui pour la distribution des Prix.*

L'empressement de se trouver à cette séance n'a pas été moins grand que de coutume : beaucoup de curieux se flattoient d'y voir de plus près, plus à l'aise & plus longtems, Madame l'Archiduchesse *Christine*, Gouvernante générale des Pays-Bas, & M. le Duc *de Saxe-Teschen*, son époux, qui se trouvent actuellement à Paris : d'autres s'imaginoient que Me. *Linguet*, aussi de retour dans cette capitale & qui aime à donner des spectacles singuliers, aurait l'idée bizarre & audacieuse de se montrer au milieu de cette compagnie qu'il a tant injuriée : tous ont été frustrés dans leur espoir. Mais on a vu à cette assemblée deux jeunes Princes qu'on ne s'attendoit pas d'y trouver, les fils du Duc *d'Orléans*, & Madame la Comtesse *de Genlis*, leur Gouverneur, plus curieufe qu'eux, & qu'on a fingulierement applaudie.

L'annonce des prix devenus très nombreux & où l'on fe perd, eft ce qui a occupé la plus grande partie de la féance. On a déjà parlé de la décifion des juges à l'égard de plufieurs : quant au furplus, on a déclaré que c'étoit M. *Roucher*, qui avoit obtenu le *Prix d'Encouragement*.

On a dit qu'un particulier avoit auffi prié l'Académie de propofer en fon nom un Prix pour le meilleur *Catéchisme de Morale*; mais que la compagnie ne l'avoit adjugé à aucun des ouvrages envoyés, qu'elle l'avoit remis en conféquence à l'année prochaine pour la quatrieme & derniere fois.

C'eft auffi l'année prochaine à pareil jour qu'on doit décerner le Prix du meilleur Eloge du Maréchal de *Vauban*, & celui du meilleur Eloge de M. *d'Alembert*. Certes en voilà pour tout le monde ; voilà de quoi fatisfaire tous les candidats & contenter tous les goûts.

A l'occafion des Prix décernés ou remis, Me. *Target*, élu Directeur par le fort, qui auroit dû les diftribuer ou les retenir, n'a pu remplir cette fonction, étant malade : il a été remplacé par M. *de Chamfort*. Celui-ci annonçant la caufe de l'abfence de fon confrere, & en fuppofant les regrets publics de ne le pas voir, a dit qu'on alloit être dédommagé en l'entendant du moins, en recevant les préceptes d'éloquence, de goût & de morale dictés par cet orateur: en un mot, il a fait part des Réflexions de Me. *Target* relatives aux circonstances.

Dans cette digression, Me. Target témoigne son étonnement de ce qu'entre les soixante-huit Eloges de Louis XII envoyés au concours, il n'y en ait pas un seul qui mérite quelque mention ; en ce qu'aucun candidat n'ait profité de l'esquisse de cet Eloge, tracé l'année derniere par le Directeur, par M. *de Saint Lambert*, dont les vues sages, judicieuses & remplies de goût, auroient dû singuliérement applanir les difficultés du sujet, empêcher du moins les concurrens de s'égarer d'une maniere aussi étrange.

Il en est de même des pieces de vers, dont deux Odes seules ont mérité quelque attention de la part des juges. Me. Target insiste principalement sur le défaut de plan dans tous ces ouvrages. Il rappelle cette maxime de M. *d'Alembert*, que les concurrens ne doivent jamais perdre de vue : *d'où viens-je, & où vais-je ?*

C'est surtout en traitant du *Prix de Vertu*, que Me Target a donné l'essor à son éloquence, ou plutôt s'est répandu en effusion de sensibilité si touchante, qu'il a tiré les larmes des yeux de beaucoup de femmes & de plusieurs hommes. Ce morceau a produit d'autant plus d'effet, que les héros qu'il célébroit, étoient présens, *Joseph Chrétien*, & la Demoiselle *Hurel*: c'est le nom de la femme de chambre, qui nourrit sa maîtresse depuis 1771, & a refusé plusieurs places avantageuses pour ne point l'abandonner. Me. Target s'est étendu sur elle avec d'autant plus de complaisance, que c'est lui qui l'avoit découverte & désignée à l'Académie. Il a fait assez connoître qu'il croyoit sa vertu éprouvée pendant le cours de quinze ans consécutifs, bien supérieure à l'action du jeune homme, dont le courage exalté par un moment d'enthousiasme, ne pouvoit lutter contre un sacrifice de fortune aussi persévérant.

Au reste, si Mlle. *Hurel* n'a pas reçu le Prix ordinaire, elle en a touché un extraordinaire de 1200 livres, formé des libéralités des membres d'un club de joueurs, appellé *le Sallon*: cette Dlle. *Hurel* est une dondon bien nourrie, bien gaie, qui n'amaigrit point de ses bonnes actions, qui les pratique avec joie & annonce sur sa physionomie la paix de l'ame, cette satisfaction intérieure, la premiere & la plus sûre récompense de la vertu.

Tous ces détails remplis, Messieurs étoient fort embarrassés d'occuper l'assemblée: en vain ils avoient agité dans plusieurs séances précédentes ce qu'ils feroient pour amuser le public; les plus accoutumés à braver ses censures en sembloient intimidés cette fois, & personne ne vouloit lire. M. le Secrétaire, plus particulierement dévoué à cette fonction, s'y seroit prêté volontiers ; il avoit même proposé un morceau à cet effet : mais par les circonstances il lui étoit devenu impossible d'en faire usage.

Ce morceau est *l'Eloge du Prince Léopold*, le même proposé aux aspirans au Prix : s'il avoit été décerné, rien n'auroit empêché M. *Marmontel* de communiquer son travail ; mais la remise de ce Prix l'oblige de garder aussi sa piece dans son porte-feuille, soit pour ne pas intimider les concurrens par un talent aussi supérieur, soit plutôt pour ne pas donner à ceux qui l'entendroient & pourroient en profiter, en piller le plan ou les détails, trop d'avantage sur les autres.

M. *le Mierre* s'est trouvé obligé de remplir le vuide de la séance par la lecture d'un voyage qu'il a fait en Suisse en 1784 ; ce voyage, en vers de sept syllabes, avoit déjà été lu en différentes sociétés & avoit reçu des éloges ; mais on sait ce que c'est.

Depuis celui de *Chapelle*, il en a été composé beaucoup de ce genre & c'est encore le meilleur, parce que la grace & le naturel font le mérite essentiel de ces petits poëmes. Personne n'ignore qu'ils ne font pas la qualité dominante de ceux de M. *le Mierre* : dans son ouvrage la morgue du poëte éclate toujours. On y rencontre bien des descriptions pompeuses, des morceaux hardis & philosophiques, une verve quelquefois originale : à ce titre plufieurs vers ont été applaudis ; mais cette prétention continuelle fatigue & ennuye. D'ailleurs la dureté de fa poëfie avoit bleffé plufieurs oreilles ; on s'eft écrié en s'en allant, que c'étoient des *vers Suiffes*.

26 *Août* 1786. Il eft venu au Parlement une Lettre de M. le Garde des Sceaux, par laquelle Sa Majefté demande que l'Arrêt qui a condamné le Mémoire pour les trois hommes condamnés à la roue, enfemble celui qui a décrété d'ajournement perfonnel Meffieurs *Dupaty & le Grand de Laleu*, lui foient envoyés, afin qu'il puiffe les examiner dans fa fageffe : il intime en même tems des défenfes d'imprimer aucun de ces deux Arrêts, de leur donner aucune publicité, ni même un Réquifitoire, jusques à ce que Sa Majefté ait ftatué deffus.

26 *Août*. M. *Imbert*, devenu le bras droit du Sieur *Pankouke* pour la rédaction du Mercure, ne peut que fe faire dans ce pofte chatouilleux beaucoup d'ennemis parmi les gens de lettres, & non contens d'attaquer fes ouvrages, ils révelent aujourd'hui une anecdote fcandaleufe qu'il avoit eu l'adreffe d'étouffer : c'eft qu'il eft bigame ; que venu de Nismes, où il avoit laiffé une femme, il en a époufé une feconde à Paris, qui fur les clameurs de la premiere accourue de la province, a été obligée de rentrer chez fes paréns avec fa dot qu'il lui a rendue : il a également appaifé l'autre

avec de l'argent, & l'a déterminée à retourner à Nismes; ce qui lui laisse le champ libre: en sorte qu'il a en outre une maîtresse. Tels sont les reproches qu'on lui fait sur ses mœurs, qui malheureusement ne sont que trop fondés, mais malheureusement ne rendent pas meilleurs les ouvrages qu'il critique.

26 *Août* 1786. Un spectacle unique, sans doute, tel qu'on n'en avoit point encore eu, & tel qu'il ne s'en retrouvera peut-être jamais, c'est celui de voir Me. Linguet, s'étant exilé lui-même du Royaume, y rentrer; de le voir à Paris, à l'aspect des murs de cette Bastille dont il s'étoit échappé en quelque sorte par subterfuge, & dont le séjour l'avoit tellement frappé de terreur, qu'il avoit déclaré ne pouvoir être rassuré qu'en mettant la Tamise entre la France & lui; de le voir couvert de la protection de ces mêmes Ministres qu'il gourmande depuis quatre ans dans des lettres particulieres & dans ses ouvrages publics; de le voir parmi ces Avocats qui l'avoient expulsé de leur sein, il y a dix ou douze ans; de les voir l'entourant, le pressant, le félicitant, le caressant; de le voir implorer l'équité & le secours des Magistrats, auxquels il a reproché tant de fois & si longtems, dans ses diatribes, leurs injustices, leurs vexations, leur despotisme, leur tyrannie; de les voir l'accueillir, le fêter, lui accorder des faveurs distinguées, qu'on n'accorde à personne, ac-

célérer ou retarder les audiences à son gré: enfin de le voir traînant à leurs pieds, un grand Seigneur, un Duc & Pair, un Ex-Ministre; lui intentant un procès pour des honoraires qui ne laissent aucune action à l'Avocat, pour une action éteinte par un laps de tems aussi considérable: enfin pour reprocher à son client un crime d'ingratitude prétendue, que les loix ne connoissent pas & sur lequel elles sont muettes. La bizarrerie extraordinaire de tant de circonstances réunies & accumulées, excitoit vraisemblablement encore plus la curiosité que le talent personnel de l'orateur, que la génération actuelle presque renouvellée ne connoissoit pas & que les anciens se rappelloient à peine avoir entendu.

Quoi qu'il en soit, si le bruit & le tumulte font ce que Me. Linguet recherche le plus, comme on n'en peut douter, certes il a dû éprouver une grande satisfaction dès son entrée au Palais, en ce jour mémorable: mais elle a dû bien s'accroître par ce qui s'est passé ensuite. Les juges étant en place, le Président a dit à l'huissier: faites entrer *Linguet*. Ce suppôt de la justice est allé le chercher au Parquet, il lui a dit qu'on l'attendoit: que pour sa sûreté, pour celle des Magistrats, & la sûreté publique, il alloit le précéder & le conduire par les détours. ,, Je n'entre point ,, par les détours," a répondu Me. *Linguet*: ,, je suis fait pour entrer par les grandes por-

„ tes; je suis ici au milieu de jeunes Avocats, „ qui ont bien voulu me recevoir parmi eux, „ me tenir compagnie depuis une heure; je „ n'entre qu'avec eux." Il a fallu que la Cour ployât sous la volonté de Me. Linguet, & à l'instant a foncé avec lui une multitude de deux ou trois cens Avocats; en sorte que la garde n'a plus été maîtresse de refermer la petite porte de communication entre le *Forum*, l'emplacement pour le public, & l'enceinte des Magistrats; & un autre huissier ayant eu l'imprudence d'ouvrir en même tems la porte bannale, la foule est devenue si considérable, que le sanctuaire de la Justice alloit être violé; que les Magistrats palissant sur leur siége, regardoient déjà par où ils pourroient s'enfuir & se soustraire à cet assaut: lorsque tels que les flots de la mer, s'arrêtant d'eux-mêmes à certaine distance, ceux des spectateurs se sont contenus tout à coup, ont reflué vers leur lit; le calme est revenu, & l'orateur a pu commencer.

Me. *Linguet* a d'abord témoigné son étonnement de se trouver en pareil lieu, & il n'étoit pas moins grand à coup sûr de la part du public, qu'il a remercié de s'intéresser encore à lui; intérêt dont il ne peut douter par l'empressement de tous les Ordres de l'Etat à le lire, à le voir, à l'entendre: il a gémi sur le rôle qu'il étoit forcé de jouer en ce moment par la bizarrerie de sa destinée, qui depuis quinze ans remplissoit sa vie d'incidens multipliés, plus singuliers les uns que les autres. De-là un épisode, le récit d'un fait récent, dont il a cru devoir entretenir les juges, avant d'entrer dans le fond de l'affaire.

On a dit que Me. *Linguet* ayant voulu faire imprimer d'avance son plaidoyer, avoit trouvé des défenses partout, à moins qu'il ne fût muni de l'approbation d'un Censeur, suivant les Réglemens de la Librairie; on a cru qu'effarouché de cet obstacle, il étoit retourné à Bruxelles pour user de la voye des presses étrangeres. En conséquence il y a vraisemblablement eu des ordres aux barrieres de fouiller exactement ses malles & d'empêcher qu'il n'introduisît en France aucun imprimé, sans remplir les formalités requises. Cette inquisition fiscale à l'entrée du royaume est, il faut l'avouer & l'on s'en *plaint* depuis longtems, une vexation odieuse; mais enfin, François & Etrangers, tous y sont soumis. Jusques-là donc rien de merveilleux qu'on n'ait pas plus respecté Me. *Linguet*. Ensuite on étoit prévenu qu'il devoit tenter une introduction illicite; on devoit donc examiner plus scrupuleusement tout ce qui lui appartenoit. C'étoit dans l'ordre. Il prétend qu'on l'a visité même jusques sur sa personne, qu'on l'a privé de ses armes de défense, qu'on l'a conduit comme un prisonnier à Valenciennes, qu'on lui a saisi quelques volumes de ses œuvres qu'il avoit apportés avec lui pour se délasser & se récréer dans la route ; qu'on a également enlevé ses manuscrits & ses papiers : mais tout cela lui a été rendu à Valenciennes, sauf un volume chargé de notes, relatif à son affaire, qu'on a gardé & dont il a besoin. Comme Me. Linguet est fort sujet à déguiser la vérité, à exagérer les moindres choses ; que son imagination ardente lui fait des monstres de tout & qu'en cette occasion il a besoin plus que jamais de répandre du *pathos* pour faire revenir les Magistrats & se les rendre favorables, on ne peut savoir jusques à quel point ce récit est vrai. Il est seulement à parier, que si les commis des fermes ou autres avoient outrepassé les bornes de leurs ordres, ils auroient été déjà punis. Quoi qu'il en soit, après cette longue digression, l'Orateur est entré en matière.

Il n'est personne qui n'ait lu jusques à la satiété tout ce que Me. Linguet a écrit à ce sujet, soit dans ses Lettres au Duc d'Aiguillon, soit dans ses Mémoires au Roi & au Conseil, soit dans ses feuilles, soit dans ses diatribes de toute espèce dont il inonde l'Europe depuis quinze ans : il est donc inutile de rendre un compte plus détaillé de son plaidoyer divisé en deux parties ; ses travaux pour le Duc d'Aiguillon ; les procédés du Duc d'Aiguillon envers lui. Il n'a pu dans cette audience lire que la première partie, dont deux endroits, comme absolument neufs, méritent qu'on s'y arrête.

L'un est une digression sur ce qui s'est passé dernierement à Versailles entre le Roi & le Parlement de Bourdeaux: à propos que l'Orateur a saisi fort adroitement pour flatter à la fois & le Monarque & les Magistrats.

L'autre est une Lettre écrite au Duc d'Aiguillon en 1770 par Me. Linguet, au sujet du Conseil qu'il s'étoit choisi & de la position où il se trouvoit; Lettre très curieuse, malgré sa diffusion, mais qu'on a lieu de soupçonner d'avoir été composée, ou du moins considérablement augmentée après coup & ajustée aux circonstances.

1°. Parce que dans le fort de la discussion de l'affaire où il étoit, son Avocat n'auroit pas eu le tems de s'amuser à lui écrire une Lettre aussi volumineuse, Lettre peu nécessaire au fond & d'autant moins nécessaire que voyant tous les jours son client, il pouvoit lui dire de bouche tout ce qu'il lui marquoit.

2°. Parce que cette Lettre formant une partie aussi intéressante de son procès avec le Duc d'Aiguillon & aussi excellente à produire dans le public, il est à présumer qu'il n'auroit pas manqué de l'imprimer en tout ou par extrait, dans le tems qu'il attaquoit ce Ministre dans les volumineux *Factums* qu'il écrivoit contre lui.

3°. Parce qu'il n'administre aucune réponse

du Duc d'Aiguillon, foit par écrit, foit verbale, à une lettre auffi importante.

Dans le refte de fon discours, encore un coup, on n'a rien obfervé de neuf: feulement une modération plus grande, fans rien diminuer de fon énergie, & un ftyle infiniment plus châtié, que celui de fes autres ouvrages, furtout depuis fa fortie du Royaume.

Après que Me. Linguet a eu parlé pendant cinq quarts-d'heure, l'audience a été remife au famedi 2 Septembre.

27 *Août* 1786. L'anecdote de M. *Roucher* mérite d'être plus détaillée ; elle eft plaifante.

Le jour où l'Académie devoit fe déterminer fur les Prix à donner, M. *Roucher*, qui avoit de grandes prétentions à celui de Poéfie concernant *l'Eloge de* LÉOPOLD, rodoit aux environs, &, dès qu'on ouvrit les portes, fe faifit du premier Académicien pour favoir la nouvelle. On lui dit que le Prix étoit remis, qu'on avoit feulement fait mention de deux *Odes*, encore avec peine & pour quelques ftrophes..... ,, Et mon poëme!" s'écrie avec fureur M. *Roucher*, qui fe trahit en ce moment: — ,, votre poëme, fi vous en avez fait ,, un, il a eu le fort des autres."

M. *Roucher* va de-là chez Madame *Helvetius*, y jetter les hauts cris contre l'Académie : il y avoit à l'ordinaire un cercle d'amateurs & de beaux efprits, il veut les en faire juges & il déclame fon poëme : on le décide admirable, & l'on ne peut concevoir l'injuſtice qu'il éprouve.

Arrivent M. de Chamfort & un autre Académicien; on leur porte les plaintes de M. Roucher, on les force d'entendre le début de ce poëme qu'il recommence: ils conviennent qu'il y a de très belles choſes, dont ils ne ſe ſouviennent pas; ils promettent de demander la relute de la piéce, dont ils prennent la deviſe & le numéro. A la première ſéance, ils font des reproches à M. de la Harpe (le lecteur ordinaire) de ne leur avoir pas fait part de tel poëme; il répond qu'il n'a point été admis, que la lecture en a été interrompue au quinzieme vers & qu'il a été rejetté comme trop mauvais: on inſiſte pour qu'il revienne ſur cet ouvrage & il recommence à le lire. Au quatrieme vers il s'arrête, il poſe le cahier ſur la table, regarde ces Meſſieurs, & ſurtout M. de Chamfort, qui lui demande pourquoi il ne continue pas? ,, Comment! ,, vous n'en avez pas aſſez? Mais, il n'y a pas ,, le ſens commun dans ces quatre premiers ,, vers & il s'y trouve même des fautes de ,, françois." Alors M. de la Harpe les diſſeque, au point de faire convenir tout le monde de ſon ſentiment; & pour la ſeconde fois, le poëme dont on avoit lu quinze vers la premiere, & quatre ſeulement la ſeconde, eſt remis au rebut.

27 *Août* 1786. *Les fauſſes Nouvelles*, comédie appellée nouvelle, jouée hier aux Italiens, ne ſont autre choſe que *le double Veu-*

vage de Dufresnoy, qu'on repréfente tous les jours à la comédie françoife. L'auteur, M. *Fallet*, en a feulement changé, c'eft-à-dire, gâté le dialogue en y fubftituant le fien. Une autre innovation cependant, c'eft d'avoir réduit en deux actes ce fujet traité en trois actes par le premier, enfin de l'avoir entre-mêlée d'ariettes. Mais la mufique de M. *Champein*, vague, bien loin de l'améliorer, n'a pu le foutenir; le fecond acte furtout a eu beaucoup de peine à aller jufques à la fin.

27 *Août* 1786. On ne conçoit pas l'affectation de Madame *le Brun*, de faire inférer partout un billet en date du 21 Août, par lequel elle déclare, malgré la publicité de l'anecdote, n'avoir point acheté le *Moulin joli*, dont un M. *Gondran*, négociant de Marfeille, eft poffeffeur depuis un mois, à ce qu'elle nous apprend encore. Bien des gens n'en croient que plus pofitivement ce qu'on en a rapporté.

28 *Août*. M. *Hauy*, l'inftituteur des enfans aveugles-nés, continue avec fuccès leur éducation & le fait avec une aifance fi grande, qu'il ne craint point d'être interrompu ni troublé par le concours des curieux. En forte qu'il en a fait un fpectacle public deux jours la femaine. Ces enfans femblent avoir beaucoup acquis depuis l'ouverture de leurs écoles au château des Tuilleries. Ils nommoient alors fimplement leurs lettres, ils lifent maintenant. Ils chantent & accompagnent eux-mêmes

l'hymne, qui fut alors exécuté par l'Académie Royale de musique. Rien de plus touchant que de voir des apprentifs de divers arts ou métiers, dont les uns impriment, les autres tricotent, travaillent en couture, font des lacets au boisseau ou du filet, égayer tous ensemble leurs travaux par le chant & par l'exécution de ce morceau; car ils y joignent aussi un orchestre composé de piano, violons, flûtes & basses.

Au dessus de la salle de leurs travaux on lit l'inscription suivante, où ces éleves parlent aux bienfaiteurs qui viennent les visiter: *ces arts acquis sans yeux, sont le fruit de vos dons.*

28 *Août* 1786. Malgré tous les inconvéniens prévus dans le Mémoire dont on a rendu compte, contre le projet des freres *Perrier* & compagnie, d'assurance contre les incendies, ils l'ont emporté par le crédit dont les appuye M. le Contrôleur-général, & ils ont obtenu un Arrêt du Conseil du 20 Juillet, qui reçoit leurs offres d'affecter un fond de quatre millions pour cet objet, & nomme un Commissaire chargé d'en surveiller le dépôt.

29 *Août*. Extrait d'une lettre de Bayeux du 15 Août.... Lors du voyage du Roi à Cherbourg, la route de Sa Majesté s'étant dirigée vers Saint Lo, attendu la difficulté & les dangers du Vey, attestés par de nombreux accidens & qui se renouvellent souvent; il est question aujourd'hui de construire un pont sur

sur le passage du Vey, ensemble des digues nécessaires pour dessécher un espace de plus de 25000 arpens que la mer inonde; ce qui rendra non seulement des terreins immenses & précieux à l'agriculture & au commerce; mais encore la salubrité de l'air à ce canton, que les eaux basses de la mer impregnent de vapeurs contagieuses pendant une grande partie de l'année. L'ingénieur en chef, M. *le Fevre*, a, dit-on, reçu ses ordres de mettre la derniere main aux plans qu'il en a précédemment dressés. On ajoute que plusieurs compagnies se présentent pour faire les fonds de cet important ouvrage, & voilà un des avantages prévus dans le livre estimable du *Roi Voyageur*, trop peu connu.

29 Août 1786. Extrait d'une Lettre de Gemenos en Provence, en date du 15 Août.... Un des jardins les plus curieux en plantes rares est celui de M. le Marquis *d'Albertas*, maître de ce château: on a vanté comme extraordinaire & merveilleuse la floraison du Cierge du Pérou, appellé par les Botanistes *Lactus Grandiflorus*, arrivée dans un jardin de Paris: la même floraison a eu lieu dans ce jardin, d'où je vous écris, & elle est encore plus étonnante, en ce que la plante est toute jeune, n'ayant que sept ans; ce qui est indiqué par les six anneaux & les sept pieds de hauteur qu'elle a: on la voit dans un vase qui a un pied & demi de diametre: elle occupe dans sa circonférence un espace de dix-huit pouces.

Cette plante a commencé à pousser des boutons en forme de gros clous verds à la fin de Juin, & le 2 Juillet ces boutons s'étant ouverts, ont montré une superbe fleur en entonnoir, d'un beau blanc dans son intérieur, mais qui, dans son extérieur, tire sur le rouge-pâle. Tous les soirs ces fleurs s'épanouissent & restent dans cet état, jusques à six heures du matin : elles répandent alors une odeur agréable & douce de vanille.

29 *Août* 1786. Depuis longtems on parloit d'une anecdote fâcheuse sur le compte d'un Chevalier *de Sausseuil*, l'Entrepreneur en titre d'un journal commencé, il y a un an, sous le titre du *Censeur Universel Anglois*: on disoit qu'on avoit découvert qu'il avoit été repris de justice; que c'étoit un aventurier, un escroc, &c. Il est à présumer que tout cela n'est que trop vrai, & par son silence à ne point démentir de semblables calomnies, & par la conduite qu'il a tenue en attrapant différens tapissiers & marchands; ce qui l'a d'abord obligé de se réfugier dans le temple : on le dit depuis évadé & sorti du royaume. Quant à son journal qui auroit pu être intéressant, s'il eût été bien fait, il paroît qu'il est tombé avec lui.

29 *Août*. Depuis plusieurs mois on annonçoit le retour de M. *Foulon* dans cette capitale. Mais la levée de la Lettre de cachet tenoit à certaine soumission qu'on exigeoit de

lui; à certaines excuses envers M. le Contrôleur-général; à certains aveux de son tort auxquels il se refusoit. Il faut cependant qu'il ait cédé, ou que M. de Calonne se soit piqué de générosité, car il s'est rendu & se montre publiquement depuis quelque tems dans cette capitale.

29 *Août* 1786. On ne cesse de parler de Me. *Linguet*, qui le jour de son plaidoyer fut porté comme en triomphe jusques à son carrosse. On raconte que prenant pour applaudissemens le tumulte que la foule occasionnoit & qui l'interrompoit quelquefois; dans un moment d'humeur il a grommelé entre ses dents: ,, Eh! Messieurs, je n'ai pas besoin de ,, vos applaudissemens; je ne suis pas une ,, pièce de théâtre."

On n'a pas manqué aussi de faire un calembour sur le nom de Me. *de Laune*, l'Avocat du Duc d'Aiguillon. On a dit que ce Seigneur n'avoit pas besoin de l'aune, parce que Me. Linguet avoit emporté la pièce.

30 *Août*. Il paroît constant que le Roi de Prusse est enfin mort le 17 de ce mois.

30 *Août*. Il paroît décidé que *Virginie* qui, malgré son succès apparent, ne trouve point de pere qui s'avoue ouvertement, est cependant malgré sa dénégation formelle & par écrit, la production de M. *de la Harpe*: voici comment il s'est trahi lui-même.

On parloit de *Virginie* chez Madame la Baronne *de Stahl*, (Mlle. *Necker*) qui, marchant sur les traces de son illustre mere, tient déjà depuis son mariage un bureau de bel esprit. Madame la Baronne critiquoit la piece; l'amour-propre de M. de la Harpe présent se trouvoit mal à son aise; il ne peut s'empêcher d'en prendre la défense & de dire à son adversaire: ,, Madame, si l'auteur étoit-là, il me sem-,, ble qu'il pourroit vous répondre telle & ,, telle chose;" & à chaque objection, c'étoit toujours sous cette forme une défense vive & chaude. Alors Madame *de Stahl* contente d'avoir surpris le secret de M. de la Harpe, lui dit: *vous avez raison, Monsieur; je vois bien que c'est l'auteur qui m'a répondu.*

30 *Août* 1786. La fête séculaire dont on a parlé pour célébrer la révolution du siecle depuis la fondation de la maison de Saint Cyr, a été honorée le premier jour par la présence de Madame *Elisabeth*, qui a manifesté par-là de plus en plus son goût pour le couvent. Du reste, le concours a été considérable, & surtout toutes les anciennes éleves se sont fait un devoir d'assister aux cérémonies.

On observe à cette occasion, que depuis l'établissement de cette maison, nos Rois y ont placé 3000 Demoiselles, & qu'il y en est mort quatre cens: de cent vingt une religieuses qui ont fait les vœux solemnels, il en reste quarante-six de vivantes, dont une a été eleve de cette maison du tems de **Madame** *de Maintenon*.

M. *d'Ormeſſon*, l'Ex-Contrôleur général, qui ſe réduit aujourd'hui au titre modeſte de Conſeiller d'Etat & Chef du Conſeil établi par le Roi pour la direction du temporel de cette maiſon, y figuroit à la fête en cette qualité & n'a point quitté ce petit département.

31 *Août* 1786. On a parlé du projet du Sieur *Pankouke* de groſſir ſon Mercure des divers *Proſpectus* publiés ſucceſſivement dans l'année & d'empêcher ainſi que ces feuilles volantes & quelquefois utiles ne s'égaraſſent. On a dit que le Journal de Paris allant ſur les briſées de ce Libraire offroit la même choſe au public; mais le Sieur Pankouke indigné de cette rivalité malhonnête, a fait mettre oppoſition au projet du Journal de Paris : de-là une conteſtation, qui eſt portée par devant M. le Garde des ſceaux.

Le Sieur Pankouke a pour lui l'antériorité : en outre, il a diſtribué environ mille louis dans les bureaux des Affaires étrangeres, du Miniſtre de Paris & de la Police : il réclame la jouiſſance d'une entrepriſe qu'il a ſi chérement achetée & dont il n'eſpere d'autres bénéfices que de s'attirer plus de ſouſcripteurs en embraſſant plus d'objets. Le Journal de Paris ne peut objecter en ſa faveur qu'une facilité plus grande de remplir cette ſpéculation ; par ſon apparition renouvellée de 24 heures en 24 heures, tandis que celles de ſon rival ne ſont qu'hebdomadaires.

Quoiqu'il en soit, M. *Vidault de la Tour*, le Chef de la Librairie, a écrit au Sieur Pankouke qu'il pouvoit toujours jouir par provision d'un Privilège acquis; que si, par des considérations d'utilité plus grande, on jugeoit à propos de concéder le Privilège au Journal de Paris, ce ne seroit pas sans obliger celui-ci de l'indemniser.

Enfin le Libraire *Royer*, que les journalistes de Paris avoient mis en œuvre pour donner l'essor à leur projet, en faisant écrire par cet émissaire une Lettre démontrant les avantages pour le public qu'ils fussent chargés de l'entreprise, est cité à la Chambre Syndicale; il doit y rendre compte de sa conduite & court risque de perdre son état.

31 *Août* 1786. Quoiqu'on ait annoncé depuis longtems que Madame la Comtesse *de Sanois*, Madame la Comtesse *de Courcy* & M. le Comte *de Courcy*, faisant cause commune ensemble, doivent répondre au Mémoire du Comte *de Sanois*; non seulement on ne voit rien paroître à cet égard, mais le bruit court qu'ils y renoncent & se contenteront de la plaidoirie de Me. *Tronçon du Coudray* au Bailliage, où l'affaire se plaide actuellement, sur le provisoire; c'est-à-dire, à l'occasion d'une provision que demande le mari. La véritable raison de ce silence, c'est qu'aucun Avocat d'un certain ordre n'a voulu se charger de cette défense, & aucun n'a voulu l'entreprendre,

parce que tous l'ont jugée trop odieuse. Ils ont donc été obligés d'employer la ressource du libelle & de l'anonyme. En conséquence il vient d'éclore *Lettre d'un Avocat à Me. de la Cretelle*, sans nom d'auteur, ni d'imprimeur, & sans lieu d'impression, en un mot avec tous les caractères de la clandestinité. On assure que c'est Me. *Moreau* qui s'est chargé du soin de composer ce libelle, qui n'est pas sans offrir quelque chose de spécieux & qui mérite qu'on en parle plus en détail, lorsqu'on l'aura bien approfondi.

31 *Août* 1786. C'est l'abbé *Tandeau* qui est Rapporteur dans l'affaire de M. *Dupaty*. On dit que ce dernier s'est présenté dès hier au greffe civil du Parlement, en vertu du Décret d'ajournement personnel qui lui a été signifié & que n'ayant pas trouvé M. le Rapporteur, il a demandé acte de sa comparition, qui lui a été refusé; qu'il a voulu faire des protestations qu'on n'a pas voulu entendre. Ces protestations sont fondées principalement sur ce qu'étant Président du Parlement de Bourdeaux, il prétend que c'est à son corps à le réclamer & à le juger.

Le premier Septembre 1786. On lit manuscrits dans les Sociétés des *Mémoires des Choiseuls*, pour servir à la vie du Duc *de Praslin*, écrits par son fils. On dit qu'ils sont intéressans, non seulement à raison des grandes époques du Regne de Louis XV, auxquels ils se rapportent & qu'ils donnent occasion de développer, vu la liaison qu'ils ont avec eux ; mais encore à raison de la maniere dont l'historien défend la mémoire de son pere.

Il le peint comme un homme studieux, qui réfléchissoit infiniment & s'appliquoit surtout aux connoissances relatives à ses fonctions. Militaire dans sa grande jeunesse, il avoit approfondi l'art de la guerre, & promettoit déjà beaucoup comme officier général. Retiré du service & livré au repos, le goût des sciences, des idées de tolérance & de liberté très rares encore, lui donnerent la réputation d'un homme d'esprit, d'un homme éclairé, même celle d'un philosophe.

Rentré dans la carriere de l'ambition, nommé Ambassadeur à Vienne, le *Comte de Choiseul* (nom qu'il portoit alors) se penetre des devoirs de son nouvel état & l'on juge qu'il en avoit parfaitement bien saisi l'esprit, d'après des instructions données par ce Ministre à son fils, lorsqu'il le fit élever au même honneur.

Le Ministère des Affaires étrangères, dont le Comte de Choiseul, devenu à cette époque *Duc de Praslin*, étoit chargé lors du traité de Paix en 1763, fournit matiere à ce Ministre de développer sous un autre point de vue ses idées en politique. C'est ce qu'il a fait dans un Mémoire sur cet événement, Mémoire où il entreprend de se justifier, où il établit que les sacrifices faits par la France n'étoient qu'une qu'une partie de ce qu'on avoit perdu par la guerre, sans qu'il restât aucune espérance de rien recouvrer; où il prétend avoir prévu les causes qui devoient amener une guerre nouvelle, dans laquelle la France auroit une juste espérance de réparer ses pertes, de diminuer ou de détruire la supériorité navale de l'Angleterre & de lui enlever cet empire des mers, sur lesquelles elle affectoit depuis longtems un droit chimérique.

Pendant son Ministere de la Marine, le Duc de Praslin se forma un plan, qui caractérise encore la justesse de son esprit, l'étendue de ses vues & son désir constant de se bien acquitter de chaque place dont on le chargeoit.

Etablir dans un corps d'officiers destinés à exercer un art difficile & compliqué, ce goût de l'instruction & cette étude de la Théorie, nécessaires pour empêcher la valeur de rester inutile ou de devenir dangereuse, & la Pratique, de dégénérer en routine, d'inspirer des préjugés & de les rendre indestructibles; faire exécuter ces voyages, qui, utiles à la perfection de la géographie, comme aux progrès des sciences, servent encore à exercer les marins en tems de paix & à soutenir leur émulation; réparer les maux que la guerre avoit faits à nos Colonies & au commerce maritime; se préparer enfin une Marine puissante, qui pût se soutenir contre celle de l'Angleterre; & cependant ne pas réveiller, par des constructions faites avec trop d'éclat, la jalousie de cette Puissance; tel étoit le plan que se forma le Duc de Praslin & qu'il remplit autant qu'il étoit possible, à en croire son fils.

Indépendamment de ces projets, il en avoit un autre concernant les Colonies d'une utilité plus paisible & plus durable, celui de leur donner une Législation nouvelle. Il avoit commencé cet ouvrage difficile; des Jurisconsultes habiles y ont longtems travaillé d'après ses vues & sous ses yeux; la durée trop courte de son Ministere l'a seule empêché de terminer.

Le desir de tout tourner à la gloire de son pere, engage son fils à lui rapporter même celle de M. *Poivre*, ce pacifique conquérant des épiceries sur les Hollandois, qui les enleva dans les isles Moluques, & les transporta aux isles de France & de Bourbon, d'où elles sont passées à Cayenne. Enfin, il n'est pas jusques à la destruction si humiliante & si désastreuse, dont les motifs de cupidité sordide firent beaucoup crier dans le tems, qu'il ne veuille faire regarder comme un service utile & réel.

Lorsque M. le Duc de Praslin fut renvoyé, il avoit porté le nombre de vaisseaux de ligne en état de servir, à 70; les bois suffisans pour en construire dix autres, étoient en réserve dans les arsenaux; il y avoit rassemblé les approvisionnemens de toute espece nécessaires pour les armer. Le Port de Brest avoit été aggrandi; des magasins, de vastes atteliers s'étoient élevés sur ses quais immenses; l'artillerie avoit été perfectionnée, & tout cela sans réclamation de l'Angleterre. M. de Praslin le laissoit également ignorer en Angleterre; s'il faisoit construire un nouveau vaisseau, il lui donnoit le nom d'un vieux navire hors de service; une construction nouvelle passoit ainsi pour une simple réparation.

Lorsque vers la fin de 1770 la guerre étoit sur le point de s'allumer, la France avoit vingt vaisseaux de ligne prêts à se mettre en mer; vingt autres étoient préparés pour les suivre; le reste devoit se joindre à une Escadre Espagnole pour forcer l'Angleterre à retenir dans la Manche une partie de ses forces. Cette Puissance n'auroit eu dans le premier moment que quinze vaisseaux à nous opposer. La supériorité de la France étoit assurée durant la premiere année de la guerre dans les Antilles, comme dans l'Inde.

Chargé, comme Ministre, de rapporter des affaires au Conseil, jamais il ne se permit d'en rapporter une, sans avoir vérifié sur les pieces originales, les extraits, les citations des Mémoires, rédigés dans ses bureaux: ,, si je me ,, trompe, en jugeant d'après vous," disoit-il à ses commis, ,, je suis responsable de votre ,, erreur: si c'est en jugeant d'après moi-mê- ,, me, j'ai rempli mon devoir & ma conscience ,, ne me reprochera rien."

Lorsqu'après la retraite du Duc *de Praslin*,

l'Abbé *Terrai* & M. *de Boisnes* se firent rendre compte de son département, & qu'ils furent initiés dans le secret de ses vues & de ses plans, ils se virent contraints de lui rendre un témoignage non équivoque dans leur bouche.

L'on juge aisément par ces détails, que les Mémoires en question ne sont qu'une apologie outrée du Duc *de Praslin*, au point de travestir ses défauts en bonnes qualités, son avarice, par exemple, en esprit d'ordre & d'économie. Il n'en est pas moins vrai que c'étoit un très pauvre Ministre, malgré son esprit, & un homme médiocre.

1er. *Septembre* 1786. On devoit donner aujourd'hui sur le théâtre lyrique la premiere représentation de *la Toison d'or*, tragédie-opéra en trois actes, dont les auteurs sont deux débutans ; l'un, M. *Deriaux* pour les paroles, & l'autre, M. *Vogel* pour la musique. On ne sait quel obstacle a fait différer cette représentation. Du reste, les chefs de l'académie royale de musique en sont dans l'enchantement ; ils fondent les plus grandes espérances sur cette nouveauté.

1er. *Septembre* 1786. Un nommé *Grammont*, chassé déjà deux ou trois fois de la comédie françoise, ne s'est pas rebuté ; à force de protections il revient encore sur la même scene & il y a reparu avant-hier dans le rôle de *Mahomet* : il a lieu de s'applaudir de sa persévérance, ou plutôt de son opiniâtreté impudente à lutter contre le public; il a reçu l'accueil le plus distingué.

2 *Septembre* 1786. Par un Arrêt du Conseil du 28 Juillet, un ouvrage ayant pour titre *Essai sur la constitution militaire des Régimens des chasseurs*, est supprimé comme imprimé en contravention aux réglemens de librairie, comme contenant des systêmes contraires à ce qui a été réglé par Sa Majesté relativement à ses troupes, & capable de donner de fausses idées aux militaires; en conséquence il est ordonné que les neuf cens onze exemplaires saisis le 8 de ce mois à Besançon & déposés au greffe de la police, seront transférés à la chambre syndicale de la même ville pour y être mis au pilon.

2 *Septembre* 1786. Les comédiens Italiens ont pris leur revanche hier: ils ont joué *les Amis du jour*, comédie nouvelle en un acte & en prose, qui a eu un plein succès: on n'en sera point étonné, quand on saura que cet ouvrage est de M. *de Beaunoir*. Le fond, au surplus, n'est rien moins que neuf; mais des détails ingénieux & des scenes bien faites ont déterminé le succès & ont procuré à l'ouvrage des applaudissemens soutenus depuis le commencement jusques à la fin. D'ailleurs la moralité en est sensible & à l'usage de tout le monde. C'est même moins une comédie, qu'un *proverbe*, dont le mot est *voyons nos égaux*.

2 *Septembre* 1786. L'Académie royale d'Ar-

chitecture, assemblée pour le jugement des Prix d'Architecture, dont le sujet étoit un Port du Commerce, avec tous les accessoires relatifs à ce grand établissement, a donné dans la séance du lundi 28 Août, le premier prix au Sieur *Charles Percier*, éleve protégé de M. *le Roy*, Académicien, & le second au Sieur *Edme Goust*, éleve protégé de M. le Comte d'Angiviller, Directeur général des bâtimens du Roi.

3 *Septembre.* La journée d'hier samedi, seconde séance des plaidoiries de Me. *Linguet*, a été plus chaude encore que la précédente. Les précautions prises pour empêcher le tumulte ont mal réussi. Comme on prévoyoit que l'affluence ne feroit que s'accroître & que le tumulte du premier jour étoit provenu uniquement du *Forum* & du Parquet, on avoit ordonné d'en ouvrir les portes dès cinq heures du matin, à l'instar du parterre des spectacles, & de laisser entrer indistinctement tous ceux qui se présenteroient. On avoit seulement distribué des gardes de distance en distance dans l'enceinte, pour contenir la multitude & arrêter le désordre. Cette facilité n'a point diminué la curiosité, & le public pressé, froissé, exténué deux heures d'avance, s'est livré à toutes les clameurs du mécontentement & de la souffrance durant le spectacle; car ce terme est le véritable en pareille occasion. La cheminée étoit couverte de gens à califourchon, les fenêtres & les corniches de même;

enfin de jeunes gens, hardis & téméraires s'étoient glissés jusques sur le comble, & à travers une fenêtre ouverte dominoient l'assemblée & la parsemoient de morceaux de verre des carreaux qu'ils brisoient par leurs mouvemens.

Malgré les précautions prises pour la libre circulation dans les détours par où les Magistrats arrivent, comme tous avoient la liberté de faire entrer ou de donner des billets, sans avoir eu la précaution de fixer le nombre des personnes que pouvoit contenir cette autre enceinte, le désordre n'a pas été moins considérable de ce côté ; les passages se sont trouvés engorgés au point que la Cour a été fort longtems sans pouvoir se faire jour, & que Me. Linguet, qui cette fois étoit convenu de passer par les détours, s'étant présenté une première fois n'a pu pénétrer, est retourné dans la piéce où il étoit en dépôt & y est resté jusques à ce qu'on soit venu lui dire qu'il pouvoit revenir sans crainte, mais non sans difficulté ; enfin les Magistrats même ont trouvé leurs places prises par des Dames, & Mesdames d'*Aguesseau* & Duchesse d'*Ayen* sont restées constamment assises au rang des juges.

L'orateur a commencé par rendre compte d'un nouveau fait, car c'est un homme à aventures. Le jeudi 3 du mois d'Août, a-t-il raconté, un Commissaire est venu de la part des Fermiers généraux lui rapporter un paquet ; il n'y étoit pas ; Me. Linguet, l'Avocat aux Conseils, chez lequel il loge, sachant que son frere est environné de piéges & doit être en garde contre tout le monde, n'a point voulu donner de décharge du paquet en son absence, ni le recevoir : ensorte qu'on l'a remporté.

Dans l'après-midi est arrivé une sommation de la part des fermiers généraux à Me. Linguet, Avocat au Parlement, pour qu'il eût à se rendre le lendemain 1 Septembre à la Douane, afin d'y retirer ses effets en personne & sur le lieu, conformément aux Réglemens. On passe sur les réflexions dont le narrateur assaisonnoit ce récit, qu'il a fort allongé : il s'est avec la plus entiere résignation rendu au lieu & heure indiqués; mais avant de lui remettre ses effets arrêtés, on a voulu remplir les formalités par l'assistance d'un Commissaire. Il y a consenti; cet officier a paru; mais qui ? Le Sieur *Chesnon* pere, le Commissaire de la Bastille..... La présence d'un tel homme l'a rempli d'indignation; son imagination s'est retracé à l'instant tout ce qu'il a souffert dans cette horrible prison; la terreur s'est emparé de son ame; il a regardé cette affectation comme un nouvel outrage, & ne pouvant résister aux tourmens qu'il éprouvoit en cet instant, qui lui brisoient, lui déchiroient le cœur, il s'est retiré sans avoir terminé.

Après ce récit de Me. Linguet, dans lequel on a admiré son art merveilleux de donner de la consistance à des phantômes, de l'importance aux plus légeres minuties, il a repris la suite de son plaidoyer. Il a calculé la somme totale de ses travaux, se montant à plus de douze cens pages de minutes, & les payemens divers du Duc d'Aiguillon en cinq à-compte de cent louis chacun, suivant ce client, & de quatre seulement, suivant Me. Linguet: il a donné la raison de cette différence, ainsi que des détails très amples sur les faits qui d'intervalle à autre provoquoient ces à compte, au bout desquels le Duc d'*Aiguillon* s'est cru parfaitement quitte, & lui, en droit de répéter une somme dix fois plus forte. M. le Duc d'Aiguillon étant devenu Ministre, il n'a pu intenter d'action contre lui; il a cru que ce client profiteroit de la circonstance pour s'acquitter gratuitement par des graces qu'il pouvoit faire obtenir à son Avocat; Me. Linguet lui a demandé successivement le privilege de la gazètte de France, le privilege des gazettes étrangeres, le privilege d'un journal politique à l'instar de celui de Bouillon, enfin une place dans les Bureaux des affaires étrangeres, ou du moins l'acquisition d'une terre en Champagne, appartenante au Duc d'Aiguillon, dont il ne retiroit rien & à la convenance de Me. Linguet, auquel elle auroit servi de retraite. Le Duc d'Aiguillon a résisté à toutes ces sollicitations & n'a rien accordé: bien plus, pour comble d'ingratitude, il a fini par lui faire perdre son état.

Dans cette seconde partie de son plaidoyer,

plus diffuse, plus amere, plus semée de mauvaises & indécentes plaisanteries, Me. Linguet a cependant eu l'art de rassembler toutes les anecdotes, toutes les circonstances, tous les tableaux qui pouvoient flatter les juges & les lui rendre favorables. La peinture de la révolution de 1771 & des défastres qui l'ont suivi, dont il auroit pu dire, *& quorum pars magna fui*, a paru un morceau vraiment éloquent, qui a enlevé tous les suffrages. C'est le seul qui ait été véritablement applaudi. Au surplus, on a ri de la maniere dont il a mis en scene le Duc de la Vrilliere, l'Abbé Terrai, le Chancelier Maupeou & plusieurs de leurs suppôts qu'il a couverts de ridicule; il a affecté de revenir à plusieurs reprises & avec un acharnement révoltant sur Me. *de l'Aulne*, son Avocat adverse en ce moment, & là présent; & l'on a été surpris que les Juges ne lui aient point imposé silence sur ce point.

Me. Linguet a lu encore plusieurs Lettres de sa façon pour donner plus de certitude aux faits; lettres qu'on a lieu de soupçonner encore avoir été fabriquées après coup, en tout ou en partie.

L'anecdote vraiment curieuse & originale de cette partie de son plaidoyer, c'est celle où il nous a fait valoir son talent pour la politique. Lorsque Me. Linguet écrivit au Duc d'Aiguillon devenu Ministre des affaires étrangeres pour lui demander une place dans ses bureaux, son ancien client lui répondit qu'il n'entreroit jamais dans son *tripot* (c'est le terme même de sa lettre) parce qu'il n'avoit pas les premieres notions du métier. Me. Linguet piqué, pour faire voir au Duc d'Aiguillon, que non seulement il étoit au fait des élémens de la politique, mais qu'il en avoit encore fondé les profondeurs, lui adressa peu après un Mémoire, où il lui fournissoit un moyen de réunir à la France, sans coup férir, les Pays-Bas Autrichiens, comme le Duc de Choiseul y avoit réuni la Corse, & le Cardinal de Fleury la Lorraine. C'étoit par un accord avec les trois cours de Vienne, de Petersbourg & de Berlin, de rendre la couronne de Pologne héréditaire & par les arrangemens subséquens de faire des démembremens à la convenance de ces Puissances, qui par reconnoissance devoient concourir à reconnoître les services de la France par la cession demandée. Le Duc d'Aiguillon ne fit aucune attention à ce Mémoire; mais quelle dût être sa surprise, lorsqu'il vit le projet de Me. Linguet effectué, mais à main armée & d'une façon bien différente; & cela sans aucun avantage pour la France, sans son concours & même à son insçu!

Me. Linguet, après avoir parlé pendant deux heures s'est trouvé fatigué; il a fallu lui accorder une troisieme & derniere séance, indiquée au mercredi 6, six heures du matin. L'Avocat adverse a demandé que cette audience fût rapprochée, afin d'avoir le tems de mieux préparer fa réponfe: mais cela n'a pu s'arranger autrement.

3 *Septembre* 1786. Le travail de M. *de Calonne* pour les penfions ou gratifications des gens de lettres eft fini, & l'on commence à en citer quelques détails, fans en avoir encore vu l'enfemble. On ne manque pas de critiquer déjà cette répartition & de la trouver très mal faite.

3 *Septembre*. Au moyen d'élaguemens nombreux, de coupures, de mutilations de toute efpece, foit dans le poëme, foit dans les acceffoires, le *Chevalier Bayard* va tout doucement fon petit chemin.

4 *Septembre*. On eft effrayé du fpectacle que préfentoit le palais au fortir de la plaidoirie de Me. Linguet: indépendamment d'un homme étouffé au point qu'on n'a pu le faire revenir, qu'on l'a faigné inutilement; les marbres, les murs, la boiferie dégouttoient de fueur; il a fallu parfumer la grand' chambre infectée d'une odeur peftilentielle. Les affiftans étoient tellement mutilés dans leurs habits, qu'ils ne fembloient plus que couverts de haillons. Le buvetier ne pouvoit fuffire aux raffraîchiffemens, aux bouillons qu'on lui demandoit de toutes parts; il a dû non feulement prêter tous fes lits à des gens qui ne pouvoient plus fe foutenir, mais en chercher dans les appartemens des habitans du palais: c'étoit une efpèce d'hôpital

momentanée. Les fastes du Temple de Thémis n'offrent à aucune époque un concours de cette espece & aussi désastreux.

M. *d'Ormesson*, le Président de ces séances, a donné les ordres les plus séveres pour que la garde soit encore renforcée, que le palais soit ouvert à trois heures & demie & tous les postes assignés & fixés à quatre; qu'alors on ouvre les portes du Parquet & de la Grand' chambre; mais que dès que le *forum* sera rempli suffisamment pour ne pas étouffer, on referme les portes & ne les rouvre plus.

A l'égard de l'intérieur, il a prié Messieurs de trouver bon que lui seul signât les billets, afin que le nombre en fût limité & il a fait prendre les précautions suffisantes pour que la Cour ne soit pas embarrassée dans sa marche & arrive à ses places avec la décence & la dignité convenables.

4 *Septembre* 1786. La fille *Salmon* occupe encore le public. On raconte les motifs qui l'ont décidée à couronner par l'hymen les vœux de son amant: celui-ci, lorsqu'elle fût jugée, & qu'il ne vit aucun moyen de l'arracher au supplice, soit de désespoir pour chercher la mort, soit au moins pour se distraire d'une image aussi funeste, s'étoit engagé. On ajoute que Madame la Duchesse d'Orléans l'a fait dégager & doit le faire placer par son auguste époux dans l'un de ses Domaines. Madame la Comtesse de Genlis n'a pas peu con-

tribué à toutes ces faveurs. C'est elle qui, le jour du mariage, a passé au cou de la fille Salmon, une chaîne d'or, au bas de laquelle étoit le portrait de Me. le Cauchois, avec ces mots écrits au revers : *je lui dois l'honneur & la vie.*

4 Septembre 1786. L'auteur de la *Lettre d'un Avocat à Me. de la Cretelle*, après un préambule mielleux, où il loue son éloquent Mémoire pour le Comte *de Sanois*, ou plutôt où il convient de la sensation prodigieuse que ce Mémoire a causée dans Paris, rend compte des motifs qui lui ont fait prendre la plume & de son plan. L'intérêt bien ou mal entendu que le gouvernement a, ou croit avoir, à conserver l'usage des Lettres de cachet; le préjugé où l'on est depuis longtems que ces actes effrayans de l'autorité arbitraire sont quelquefois nécessaires; les droits sacrés de l'humanité qui réclament pour tous les citoyens une liberté que la Loi seule peut restreindre; enfin l'application des vrais principes au cas particulier de M. de Sanois; voilà, dit-il, ce qu'il entreprend d'examiner, & c'est dans l'ouvrage même de Me. de la Cretelle, qu'il cherche tout ce qui peut & doit fixer l'opinion.

Viennent ensuite des citations multipliées du Mémoire, où il met souvent son auteur en opposition, en Contradiction avec lui-même, dont le résultat bien analysé est que dans certains cas les Lettres de Cachet sont utiles, que l'abus en eſt très dangereux; que cependant elles ſont quelquefois néceſſaires, & enfin qu'avec des précautions elles ſont bonnes. Si ce n'eſt pas tout-à-fait ce que Me. de la Cretelle a dit, c'eſt au moins ce que ſon critique lui fait dire & c'eſt ce qu'il penſe. Au lieu de ces déclamations outrées contre le pouvoir arbitraire, il déſireroit ſeulement qu'on s'attachât à trouver les moyens de prévenir les ſurpriſes, ou de les rendre fort rares.

Après cette apologie des Lettres de cachet, que l'écrivain tire de la bouche même de leur détracteur; il en fait l'application au cas particulier du Comte de Sanois, & trouve que jamais Lettre de Cachet ne fut décernée, ſinon avec plus de juſtice, au moins avec plus d'apparence de juſtice; qu'on a d'ailleurs employé préalablement toutes les précautions & formalités que la prudence exigeoit. A l'égard du lieu même de la détention du Comte de Sanois & de la maniere dont il y a été traité, il reproche à Me. de la Cretelle de n'avoir pas ſenti que Charenton étoit un ſéjour d'indulgence, & de n'avoir pas vérifié les récits de ſon client: cet examen lui auroit fait reconnoître que tous les mauvais traitemens dont ſe plaint le Comte de Sanois ſont faux ou prodigieuſement exagérés: que ce priſonnier étoit agréablement, commodement, ſainement logé; qu'il ne manquoit de rien; qu'on alloit au devant de ſes déſirs; en un mot, qu'il étoit à peu près comme chez lui.

Ce qu'il y a de singulier, c'est que l'auteur de cette Lettre, qui gronde Me. de la Cretelle d'avoir eu trop de crédulité pour la narration du prisonnier, voudroit qu'on ajoutât plus de foi à la dénégation de ses bourreaux; comme si ceux-ci n'avoient pas infiniment plus d'intérêt à dissimuler les mauvais traitemens dont ils ont usé envers lui, que leur victime à les supposer ou à les grossir.

Enfin, ce qu'on ne peut nier, c'est que M. de Sanois ait été conduit à Charenton en vertu d'un ordre du Roi, c'est qu'il y soit resté neuf mois sans aucune communication avec personne, sans recevoir de lettres, ou sans que les siennes soient parvenues; privé de tous les secours nécessaires pour répondre même aux imputations dont on le chargeoit, & réclamant sans cesse la vengeance des loix, demandant à être transféré dans les prisons des tribunaux ordinaires; en un mot, à être mis en justice réglée pour y faire éclater son innocence.

Le seul endroit de cette Lettre, sur lequel les lecteurs impartiaux seront d'accord, c'est sur l'honnêteté, la bonne foi, la douceur, l'aménité, l'humanité de M. *le Noir*, dont on voit à regret le nom mêlé dans l'affaire & dont l'éloge mérité sera souscrit par tous ceux qui le connoissent.

La sagesse qui semble avoir dicté ce Mémoire, la modération apparente de l'auteur, son
ton

ton d'honnêteté, de raison, de sensibilité ne le rendent que plus perfide, soit envers Me. de la Cretelle, soit envers le Comte de Sanois; il faut y réfléchir & le creuser, pour en découvrir tout le patelinage & toute la fausseté; pour reconnoître dans son auteur un bas valet du Ministere, qui lui a toujours prêté sa plume à son gré & a soutenu les paradoxes les plus étranges, lorsqu'il l'a exigé : du reste, l'ouvrage est très bien fait dans son genre, parfaitement filé, d'un style à la fois noble, élégant & facile.

5 Septembre 1786. Ce qui a déterminé sans doute à rendre l'Arrêt du Conseil annoncé concernant les cartes géographiques, c'est l'examen fait par ordre de M. le Maréchal *de Castries*, Ministre & Secrétaire d'État de la marine, de deux Cartes de la mer Baltique, présentées par un M. *le Clerc*; que, malgré le soin & l'élégance avec lesquels elles ont été gravées, les Censeurs ont jugé être les plus mauvaises & les plus dangereuses à proposer aux navigateurs.

5 Septembre. Le Parlement étant surchargé d'affaires en ce moment-ci & par les grandes causes qui ne sont point terminées & par celle de Me. *Linguet*, qui s'allonge au lieu de finir, & par des assemblées nécessitées par une foule d'Edits à enrégistrer, & par les incidens survenus dans l'affaire de M. *Dupaty*, a remis au 12 Décembre prochain la cause de Me. *Féral*.

5 Septembre 1786. Extrait d'une Lettre de l'isle de France, du mois de Janvier 1786..... Vous avez sans doute entendu parler dans le tems d'un certain Comte *de Beniouski*, dont on dit que le roman est imprimé en trois volumes & dont il a été question avant la guerre pour un établissement fol qu'il avoit tenté à Madagascar. Ce même homme, dont la mémoire ne s'étoit conservée que par le souvenir de ses sottises & de ses friponneries, est arrivé à Madagascar, il y a quatre ou cinq mois : il a frété un navire à Baltimore, a amené avec lui une trentaine d'hommes de tout pays & devoit payer son fret avec des Noirs ; il s'étoit en outre engagé à fournir deux cens esclaves à raison de vingt piastres par tête. S'étant dégagé par une ruse inutile à rapporter du payement du fret du navire & de ses autres promesses ; il est resté tranquille à Bembetok, où il a offert à la Reine de l'épouser. Il en a essuyé un refus formel. Il a cherché à se faire des partisans parmi les Noirs & en a gagné en effet, mais à force de présens ; en sorte que les fournitures lui ont manqué. Il a envoyé à la Palissade, qui est l'établissement françois, un diplôme, par lequel il prend le titre de Roi ; il invite les écrivains, ouvriers & autres qui voudront s'attacher à lui, à se rendre dans sa bonne ville de Mauritanie, offrant, promettant les plus grands avantages en terres, noirs, outils, &c.

Le besoin l'a fait se rapprocher de notre

établissement: il a pillé un magasin; il a laissé un état des choses qu'il y a trouvées, avec ordre à son trésorier de payer à quiconque justifiera de la propriété. Il a écrit aux Gouverneur & Intendant de l'isle de France, il dit avoir une commission de l'Empereur & une permission tacite du Roi. Il offre de fournir au Roi tous les besoins de notre colonie en noirs, bœufs & riz; il dit qu'il est contre le droit divin & humain de vendre des hommes: cependant il se réserve le droit de nous les vendre.

Ce nouveau *Mandrin* ne cherche qu'une occasion de s'emparer d'un de nos vaisseaux pour donner chasse aux autres. Il avoit même formé le complot d'assassiner le Capitaine d'un navire: il a été heureusement découvert avant l'exécution.

Il avoit aussi projetté d'assassiner tous les Blancs qui étoient au fort de la Palissade, au nombre de vingt environ & de s'emparer de tous les effets du Roi. Le complot a encore été découvert; on s'est tenu en garde, & comme dans cette saison on abandonne ce pays à cause des fievres, tous les Blancs se sont embarqués pour revenir: ils sont arrivés ici, il y a quatre jours.

Beniouski, qui manque de tout, ne peut pas se faire un grand parti, parce que le Roi *Yavi* & ses chefs, comme dans les autres royaumes, ne se donnent que pour présens de vin, d'eau-de-vie, ou de piastres.

Nos chefs, de leur côté, n'ont pas cru, sans les ordres de la Cour, devoir opposer la force, & toute leur politique s'est réduite à écrire à un nommé *Mayeur*, ancien soldat, qui vit depuis vingt ans à Madagascar avec les noirs & comme eux; qui s'en est fait aimer & qu'ils appellent dans leur langage le bon pere: on lui a envoyé du vin, de l'eau-de-vie, des draps &c. pour faire des présens aux chefs; les engager à nous rester fideles & les éloigner de toute alliance avec Beniouski: nous attendons un vaisseau qui est encore à Madagascar & il nous apprendra le succès de cette négociation.

Par des Lettres de Beniouski interceptées, il ne paroît pas qu'il soit merveilleusement avec le Comte de Vergennes; mais il entre dans les plus grands détails avec un M. Simonin, Secrétaire de M. de Vergennes, ou attaché à ce Ministre. Beniouski a envoyé à notre Général sa prétendue Commission impériale; mais on pense ici qu'elle est fausse. Quelques personnes craignent que Beniouski ne nuise à notre Commerce, en détachant les Noirs de notre alliance; de sorte qu'au mois d'Avril, quand nous nous présenterons, il faudra batailler pour reprendre notre établissement; mais les fins politiques prétendent, que *Mayeur* a ordre de le faire sagayer ou empoisonner, pour n'en rien craindre.

ADDITIONS.

ANNÉE MDCCLXXV.

A la page 223. *Le 28 Septembre 1775.* Il paroît deux critiques sur le Sallon: l'une est intitulée: *Coup d'œil sur le Sallon de 1775, par un aveugle.* Elle est vague & ne dit mot; il y a quelques bonnes plaisanteries & même des sarcasmes; mais vraisemblablement l'ouvrage aura été très châtré à la censure. L'autre consiste en des *Observations sur les ouvrages exposés au Sallon du Louvre, ou Lettre à M. le Comte de * * *.* On les attribue à un nommé *Colson*, mauvais peintre de portraits, & encore plus mauvais écrivain. Il amene à chaque ligne sous sa plume des termes de l'art, qui n'apprendront rien aux peintres & ennuyent le surplus des Lecteurs: du reste, il ménage & loue tout le monde.

A la page 223. *Le 28 Septembre.* On confirme que le Roi ne s'est enfin déterminé à nommer Madame la Princesse de Lamballe, Surintendante de la maison de la Reine, que vaincu par les pressantes instances de son auguste compagne, qui lui a déclaré que ce feroit la douceur de sa vie. S. M. pour éviter les frais, vouloit laisser cette charge vacante, &, en y nommant quelqu'un, desiroit suivre l'ordre & y placer Madame la Comtesse de la Marche. Mais la Reine a la plus vive amitié pour la jeune Princesse, qui lui va mieux. On sait que S. M. fait souvent des parties avec elle au petit Trianon, ou *petit Vienne*, & qu'elle n'y admet que quelques Dames de sa suite, sans aucun homme. Là, elle se livre en liberté à toutes les aimables folies de son âge.

A la page 224. *Le 29 Septembre 1775.* On assure qu'il y a des difficultés dans la maison de la Reine par rapport à la Surintendante; que les Dames de S. M. éludent de prêter serment entre les mains de la Princesse de Lamballe, sous prétexte que la place doit être remplie par une Princesse du sang & non par la Douairiere d'un Prince légitimé.

A la page 224. *Le 29 Septembre.* On est si mécontent du choix des directeurs de l'opéra par rapport aux pieces qu'on y joue, que la ville auroit grande envie de leur ôter cette inspection & de se la réserver; ce qui seroit encore plus extraordinaire. Car enfin des marchands de la rue St. Denis, ne peuvent gueres mieux s'y connoître que les premiers. Quoi qu'il en soit, la crainte que M. de Malesherbes, disposé à concourir avec eux à cette innovation, ne reste pas longtems au Département de Paris, & qu'on ne donne à ce bureau le desagrément de réformer son arrangement, l'arrête & le retient.

A la page 226. *Le premier Octobre* 1775. M. le Garde des sceaux, après avoir tant bien que mal rétabli les Parlemens, s'occupe aujourd'hui à réparer les desordres introduits dans les Bailliages & autres Jurisdictions subalternes par M. le Chancelier. Auxerre est une des villes, où sa fureur juridique se soit le plus exercée, à cause de la résistance qu'il y avoit trouvée de la part des Magistrats de ce Bailliage, fortement entichés de Jansenisme; & c'est ce dont on a vu des preuves dans le procès atroce, intenté par les fideles du Chef de la Magistrature & les suppôts de l'Evêque tout Moliniste, contre les membres principaux du college, qui avoient succombé sous le nouveau tribunal détruit, & viennent de se relever avec gloire au Parlement. En conséquence M. de Miromesnil déploye son affection particuliere pour ce Bailliage, auquel il veut rendre sa splendeur.

A la page 227. *Le 2 Octobre.* La Reine, depuis que Madame la Princesse de Lamballe lui est attachée plus spécialement, la goûte encore mieux & s'amuse infiniment avec elle. S. M. est allée derniérement à Sceaux en tête à tête avec cette Princesse, & y a passé la journée, sans aucune autre suite.

A la page 228. *Le 3 Octobre.* Suivant les nouvelles de l'Isle de France, les plants de muscadiers & de girofliers n'ont point péri, ni n'ont point été négligés, ainsi que le craignoit M. Poivre: ils réussissent, au contraire, & prosperent à merveille: si cela continue, nous pourrons partager à cet égard le bénéfice d'un tel commerce, que nos bons amis les Hollandois s'étoient approprié exclusivement. Il faut se rappeller que ces arbustes sont un vol qu'on leur a fait.

A la page 228. *Le 3 Octobre 1775.* Nos Seigneurs commencent à prendre goût aux courses de chevaux à l'imitation des Anglois: il doit y en avoir une demain. Les conventions sont qu'il n'y aura que des coursiers françois. On conservera pour cette année seulement des postillons anglois appellés *Jockey*: l'an prochain ils ne pourront être montés que par des gens de notre nation.

A la page 228. *Le 4 Octobre. La réduction de Paris*, qu'on n'avoit osé annoncer le premier jour, a, suivant l'usage, été bien accueilli le second; les auteurs de la musique & des paroles ayant considérablement garni le parterre de gagistes pour applaudir : on y a d'ailleurs fait quelques retranchemens, & ce pitoyable drame ira comme tant d'autres.

A la page 229. *Le 5 Octobre.* La course des chevaux a eu lieu hier à onze heures dans la plaine des Sablons. La Reine, M. le Comte d'Artois, M. le Duc de Chartres ont honoré cette joute de leur présence. C'est le cheval de M. le Duc de Lauzun qui a gagné: il y avoit pour mille Louis de paris.

A la

A la page 229. *Le 5 Octobre 1775.* On a peine à croire que le drame politique, intitulé *le Partage de la Pologne*, puisse être en entier de M. le Comte de Lauraguais. Il y regne bien un sarcasme continu digne de lui, des saillies, des gaietés, des pétarades d'esprit dont il abonde; des tournures, des expressions originales & énergiques, parfaitement dans son genre: mais il y a une série de raisonnemens, une tenue de logique très conséquente, cachée sous la plus sanglante ironie, dont ce Seigneur est incapable; d'ailleurs une clarté, une précision, une méthode au dessus de ses forces. Il y a donc tout à parier qu'il n'a fait que broder le fond de cette facétie ingénieuse, enfantée par une tête plus solidement organisée que la sienne. En effet, il faut regarder cet ouvrage comme un chef-d'œuvre dans son genre: malgré sa légereté apparente, il décele un homme consommé dans le systême de l'Europe actuel, un connoisseur profond des intérêts des Cours, du génie de chaque Ministere; & surtout un peintre vigoureux, ayant l'art fort difficile de soutenir ses caracteres jusques au bout, toujours sur le même ton & sans se démentir en rien.

Du reste, il faut blâmer l'audace de l'auteur quelconque à traduire en scene les personnages les plus augustes de l'Europe & à les y faire figurer avec une vérité trop grande, trop indécente, &, sans doute, très condamnable.

P. 5.

A la page 229. *Le 5 Octobre 1775.* Un projet de M. Turgot concernant la suppression des Corvées commence à s'éventer & ne contribuera pas peu à grossir l'orage qui se forme sur sa tête. Il veut y suppléer par un impôt établi sur toutes les terres quelconques, sans aucune exception, comme participant plus essentiellement au bénéfice des grands chemins. Par conséquent beaucoup de gens & du plus haut parage que ce projet inquiéte, moleste, cherchent à le contredire. L'Eglise surtout, devant y être comprise pour sa quotepart, s'en scandalise fort, fait le diable & crie à l'impiété. La Magistrature fort chatouilleuse sur ses intérêts & ses privileges, n'est pas plus contente, & se ligue déjà pour s'opposer à l'enrégistrement. On craint que tant d'ennemis ne fassent culbuter ce Ministre Patriote, dès le voyage de Fontainebleau, où il doit proposer au Conseil la plupart de ses innovations.

A la page 229. *Le 6 Octobre.* M. de Vaines, malgré la lettre satisfaisante du Contrôleur-général à l'occasion du libelle répandu contre ce premier Commis, se donne des mouvemens extraordinaires, afin d'en retirer le plus d'exemplaires qu'il peut. Son premier projet avoit été de les retirer tous, &, trompé par le Secrétaire de M. d'Alembert qui lui avoit remis toute l'édition prétendue, moyennant 50 Louis, il s'étoit flatté de cet espoir. Mais ce perfide, ou en avoit déjà lâché dans le public, ou avoit eu l'infidélité d'en conserver quelques-uns: c'est ce qui a surtout irrité le financier en question, & le Secrétaire de l'Académie, qui a été forcé de donner satisfaction à M. de Vaines, en renvoyant le Sieur Ducroc. Au moyen de cette découverte, il est aisé de savoir quel est l'auteur du libelle en question, faisant beaucoup plus de bruit qu'il ne mérite.

A la page 229. *Le 7 Octobre 1775.* On voit dans le *Supplément aux Affiches des trois Evêchés*, du jeudi 14 Septembre, la relation de l'arrivée de Monseigneur le Maréchal Duc de Broglio dans son gouvernement & de son entrée à Metz. Ce Seigneur n'avoit point voulu s'y rendre, qu'il n'eût obtenu le rétablissement du Parlement de cette ville. On ne peut rapporter les détails de toutes les folies des habitans dans ce jour d'ivresse générale. Le trait le plus singulier, c'est de voir M. de Calonne, l'Intendant de la Province, l'ennemi de Mrs. de la Chalotais & de toute la Magistrature, flétri par les Arrêtés de différentes Cours & notamment du Parlement de Metz, associé aux honneurs, à la gloire & au triomphe patriotique du Maréchal. Il faut observer que tout ceci n'est encore qu'un prélude sur la simple certitude du retour de ce Parlement.

Les Juifs figurent en cette relation par une fête brillante, par une illumination du meilleur goût, où l'on lisoit en hébreu une devise tirée du Prophete Iſaïe, dont la traduction eſt: *il rétablira vos Juges & vos Magiſtrats, comme ils étoient ci-devant, & votre ville ſera nommée la cité de juſtice, la ville fidelle.*

Le meilleur compliment & le plus court à M. le Maréchal eſt celui du Prieur des grands Carmes:

„ Monseigneur!

„ Jour heureux, mille fois heureux, où nous
„ venons avec joye & reconnoiſſance offrir
„ nos hommages à un héros chrétien, à un
„ héros militaire, à un héros citoyen. L'ex-
„ emple de votre Excellence apprend au Chré-
„ tien, ce qu'il doit à ſon Dieu; au mili-
„ taire, ce qu'il doit à ſon Roi; & au ci-
„ toyen, ce qu'il doit à ſa Patrie."

Enfin on a ſonné *Mutte*, cette cloche fameuſe qui ne s'ébranle que dans les grandes occaſions, dans les fêtes de la nation les plus ſolemnelles.

A la page 230. *Le 7 Octobre 1775.* M. de Sartines témoigne la ſatisfaction qu'il reſſent de ſon voyage à tous ceux qui vont lui faire leur cour, depuis ſon retour de Breſt. Ce qui flatte ſurtout ce Miniſtre, c'eſt l'eſpoir d'avoir acquis beaucoup de lumieres ſur la partie d'adminiſtration dont il eſt chargé; ſur la marine: eſpoir dans lequel le confirment ſes adulateurs, admirant juſques aux ſottiſes qu'il dit à cet égard.

A la page 230. *Le 8 Octobre 1775.* M. Turgot a profité de la petite vacance dont jouissent les Ministres avant le voyage de Fontainebleau pour aller en Bourgogne visiter le cours du nouveau canal qu'on y construit, & veiller à tout ce qui peut concerner la sûreté, la promptitude & l'œconomie d'une telle entreprise.

A la page 230. *Le 8 Octobre.* La foire de St. Ovide commencée depuis le 14 Août dure encore & ne doit finir que demain. Cet établissement qui avoit eu peine à prendre à la place de Louis XV, devient à la mode, surtout depuis que la Reine & les Princesses de la famille royale l'honorent quelquefois de leur présence.

A la page 231. *Le 8 Octobre.* On regarde aujourd'hui comme impossible l'exécution ou du moins la tenue des innovations introduites dans le régime des messageries & autres voitures publiques, à moins de changemens essentiels. La difficulté vient principalement des maîtres de postes, qui fournissent mémoires sur mémoires pour démontrer l'absurdité du projet. Leurs chevaux ne pouvant remplir un service de cette espece, il faut conséquemment qu'ils en achettent d'un échantillon plus fort & d'une nourriture plus frayeuse; ce qui les met hors d'état de tenir les conditions du prix établi par le réglement: d'un autre côté, pour peu qu'on l'augmente, il devient à charge aux voyageurs, qui ne manqueront pas de se récrier

P. 7.

contre la vexation. Il s'enfuit qu'on a surpris la religion du Ministre, toujours se laissant aller à toutes les vues qu'on lui présente comme propres à contribuer à l'utilité générale.

Cependant c'est sous cette apparence illusoire, qu'on opere un bouleversement ruïnant deux cens familles, c'est-à-dire, environ 1200 personnes.

Un de ces malheureux, sans doute, dans un moment de desespoir s'est livré à la boutade poëtique suivante, très coupable & très injuste; mais que la malignité recueille & transmet, & que l'histoire impartiale est obligée de conserver. Voici ce méchant quatrain:

Ministre, ivre d'orgueil, tranchant du Souverain,
 Toi, qui, sans t'émouvoir, fais tant de misérables;
Puisse ta poste absurde aller un si grand train,
 Qu'elle te mene à tous les diables!

A la page 232. *Le 9 Octobre 1775.* L'augmentation du sols de paye pour le soldat formant un objet de plusieurs millions, M. le Contrôleur général s'évertue à trouver les moyens de subvenir à cet accroissement des dépenses de l'Etat, & cela ne contribue pas peu à déranger la bonne intelligence qui n'a jamais regné beaucoup entre le Ministre de la guerre & celui de la finance.

A la page 232. *Le 10 Octobre.* M. le Chevalier Poireau, officier retiré, ayant la croix de St. Louis, a été garde du corps du feu Roi de Pologne, puis Commandant de bataillon dans les colonies. Il a un frere, Commiſſaire des guerres, de la nomination du feu Maréchal d'Armentieres & très protégé par ce Seigneur. Une conteſtation d'intérêt s'étoit élevée entre les deux freres, au point de dégénerer en une haine ſanglante, du moins en accuſations atroces, puisque le Commiſſaire prétend que le Chevalier a voulu le faire aſſaſſiner, & celui-ci dit avoir la preuve que le premier cherchoit à l'empoiſonner. Ils étoient convenus de s'en rapporter à M. de Sartines, alors Lieutenant-général de Police, & ſans doute ayant déjà pris connoiſſance de l'affaire à raiſon des circonſtances graves dont on vient de rendre compte. Le Magiſtrat a donné gain de cauſe au Commiſſaire des guerres: l'autre réclame contre la partialité de l'arbitre, & ſe plaint d'une détention, ſuite de la prévention: depuis quelque tems il s'eſt expliqué ſi vivement à cet égard, en tous lieux, & devant toutes ſortes de perſonnes, que M. de Sartines, aujourd'hui Miniſtre de la Marine, a cru devoir faire arrêter de nouveau M. le Chevalier Poirot, qui a été reconduit à la Baſtille par une ſeconde Lettre de cachet: mais M. de Malesherbes, ne pouvant ſe refuſer à la premiere requiſition de ſon confrere le Miniſtre, en même tems a voulu approfondir ſur le champ le grief: il s'eſt transporté à la priſon avec M. le Comte du Muy, qui, en ſa qualité, de Ministre de la guerre, avoit droit d'inspection sur l'officier, & M. Albert l'a interrogé en leur présence. Le prisonnier s'est défendu avec tant de vérité & de courage, qu'il a permission de fournir des Mémoires pour sa justification; & qu'il a été élargi au bout de treize jours : mais il n'est pas content, & son affaire contre son frere étant aujourd'hui en justice réglée, il se dispose à composer des Mémoires, que redoute M. de Sartines par la crainte d'être compromis. En effet, ce procès grave peut causer un grand tort à l'arbitre, si la collusion de sa part est aussi évidente que le dit la partie lésée.

A la page 232. *Le 10 Octobre 1775.* Le schisme de Bourdeaux n'étoit qu'assoupi par la présence de M. le Maréchal de Mouchy; il s'est réveillé & dure dans le sein de la compagnie. M. de Miromesnil ne sachant comment l'éteindre, sans faire un coup d'éclat, auquel il répugne, a pris le parti de faire mander par le Roi à la suite de la Cour le Premier Président & deux membres de l'ancien, ainsi que le Procureur général & deux autres membres du nouveau, pour se concilier avec eux sur le remede, s'il y en a, pendant les vacances & la séparation de cette Cour.

A la page 232. *Le 10 Octobre.* Une affaire s'éleve contre les fermiers généraux, à peu près semblable à celle du Sr. Monnerat, qui a provoqué en 1770 des décrets si rigoureux de la part de la Cour des Aides, & qui n'a pas peu contribué à sa destruction. Il s'agit d'un Sr. Wagener, arrêté en Mars 1774 sous prétexte d'avoir tenu des propos & d'avoir écrit contre le Roi (Louis XV.) & contre une Dame d'importance ; (Madame la Comtesse Dubarri) mais en effet comme accusé de fraude par les traitans. En conséquence, il a subi une détention cruelle de quinze mois ; il a été traduit au nouveau tribunal d'alors, que la Cour des Aides ne regarde que comme une *Commission* pour la suppléer durant son absence, & renvoyé enfin devant ses juges naturels, qui étoient l'Election. Il a été obligé de recourir par appel à la première Cour, qui depuis peu a ordonné son élargissement provisoire: il répete en conséquence 150,000 livres de dommages & intérêts contre les fermiers généraux, qui se tiennent cachés derriere le Procureur du Roi, à la requête duquel l'instruction s'est faite.

A la page 235. *Le* 13 Octobre 1775. On parle de placards infames affichés à Versailles en grande quantité, annonçant toujours une grande fermentation.

A la page 235. *Le* 13 Octobre. M. le Contrôleur-général a si fort à cœur de soutenir la réduction de l'intérêt de l'argent, qu'il a écrit aux financiers, dans le cas des emprunts, pour les engager à ne pas accorder aux prêteurs un intérêt plus fort. On regarde cette démarche comme fauſſe ; tout, à cet égard, devant être parfaitement libre.

A la page 236. *Le 14 Octobre* 1775. Les placards de Verſailles ſont très vrais & ont été affichés en quantité. Ils contenoient des plaintes ſur la cherté continue du pain, malgré la récolte abondante & extraordinaire de cette année. Les ſéditieux y ajoutoient qu'ils étoient en grand nombre ; qu'ils avoient patienté & laiſſé au Miniſtere tout le tems convenable pour faire diminuer les denrées & garnir les marchés ; qu'ils accordoient encore quelques jours, & qu'au bout de ce tems, s'ils n'avoient ſatisfaction, ils mettroient le feu aux quatre coins de Verſailles. Du reſte, les mal-intentionnés ne ſemblent s'en prendre qu'au gouvernement dans ces criminels écrits, & conſervent pour S. M. le reſpect & la ſoumiſſion qui lui ſont dûs, au rapport de ceux qui en ont lus.

A la page 238. *Le 14 Octobre* 1775. Sur le repertoire des pieces à jouer à Fontainebleau, on ne trouve pour nouveauté que *Menzikoff*, la tragédie Ruſſe de M. de la Harpe dont on a parlé. Le reſte conſiſte en vieilles pieces aſſez mal choiſies & qui ne font point honneur au goût du Maréchal Duc de Duras, le Gentilhomme de la chambre d'année. Il eſt vrai qu'il faut avoir ſoin d'éviter celles où joue Mlle. Huſs, cette actrice étant abſolument inſupportable à la Reine. Une telle exclufion femble d'abord peu digne de S. M.; mais elle est fondée sur un motif qui lui fait, au contraire, infiniment d'honneur. Elle a été inftruite du dérangement, occafionné par cette actrice au mari (M. de Fitz-james) d'une Dame qui lui est attachée & qu'elle aime beaucoup: & des détails de fon acharnement fordide à le ruiner, ainfi que de fa rupture honteufe, &c. La Reine, cherchant à concourir autant que fon augufte époux, au maintien de l'honnêteté & des bonnes mœurs, ne peut voir fans repugnance la comédienne coupable de ces infamies.

A la page 238. *Le 15 Octobre 1775.* On ne fait fi c'eft antérieurement ou poftérieurement aux placards de Verfailles; mais il eft certain que les Commandans des maréchauffées ont reçu des ordres d'engager & de forcer, s'il le falloit, les gros fermiers à porter aux marchés & à les garnir de bleds; mais cette manœuvre doit s'exécuter fourdement, afin qu'on ne paroiffe pas contrarier la loi, qui autorife à ne le pas faire & laiffe à cet égard la plus entiere liberté.

A la page 238. *Le 15 Octobre.* Dimanche dernier il y a eu à Choifi un fouper de 42 couverts, où, d'hommes, il n'y avoit à table que le Roi & fes deux freres. Pendant le repas on a remarqué M. le Duc de Chartres voltigeant autour de la table, & montrant un papier à la Reine & à d'autres Dames.

A l'inspection, on a reconnu que c'étoient des vers, & il est assez vraisemblable que c'étoit le mauvais quatrain contre M. Turgot, que Son Altesse Sérénissime avoit reçu le matin. Son affectation de ne le pas montrer au Roi, toujours attaché à ce Ministre, mais à la Reine, qui ne l'aime point, confirme la conjecture. Cette anecdote, qui n'est pas fort intéressante en elle-même, le devient en ce qu'elle prouve le peu de considération, où le Contrôleur-général est auprès du reste de la cour.

A la page 239. *Le 16 Octobre 1775.* Il paroît que les difficultés élevées par les ennemis de la magistrature, cherchant à arrêter, à retarder, du moins, le grand œuvre de la pacification générale, sont enfin surmontées, & que le Parlement de Pau, abâtardi depuis plus de dix ans, va être réintégré dans son ancien état. On assure que M. le Noir, Conseiller d'Etat, est nommé à cet effet comme Commissaire du Roi.

A la page 240. *Le 16 Octobre.* Depuis plusieurs années, les Antonins étoient menacés d'une suppression totale, & la Commission chargée de l'examen des Réguliers paroissoit les avoir compris au nombre des Ordres à éteindre : pour prévenir leur anéantissement, ils ont fait plusieurs tentatives, afin d'être réunis à l'Ordre de St. Lazare : n'ayant pas réussi, ils se sont livrés à l'Ordre de Malthe, & travaillent fortement à y être incorporés. Comme cela souffre beaucoup de difficultés, ils viennent de publier une *Consultation touchant leur réunion à l'Ordre de Malthe* : elle est précédée d'un *Mémoire historique* très pompeux, *sur l'Ordre de St. Antoine de Vienne*. On y remonte jusques à leur fondation, faite sous l'invocation de ce célèbre anachorete. Les détails dans lesquels le Rédacteur entre à ce sujet, rappellent les pieuses largesses de nos ancêtres, qui ne seroient pas regardées aujourd'hui sous un point de vue aussi favorable.

A la page 240. *Le 16 Octobre 1775.* M. le Comte du Muy a été transféré pendant la nuit du 12 au 13 à Sens, pour y être inhumé dans le tombeau dont on a fait la description, suivant la permission qu'il en avoit obtenu de feu M. le Dauphin & du feu Roi. Il n'y a pas quinze jours que la décoration étoit finie, enrichie de toutes les marques de sa dignité: l'inscription même étoit faite; il n'y restoit que l'espace vuide pour marquer le jour & l'an.

A la page 240. *Le 17 Octobre.* La maladie des bêtes à cornes continue ; elle a gagné Toulouse & tous les remedes inventés jusques à présent par les meilleurs praticiens de l'école vétérinaire se sont trouvés absolument insuffisans. On crie beaucoup contre eux & l'on demande à quoi sert un établissement aussi dispendieux? Il est à craindre, qu'ayant franchi le cordon qu'on avoit formé, la contagion ne se communique de proche en proche & ne s'étende encore davantage. Les provinces qui ont essuyé ce fléau, sont dans un état deplorable par l'impossibilité d'y cultiver la terre. On ne doute pas que le gouvernement, plus que jamais disposé à favoriser les travaux de la campagne, ne s'occupe des moyens de fournir des animaux pour le labourage à ces malheureux habitans, autrement sans ressource.

A la page 240. *Le 17 Octobre 1775.* La partie civile de Finet a appellé au Parlement de la sentence du Lieutenant Criminel qui l'a élargi. On critique fort cette sentence rendue en faveur du suppôt de police, accusé d'avoir outragé un homme sans armes, en présence de deux mille personnes, & d'y avoir ajouté la lâcheté de le percer à terre. Les divers récits que l'on en entend, s'accordent tous sur l'infamie de l'action.

A la page 240. *Le 18 Octobre.* Après avoir beaucoup varié sur l'emplacement à choisir pour y étaler les plans en relief des places fortifiées du royaume & de celles de nos voisins, on a trouvé sans doute de trop grands inconvéniens à les envoyer à l'école militaire, & c'est décidemment aux Invalides qu'ils vont être transférés. Il est sérieusement question d'exécuter le projet de convertir en un vaste & magnifique Musée l'immense galerie du château des Tuilleries, regnant le long de la riviere. On y exposera principalement une multitude de tableaux du Roi, qui se gâtent: en y ajoutant d'autres ornemens & quelques commodités, ce sera un lieu d'assemblée du public, qui nous rappeller a le lycée, le portique, les jardins d'Academus & tous les autres monumens de ce genre qu'on voyoit dans Athenes ou dans Rome.

A la page 243. *Le 19 Octobre 1775.* L'objet de la Commission concernant les réguliers n'a pas été de provoquer la destruction des Antonins, mais bien de les rendre utiles suivant le vœu du fondateur: or, leur union à l'Ordre de Malthe, contre lequel on crie depuis longtems comme inutile, loin de remplir de pareilles vues, les contrarieroit & les anéantiroit absolument. Mais ces pieux fainéans ne voulant pas absolument se livrer à des travaux dont ils ont perdu l'habitude, préferent de se voir éteindre, & leur gloriole seroit satisfaite de porter la croix de Malthe; ce sont eux qui sollicitent aujourd'hui l'incorporation.

A la page 254. *Le 22 Octobre.* On renouvelle le bruit qui couroit depuis l'avénement de M. Turgot au Ministere des finances; c'est celui des maîtrises & communautés supprimées, & l'on prétend que c'est un des premiers objets passés dans le comité tenu chez Mr. de Trudaine. Comme M. Turgot semble reprendre le plus grand crédit auprès du Monarque, qu'il est un promoteur ardent de cette liberté, & qu'il ne se départ point de ce qu'il a entrepris, on se flatte que cette fois-ci la chose aura lieu & s'exécutera incessamment.

A la page 259. *Le 25 Octobre 1775.* Les craintes qu'on avoit pour cet hiver, eu égard à la multitude de bandits occasionnés par la misère & par les peines prononcées contre ceux qui ne pouvoient rapporter le bled enlevé dans les émeutes du mois de Mai, ni le restituer en argent, se réalisent. On parle déjà de beaucoup de vols & d'assassinats commis dans Paris. Ce qui va exercer la vigilance du nouveau Lieutenant de Police, & du Commandant du Guet encore plus nouveau.

A la page 261. *Le 27 Octobre 1775.* Le bruit court que M. le Comte de St. Germain a accepté le Département de la guerre & qu'il s'est déjà rendu à Fontainebleau. C'est M. Turgot qui le premier a, dit-on, proposé ce personnage au Comte de Maurepas. Celui-ci avoit depuis longtems dans son porte-feuille des *Mémoires militaires*, que lui avoit adressés le Comte de St. Germain, comme une reconnoissance envers le gouvernement de la grace inattendue qu'il en avoit reçue, la pension de 10,000 livres. Il ne les avoit pas encore lus: il y jette les yeux, de concert avec M. Turgot; ils sont enchantés des principes qu'ils y trouvent consignés & décident qu'on ne peut proposer au Roi personne plus digne de la place vacante & plus en état de la remplir, d'autant qu'il n'a ni enfans, ni de proches parens capables de le faire gauchir dans ses principes par quelque motif caché d'intérêt ou d'ambition.

Fin du trente-deuxieme Volume.

www.ingramcontent.com/pod-product-compliance
Lightning Source LLC
Chambersburg PA
CBHW050733170426
43202CB00013B/2269